대한민국, 위험사회

대한민국, 위험사회

ⓒ 홍성태
펴낸이 | 박미옥
펴낸곳 | 도서출판 당대
제1판 제1쇄 인쇄 | 2007년 11월 24일
제1판 제1쇄 발행 | 2007년 11월 31일
등록 | 1995년 4월 21일 (제10-1149호)
주소 | 서울시 마포구 서교동 395-99 402호
전화 | 323_1315 323_1316
팩스 | 323_1317
dangbi@chol.com
ISBN 978-89-8163-138-3 03300

대한민국, 위험사회

생태적 복지사회를 향하여

홍성태 | 지음

당대

머리말
위험사회를 넘어서

1

위험사회는 휘황한 '풍요사회'의 어두운, 그러나 좀처럼 지우기 어려운 이면이다. 위험사회를 넘어서기 위해서 우리는 풍요사회의 문제를 직시해야 한다. 1950년대에 들어와서 서구는 인류역사상 처음으로 풍요사회를 이루었다는 사실을 널리 자랑하기 시작했다. 소련을 중심으로 한 사회주의 국가들의 도전과 위협, 서구의 착취에서 벗어나려는 제3세계의 가열찬 민족해방운동, '이유 없는 반항'으로 기성세대를 불안하게 만든 서구의 '신세대' 등에도 불구하고, 풍요사회 서구는 역사적 모범으로 확립되었다.

그러나 풍요사회는 사실 내적으로 심각한 문제를 안고 있었다. 무엇보다 서구의 풍요사회를 이룬 산업혁명 이래의 공업력 자체가 심각한 문제를 안고 있었던 것이다. 예컨대 DDT로 해충을 박멸할 수 있게 되었다고 자랑했으나 바로 그 DDT 때문에 암 발병의 증가, 호르몬 분비의 이상, 나아가 생태계의 교란이라는 엄청난 문제들이 일어났다. 가장 심각한 것은 핵에너지의 사용에서 비롯되었다. 핵폭탄은 말할 것도 없고 핵발전도 인류를 아예 멸종으로 몰아넣을 수 있다는 사실이 널리 알려지게 되었다. 풍요사회는 분명 '불안한 풍요사회'였다. 따라서 그것을 단순히 역사적 모범으로 여기는 것은 잘못이었다.

20세기 내내 끊이지 않고 일어났던 대규모 전쟁들은 인류로 하여금 문명의 문제를 근원적으로 검토하게 한 가장 괴로운 역사적 경험이었다. 그러나 이러한 전쟁이 아니어도 인류의 문명은 심각한 문제를 안고 있다는 사실이, 계속 발생한 각종 문명의 사고를 통해 명백히 밝혀지게 되었다. 그 결과 풍요를 만끽하고 있는 것으로 보이던 사회가 갑자기 커다란 불안에 휩싸이게 되었다. 안락하고 여유 있게 삶을 즐기고 있던 많은 사람들이 갑자기 안절부절못하게 되었다. 우리의 삶이 온통 뜻하지 않은 위험의 과녁이 되어 있다는 사실을 깨달았기 때문이었다.

50년도 넘는 기나긴 세월 동안 전쟁상태에 있는 나라에서 위험사회에 관한 논의는 적합하지 않다고 생각하는 사람도 있을지 모르겠다. 정말이지 하루빨리 전쟁상태를 끝내고 평화상태를 이룩해야 한다. 진정 문제의 핵심은 분단체제가 아니라 전쟁체제이다. 그러나 한국전쟁 이후 가장 많은 사람이 죽은 것은 다름 아닌 삼풍백화점 붕괴사고였다. 전쟁은 가장 무서운 위험이지만 그것이 아니어도 커다란 위험은 곳곳에 널려 있다. 전쟁세력의 준동을 막고 하루빨리 평화체제를 이룩해야 한다. 그러나 일상의 평화를 위해서 우리는 일상의 위험에 대해 더 깊은 관심을 기울여야 한다. 그렇지 않는 것은 그 자체로 비정상적 전쟁체제의 무서운 효과에 속한다.

2

한국은 1950년대 말부터 시작되어 90년대 말까지 지속된 고성장으로 서구와 비슷한 풍요사회가 되었다. 그것은 바로 '불안한 풍요사회'로서 위험사회이기도 하다. 언제 어디서 어떤 사고가 터져서 우리의 건강과 생명이 위태롭게 될지 정확히 알 수는 없다. 그러나 그런 사고가 반드시 터지고야 말 것이라는 사실을 우리는 잘 알고 있다. 나는 다행히 그런 사고를 피할 수 있더라도 다른 누군가는 희생되고 말 것이다. 그리고 언제라도 내가 그 다른 누군가가 될 수 있다. 우리는 그런 문명의 위험을 안고 살아가고 있다.

위험사회의 현실에 비추어보자면, "잘살아보세"라는 구호의 문제가 선명히 드러난다. 단순한 물질적 부의 증가만으로는 결코 잘살 수 없기 때문이다. 박정희의 개발독재를 통해 거의 국가이념이 되어버린 맹목적 성장주의와 파괴적 개발주의는 한국을 서구보다 더욱 심각한 위험사회로 만들었다. 입주 20여 일 만에 무너진 서울의 와우아파트(1970. 4. 8, 사망 33명)는 그 초기의 예였다. 그러나 이 끔찍한 사고에도 불구하고 맹목적 성장주의와 파괴적 개발주의의 문제는 전혀 개선되지 않았다. 한국은 계속 더 빠른 성장, 더 많은 개발의 늪 속으로 빠져 들어갔다. 위험사회 한국의 문제는 갈수록 커졌다.

머리말

위험사회의 문제를 도외시한 '졸속적 근대화'의 결과는 90년대에 들어와서 폭발적으로 드러났다. 먼저 1993년을 보자. 이 해에 우암상가아파트 붕괴(1993. 1. 7, 사망 27명), 구포역 열차전복(1993. 3. 28, 사망 78명), 예비군부대 폭발사고(1993. 6. 10, 사망 19명), 아시아나 항공기 추락(1993. 7. 26, 사망 66명), 서해페리호 침몰(1993. 10. 10, 사망 292명) 등의 사고가 잇따라 일어났다. 희한하게도 '문민정부'의 이름으로 민주화가 시작되면서 이러한 사고들이 잇따라 발생했다. 그러나 그 역사적 뿌리는 다시 말할 것도 없이 박정희부터 전두환과 노태우로 이어진 '개발독재'에 있었다.

개발독재는 성장주의와 개발주의를 군사력으로 강행한 '위험독재'였다. 90년대 초에 참담한 사고들이 잇따라 일어나고 때마침 민주화가 본격적으로 시작되었기에, 비로소 재난방지 체계의 미비점에 관한 논의가 실질적으로 이루어질 수 있게 되었다. 자성의 목소리가 드높아졌고, 여러 정책들이 마련되었다. 그러나 해가 바뀌어도 사고는 계속 일어났다. 1994년에는 성수대교가 무너지고(10. 21, 사망 32명), 아현동에서 도시가스가 폭발했다(12. 7, 사망 12명). 1995년에는 대구 지하철 가스폭발 사고가 일어났고(4. 28, 사망 101명), 삼풍백화점이 무너져버렸다(6. 29, 사망 502명). 결국 이 나라는 '사고공화국'이라는 부끄러운 별명을 얻게 되었다.

10년이 지난 뒤에는 어떻게 되었는가? 2003년 2월에 대구에서 지하철 화재사고로 많은 사람들이 졸지에 불귀의 객이 되었고(2. 18, 사망 192명), 다시 9월에는 태풍 매미 때문에 전국에서 많은 사람들이 죽었으며(9. 12, 사망 117명), 2005년 10월에 이천에서는 GS물류센터의 붕괴라는 건축물 붕괴사고가 또다시 일어났다(10. 6, 사망 9명). 민주화에 따라 위험사회의 문제에 대해 본격적으로 대처하기 시작했으나, 사실 맹목적 성장주의와 파괴적 개발주의의 문제는 거의 개선되지 않았다. 민주화에 대한 회의와 비판이 커진 것은 바로 이 때문이기도 하다.

1999년 6월 씨랜드 화재사고로 불이 붙지 않는 난연재를 사용하도록 건축법 시행령이 개정되었다. 그러나 2003년 3월 씨랜드 화재사고와 똑같은 원인으로 천안초교 화재사고가 발생했다. 난연재를 사용하도록 했으나 아무런 처벌조항이 없어서 사용하지 않고 있기 때문이다. 2007년 8월 대전의 원자력연구원에서는 석 달 만에 우라늄이 분실되었다는 사실이 확인되었다. 그러나 언제 어디서 어떻게 분실되었는가는 결국 확인되지 않았다. 식약청, 방재청, 환경부, 국무조정실 등 관련부서들이나 관련법들은 많지만 충실히 작동되고 있다고 보기는 어렵다. 새롭게 거버넌스가 강조되고 있으나 이마저 상업화되거나 악용되는 경우가 많다.

3

오늘날 한국은 세계적으로 손꼽는 '돈 많은 못사는 나라'이다. 경제력은 세계 10위권에 이르렀지만, 삶의 질은 세계 40위권이고, 환경 질은 고작 120위권이다. '졸속적 근대화'의 결과로 한국은 천박하고 시끄럽고 더러운 경제대국이 되었다. 이러한 '기형국가' 한국의 문제는 무엇보다 '위험사회' 한국에서 가장 잘 드러난다. 부패와 부실의 먹이사슬을 통해 작동한 맹목적 성장주의와 파괴적 개발주의는 소중한 자연을 파괴하고 문명의 위험을 만연시켜 이 사회를 세계적으로 손꼽히는 '위험사회'로 만들었다. 사적 부문의 재벌기업뿐만 아니라 공적 부문의 개발공사도 그 핵심 주체이다.

위험의 만연은 불신과 불안의 만연으로 이어지게 마련이다. 기업도 정부도 맹목적 성장과 파괴적 개발을 강행하면서 위험을 만연시키는 곳에서 사람들은 생존을 위한 무한경쟁을 펼치지 않을 수 없게 된다. 그 결과 법 따로 현실 따로의 '반민주적 이중질서 사회', 자연의 파괴와 불평등이 끝없이 강화되는 '반생태적 양극화 사회'가 형성되었다. 우리는 정녕 이러한 '위험의 악순환'에서 벗어날 수 없는가? 그렇지 않을 것이다. 우리는 이미 벗어날 경제적 능력을 갖추고 있으며, 또한 삶의 질을 높이기 위해서도 벗어나야 한다. 중요한 것은 한국사회의 질적 성숙을 가로막는 낡은 사회체계와 사회세력들을 개혁하는 것이다.

오랫동안 사회학은 위험의 문제에 대해 큰 관심을 기울이지 않았다. 예컨대 '발전사회학'이라는 하위분과의 이름이 잘 보여주듯이, 사회학은 주로 긍정적 변화에 초점을 맞추었던 것이다. 그러나 위험이나 부패와 같은 부정적 문제들은 사회의 본질적 특징을 이룬다. 그렇다면 이러한 본질적 특징을 부차화했던 종래의 사회학 자체가 심각한 결함을 안고 있었다고 하지 않을 수 없다. 이런 점에서 위험사회학은 사회학의 새로운 하위분야에 그치는 것이 아니라 사회관을 교정하여 사회학을 온전하게 개정하는 학문적 발전의 의미를 가진다. 이 책은 이러한 위험사회학의 관점에서 현대 한국사회의 문제를 살펴보고 대안을 탐구하고자 한 노력의 산물이다.

위험사회에 관한 논의에서 위험은 무엇보다 '인위적 위험'을 가리킨다. 그중에서도 대체로 기술적 위험에 초점이 맞춰지는 경향이 있다. 그러나 이와 함께 사회적 위험과 생태적 위험에도 당연히 깊은 관심을 기울여야 한다. 위험사회는 과학기술과 사회체계의 상태를 기준으로 네 가지로 유형화할 수 있다. 여기서 한국은 고위험 과학기술과 고위험 사회체계에 해당한다. 요컨대 가장 악성인 것이다. 이러한 관점에서 이 책은 하부구조, 과학기술, 사회체계의 세 영역으로 나누어 '위험사회 한국'의 문제를 살펴보고, 한국사회의 질적 성숙을 위한 과제로서 '생태적 복지사회'의 구상을 제시하고자 한다.

과학기술은 보편성을 강하게 갖지만 사회체계는 특수성을 강하게 갖는다. 이 때문에 같은 기술이라도 사회에 따라 위험의 정도가 다르게 나타난다. 따라서 과학기술에서 비롯되는 위험이라고 해도 그것이 사용되는 사회체계의 문제에 주목해야 한다. 서구에 비해 한국은 '후진적 위험사회'로 분류될 수 있는데, 그 핵심은 선진적 과학기술과 후진적 사회체계의 결합 또는 괴리에 있다. 우리는 위험사회를 넘어서 안전사회로 나아갈 수 있다. 그것은 후진적 사회체계를 개혁하는 것으로 시작되어야 한다. 결국 위험사회의 문제에 대응하는 것은 민주화의 심화와 궤를 같이하는 것이다.

4

1993년 가을에 나는 여러 사람들과 함께 독일의 사회학자 울리히 벡의 『위험사회』를 읽으면서 서구의 위험사회론을 처음 접했다. 그 뒤 1997년 초에 나는 『위험사회』를 번역해서 출간했으며, 그 영향 아래 지금까지 위험과 관련된 많은 글들을 써왔다. 여러 지면에 다양한 형식으로 글들을 쓰면서도 한 권의 책으로 묶을 것을 염두에 두고 있었다. 다행히 당대출판사에서 이 책의 출간을 적극 추진해 주었다. 10년의 세월에 걸쳐 써온 글들을 이렇게 한 권의 책으로 묶을 수 있게 되어 나로서도 감회가 크다. 당대출판사에 깊이 감사드린다.

이 책은 크게 네 부로 구성되었다. 1부에서는 위험사회론을 둘러싼 여러 이론적 논의들을 살펴본다. 그 의미와 주요 내용을 정리하고, 한국사회의 맥락에서 해석하고자 했다. 2부에서는 하부구조의 위험에 초점을 맞추어 '위험사회 한국'의 문제를 살펴본다. 3부에서는 과학기술의 위험을 중심으로 '위험사회 한국'의 문제를 살펴본다. 4부에서는 사회체계의 위험을 중심으로 '위험사회 한국'의 문제를 살펴본다. 맺음말에서는 위험사회를 넘어 안전사회로 나아가기 위한 '생태적 복지사회'의 구상을 제시한다.

이 책에 실린 글들은 부분 수정된 것, 대폭 수정된 것, 새로 작성된 것으로 나뉜다. 이 책은 먼저 이론적 논의, 하부구조, 과학기술, 사회체계의 틀을 세우고, 다시 이 틀에 따라서 하부주제들을 설정하고, 끝으로 기존의 글들을 배치하거나 새로 작성하는 방식으로 준비되었다.

몇 차례 틀을 바꾸고, 주제를 고치는 어려움이 있었다. 아무쪼록 이 책이 '위험사회 한국'의 현실을 올바로 이해하고 '안전사회 한국'으로 나아가는 데 학문적으로 실천적으로 이바지할 수 있기를 바란다.

월계동에서
2007년 9월 17일 새벽에
홍성태

차례

머리말 ··· **5**
— 위험사회를 넘어서

1. 위험사회의 이해
　　현대사회와 위험 ·· **19**
　　한국사회와 위험 ·· **44**
　　개발주의와 위험 ·· **71**

2. 하부구조의 위험
　　위험사회와 도시 ·· **99**
　　붕괴사고와 사고공화국 ·· **122**
　　태풍, 수재, 위험사회 ·· **153**
　　위험한 아파트공화국 ··· **173**

3. 과학기술의 위험

    욕망과 과학기술의 위험 ································· **195**

    위험사회와 생명 ····································· **213**

    고속사회와 그 그늘 ·································· **231**

    전기와 위험사회 ····································· **249**

4. 사회체계의 위험

    토건국가와 위험사회 ································· **271**

    부패와 위험사회 ····································· **290**

    양극화와 위험사회 ·································· **311**

    취약한 민주화의 위험 ······························· **335**

맺음말 ··· **354**
— 생태적 복지사회를 향해

찾아보기 ··· **361**

1. 위험사회의 이해

현대사회와 위험
한국사회와 위험
개발주의와 위험

현대사회와 위험

위험의 개념

거대한 위험의 체계적 생산은 현대사회의 핵심적 특징이다. 그런데 대체 위험이란 무엇인가? 위험이라는 한자어를 글자 그대로 풀이하면 위태롭고 험난하다는 뜻이다. 위(危)는 사람이 벼랑 끝에 서 있는 모습으로서 위태롭다는 뜻이고, 험(險)은 깎아지른 듯이 서 있는 산의 모습으로서 험난하다는 뜻이다. 여기서 주의해야 하는 것은, 위험이란 이렇듯 위태롭고 험난한 상태 자체가 아니라 우리가 이러한 무서운 상태에 빠질 가능성을 뜻한다는 사실이다. 다시 말해서 위험은 '여러 가지 해를 입을 가능성'이라고 정의할 수 있다. 오늘날 사회학에서 사용하는 위험의 개념은 대체로 영어낱말 risk를 옮긴 것이다. 어원적으로 이 낱말은 본래 "뱃심 좋게 도전하다(to dare)라는 의미를 지닌 초기 이탈리아어 risicare에서 유래된 것"이다.[1] 그런데 어떻게 해서 '뱃심 좋게 도전하다'는 뜻의 낱말이 위험을 뜻하게 된 것일까?

근대에 들어와서 유럽인은 미지의 세계로 과감히 나아가기 시작했다. 그것은 대단히 위험한 일이었다. 이로부터 '뱃심 좋게 도전하다'는 말이 '위험을 감수하다'는 뜻을 갖게 되었고 결국 '위험'을 뜻하게 되었다. 이 때문에 지금도 risk는 위험이라는 뜻뿐만 아니라 '위험을 감수하다'는 뜻도 담고 있다.

이러한 risk라는 낱말의 역사적 변화와 관련해서 영국의 사회학자 안토니 기든스는 다음과 같이 설명한다.

> …위험이란 용어는 근대에 와서야 비로소 출현한 개념이다. 이 개념의 출현은 예기치 않았던 결과들이 신의 무한한 섭리와 자연의 숨겨진 의미들의 표현이라기보다는 오히려 우리 스스로의 활동과 결정에 의해 얻어진 것이라고 이해하는 데서 비롯된 것이다.[2]

다시 말해서 근대에 들어와서 종래의 신비적 위험관이 새로운 합리적 위험관으로 바뀌었던 것이다. 그러나 기든스의 설명은 위험에 대한 인식의 변화와 위험 자체의 변화를 제대로 구분하지 못하고 있다. 요컨대 과학혁명으로 위험을 합리적으로 이해할 수 있게 되었다고 해서 모든 위험이 "우리 스스로의 활동과 결정에 의해 얻어진 것이라고 이해"될 수는 없다. 우리는 위험의 이해와 위험의 생산을 올바로 구분해야 한다.

근대는 적극적으로 위험을 무릅쓰는 '모험'의 시대였다. 그런데 위험에 강력히 도전하기 위해서는 위험을 잘 이해해야 했으며, 근대의 과학혁명을 통해 인간은 그렇게 할 수 있는 능력을 크게 강화하게 되었다. 요컨대 인간은 위험을 '과학적으로' 이해하고 계산할 수 있게 되었다. 이에 따라 사고를 위험의 확률로 나타낼 수 있게 되고, 그 결과 사고에 대비한 '보험'산업이 등장하게 되었다. 더욱더 중요한 것은 근대의 과학혁명에 의해 근대사회는 거대한 위험을 체계적으로 생산하는 사회가 되었다는 사실이다. 과학기술을 이용해서 자연을 급격히 변형하는 방식으로 위험을 상시적으로 생산하는 사회가 만들어진 것이다. 이렇듯 위험에 대한 과학적 이해와 그 체계적 생산은 근대의 핵심적 특징이다. 그리고 그 핵심에 과학기술이 자리 잡고 있다.

그런데 사실 위험이라는 뜻을 가진 낱말로 risk(독어는 risiko)보다 더 널리 사용되는 낱말은 danger(독어는 gefahr)이다.[3] 대체로 전자가 '위험'으로 번역된다면, 후자는 '위해'(危害)로 번역되고 있다. 여기서 전자는 "현재의 자연적 또는 인위적 상태가 부정적 결과를 낳을 수 있는 가능성"으로 정의할 수 있으며, 거시적 사회체계에 초점을 맞춰서 문제를 이해하고 대안을 찾는 개념이다. 이에 비해 후자는 "특정한 행동이나 활동이 즉각적으로 해로운 결과를 낳을 수 있는 가능성"으로 정의할 수 있으며, 당장 해를 입힐 수 있는 미시적 사회상황에 초점을 맞춰서 문제를 이해하고 대책을 찾는 개념이다. 장기적 관점에서 보자면, 미시적 대응보다 거시적 개혁이 훨씬 중요하다는 것은 다시 말할 필요가 없다.

한편 위험은 그 원인에 따라 크게 자연적 위험과 인위적 위험으로 나뉜다. 과학기술의 발달에 따라 자연적 위험의 위력은 크게 약화되었다. 그러나 자연적 위험은 사라지지 않았으며, 새롭거나 변형된 자연적 위험도 계속 나타나고 있다. 자연적 위험에 대한 과학적 대응이 종종 더 큰 문제를 낳기도 한다. 인위적 위험은 다시 기술적 위험, 사회적 위험 그리고 생태적 위험으로 나뉜다. 기술적 위험은 현대의 과학기술이 빚어내는 온갖 위험을 뜻한다. 우리가 사용하는 수많은 기계와 화학물질이 그 원천이다. 사회적 위험은 흔히 불평등이나 범죄와 같은 문제들에서 비롯되는 위험을 뜻하지만, 사실 현대사회의 근간인 성장주의나 개발주의도 그 자체로 심각한 사회적 위험의 원천이며, 취약한 복지도 갈수록 심각한 사회적 위험의 원천이 되고 있다. 또한 기술적 위험과 사회적 위험이 자연적 위험을 크게 악화시킨 결과, 심각한 생태적 위험이 조성되었다. 지구온난화, 환경호르몬, 오존층 파괴 등 그 위험은 대단히 크다.

위험과 사고

'해를 입을 가능성'인 위험은 결국 사고(事故, accident)를 통해 현실

⟨표⟩ 위험의 유형

위험	자연적 위험	홍수, 태풍, 가뭄, 지진, 운석 등
	인위적 위험	기술적 위험: 기계, 화학물질, 방사능물질 등
	사회적 위험	범죄, 차별, 불평등, 취약한 복지, 복잡한 사회체계, 성장주의, 개발주의, 자본주의, 사회주의 등
	생태적 위험	지구온난화, 환경호르몬, 오존층 파괴 등

화된다. "위험＝사고의 확률×사고당 손실"이라는 위험의 공학적 정의[4]는 이러한 사실에 초점을 맞춘 것이다. 일반적으로 사고란 "사람들의 생명이나 건강, 재산에 해를 입히는 뜻밖의 일"을 뜻한다. 위험에 대비하는 것은 결국 사고를 줄이기 위한 것이다. 그런데 사고를 줄이기 위해서는, 다시 말해서 위험에 올바로 대비하기 위해서는 대단히 복합적인 노력을 체계적으로 기울여야 한다. 무조건 사고를 줄이자고 해서 그렇게 될 수 있는 것은 아니다. 예컨대 머리에 띠를 두르고 두 주먹 불끈 쥐고 결의대회를 여는 것으로 사고를 막을 수는 없다.

이와 관련해서 한 가지 뚜렷한 예를 보자. "감사원에서는 부실공사를 망국병으로 규정하고 '94년을 '부실공사 추방 원년의 해', '95년을 '건설환경 개선 및 품질혁신의 해' 그리고 '96년을 '3불(설계부실, 시공부실, 감리부실) 추방에 의한 안전문화 정착의 해'로 정하고 부실공사 척결을 위하여 감사를 강화하고, 불합리한 제도의 개선과 건설환경 개선방안을 제시하여 왔다."[5] 그 결과는 어떠했는가? 1994년에는 공사현장마다 '부실공사 추방 원년의 해'라는 현수막이 내걸렸다. 그러나 바로 1994년 10월에 성수대교가 무너졌고, 1995년 6월에는 삼풍백화점이 무너졌으며, 1996년 5월에는 시화호 오염사고가 발생했다. 이렇듯 계속되는 거대한 사고들은 '부실공사 추방 원년의 해'라는 1994년의 '결의' 자체를 국제적인 야유의 대상으로 만들고 말았다.

무엇보다 중요한 것은 사고에 관한 우리의 상식 자체를 바꾸는 것이다. 사고에 관한 우리의 개념을 다시 정립하고, 사고를 막기 위한 제도를 정비해야 한다. 예컨대 사고를 단순히 '뜻밖의 일'로만 생각해서는 안 된다. 오히려 사고는 언제나 일어난다고 생각하고 대비하도록 해야 한다. 또한 사고를 뜻하는 영어낱말인 accident는 '우연'을 뜻하기도 한다. 여기에는 사고란 우연히 발생하는 것이라는 생각이 담겨 있다. 그러나 오늘날 많은 사고가 필연적으로 발생한다. 이에 대한 올바른 인식은 선진국과 후진국을 가르는 핵심적 기준이기도 하다. 선진국은 '필연적 사고론'에 입각해 있는 반면에, 후진국은 '우연적 사고론'에 입각해 있는 것이다.

  오늘날 사고는 더 이상 단순히 '뜻밖의 일'이나 '우연의 산물'에 머물지 않는다. 요컨대 사고는 더 이상 비정상적인 것이 아니라 정상적인 것이기도 하다.[6] 정상적인 과학기술과 사회체계가 여러 사고들의 원천인 것이다. 이런 '정상적 사고'(normal accident)의 개념은 현대사회를 더욱 깊이 이해할 수 있는 길을 열어준다. 사고가 정상적인 것이라면, 사고를 막기 위해서 우리는 더욱 주의하고 애쓰지 않으면 안 된다. 이런 정상적 사고의 개념에서 보았을 때, 예컨대 삼풍백화점 붕괴사고의 문제는 더욱더 두드러진다. 사고를 막기 위해 최선을 다하더라도 사고를 완전히 막는 것이 불가능한 상황에서 요행수를 바라고 잘못에 잘못을 거듭한 결과로 일어난 것이 바로 삼풍백화점 붕괴사고이기 때문이다. 이런 점에서 삼풍백화점 붕괴사고는 대표적인 후진국형 사고였다.

  오늘날 우리는 일상적으로 크고 작은 많은 위험을 생산하며 살아가고 있으며, 이 위험이 반드시 사고로 나타난다는 것을 정상적 사고의 개념은 보여준다. 예컨대 가장 널리 퍼져 있는 위험이 교통사고의 위험이라면, 발생확률은 훨씬 낮아도 '절대적 위험'을 낳는 핵발전의 위험이 있다. 절대적 위험이란 절대적으로 봉쇄할 수 없으며, 절대적으로 회복할 수 없는 위험으로 정의할 수 있다. 미국의 스리마일 섬 핵발전소 사고(1979)와 소련의 체르노빌 핵발전소 사고(1986)가 잘 보여주듯이, 핵발전은 절대적 위험을 안고 있는 대표적인 예이다. 안전하게 살기 위해서는 절대적 위험은 절대적으로 회피해야 하며, 그렇지 않은 위험은 가능한 한 줄이도록 해야 한다.

'정상적 사고'의 개념은 보험의 필요성을 강화한다. 사고는 일어날 수밖에 없으니 보험에 드는 것은 부가적인 것이 아니라 필수적인 것이다. 그러나 사실 보험은 부분적인 대책이기 십상이다. 보험금을 받는 것보다는 건강을 잃지 않는 것이 훨씬 더 중요한 것이다. 또한 보험은 불평등을 더욱 악화시킬 수 있다. 경제력이 큰 사람일수록 더 많은 보험을 들 수 있기 때문이다. 따라서 보험은 위험에 대한 부분적이고 차별적인 대책이기 쉽다. 이런 점에서 정상적 사고의 개념은 보험보다도 복지의 필요성을 더욱더 강화한다. 사회복지가 제대로 구축되지 않은 상태에서 정상적 사고의 문제가 악화된다면, 사회적 약자일수록 더 큰 피해자가 되기 쉽다. 그것은 또 다른 심각한 사회적 불안의 원천이 될 수밖에 없다.

위험의 종류는 대단히 다양하다. 그러나 이러한 위험의 다양성을 떠나서 무엇보다 중요한 것은 위험이 사고로 이어지는 것을 최대한 막을 수 있는 사회체계의 형성과 운영이다. 자연적 위험으로부터 자유로운 곳은 이 세상 어디에도 없다. 모든 국가가 비슷한 정도로 자연적 위험에 시달리고 있다. 그러나 자연적 위험에 대처하는 사회체계는 국가에 따라 크게 다르다. 또한 오늘날 세계적으로 사용되고 있는 기술은 거의 비슷하다. 기술의 지구화는 진즉에 이루어졌다. 따라서 세계 어디서나 비슷한 기술적 위험이 나타나고 있다. 국가에 따라 크게 다른 것은 기술적 위험에 대처하는 사회체계이다. 사회적 위험의 경우는 이러한 사회체계의 차이가 더욱 명확하게 나타난다. 예컨대 이 차이는 무엇보다 복지제도의 유무와 정도로 쉽게 확인할 수 있다.

위험을 줄이기 위해서는 사회체계의 개혁이 무엇보다 중요하지만 이것을 위해서도 반드시 위험에 대한 시민의 인식수준이 개선되어야 한다. 주권자인 시민이 위험과 사고를 경시한다면, 관련제도의 개선은 물론이고 사회체계의 개혁은 요원한 과제가 될 수밖에 없다. 시민의 인식수준을 높이기 위해서는 무엇보다 관련정보를 제대로 공개하고, 시민들이 위험과 사고에 대해 올바로 학습할 수 있도록 해야 한다. 또한 위험과 사고에 대해 경각심을 갖는 것을 비겁한 태도로 여기거나 적절한 예방대책을 강구하는 것을 불필요한 비용의 낭비로 여기는 폭력적인 성장주의 문화를 시정하기 위한 국가적 노력이 크게 강화되어야 한다.

위험연구의 전개

인류는 오랜 옛날부터 위험에 관해 큰 관심을 지니고 있었다. 홍수나 전염병에 관한 관심은 그 좋은 예이다. 그러나 원인을 올바로 이해하지 못했기에 올바로 대처할 수도 없었다. 그 대표적인 예로 중세유럽의 페스트를 들 수 있다. 중세유럽에서 페스트가 창궐했을 때 많은 사람들이 교회로 모여들었다. 신의 노여움으로 무서운 병이 생긴 것이니 열심히 기도해서 신의 노여움을 풀어야 한다고 생각했던 것이다. 그러나 바로 이 때문에 피해자가 크게 늘어나게 되었다. 많은 사람들이 모여 있으니 페스트균이 더 쉽게 퍼질 수 있었던 것이다. 1347년에 유럽 전역으로 퍼진 페스트는 1352년 가을까지 5년 동안에 약 2500만 명의 목숨을 앗아갔다. 이것은 당시 유럽인구의 1/3에 해당하는 엄청난 수였다.[7] 이 때문에 페스트는 '흑사병'(黑死病)이라는 무서운 이름을 얻게 되었다. 검은 두건을 쓰고 낫을 든 '죽음의 신'은 바로 이 페스트를 형상화한 것이다.

오늘날 우리는 위험에 관해 아주 다른 개념을 갖고 있다. 우리는 사고의 원인을 신의 노여움으로 생각하지 않는다. 과학의 발달과 함께 우리는 사고의 원인을 과학적으로 이해할 수 있게 되었다. 그 결과 사고의 가능성을 완전히 없애는 것은 불가능하다는 것을 알게 되었다. 동시에 우리는 거대한 위험을 체계적으로 생산하며 살아가고 있다. 따라서 우리는 사고의 가능성을 감수하는 동시에 그 피해를 최소화하기 위해 애쓰면서 살아야 한다. 바로 이것이 오늘날 우리가 가지고 있는 위험의 개념이다. 여기서 위험에 관한 접근은 크게 두 갈래로 나뉘었다는 사실에 유념할 필요가 있다. 하나는 사고의 가능성인 위험을 줄이기 위한 공학적 접근이고, 다른 하나는 사고의 피해를 줄이기 위한 경제적 접근이다.

오늘날 위험의 연구는 일반적으로 공학적 접근에 바탕을 둔 다양한 학제적 연구를 뜻한다. 물론 경제학이나 경영학에서 위험은 투자 혹은 투기의 조건으로 다루어지기도 한다. 자본주의에서는 큰 위험일수록 큰 이윤의 원천일 수도 있기 때문이다. 이런 점을 염두에 두고 사회과학에서 이루어진 위험의 연구사를 간략히 정리해 보자. 이와 관련된 하나의 전기는 1979년 3월에 미 하원의 과학기술위원회가 미국과학재단에게 장기적인 위험평가의 수단을 개선하기 위한 체계적 연구를 하도록 요청한 것이다.[8] 아마도 이에 따른 관련정책의 연속적 변화가 미국에서 위험의 연구에 큰 영향을 미쳤던 것으로 보인다.[9] 그러나 더욱 큰 계기는 1979년과 1986년에 일어난 거대한 사고였다.

사실 서구에서는 상당히 오래 전부터 위험에 관한 체계적 연구가 시작되었다. 과학기술은 엄청난 생산력이자 살상력이기도 하기 때문에 과학기술의 개발은 곧 막대한 위험의 생산이기도 했다. 이 때문에 서구에서는 위험에 관한 연구가 일찍부터 촉진되었던 것이다. 그런데 1980년대에 들어와서 서구에서는 위험에 관한 연구가 더욱 활발히 이루어지게 되었다. 그 계기는 70년대 말과 80년대 초에 잇따라 터진 대형사고들이었다. 1979년 3월 28일 미국의 스리마일 섬의 핵발전소에서 원자로 안의 핵연료가 녹아 방사능이 밖으로 누출되는 사고가 일어났다. 이 사고를 계기로 미국에서는 더 이상 핵발전소를 짓지 못하게 되었다. 그리고 7년 뒤인 1986년 4월 26일 소련 남부인 우크라이나의 체르노빌에서 핵발전소의 핵연료가 녹아서 원자로가 폭발하는 실로 역사적인 사고가 일어났다. 일어나서는 안 되는 사고가 버젓이 일어났

던 것이다.[10]

두 사고의 사이에 미국에서 위험에 관한 중요한 두 연구가 발표되었으며, 체르노빌 사고 직후에 독일에서 중요한 한 연구가 발표되었다.

먼저, 1982년에 *Risk and Culture*(Mary Douglas and Wlidavsky)가 출간되었다. 이 책은 인류학의 성과로서 사람들이 위험을 어떻게 인지하고 이해하는가에 주목할 필요를 제기했다. 같은 위험이라도 사람들마다, 사회마다 다르게 받아들일 수 있다. 요컨대 위험에 관한 문화적 변형과 구성이 이루어지는 것이다. 따라서 단순히 위험이 있다고 주장하거나 설명하는 것만으로 위험에 올바로 대처하기는 어렵다. 인식하고 행동하는 주체인 사람들이 위험을 어떻게 받아들이고 있는가를 충분히 고려할 필요가 있는 것이다. 예컨대 한국의 남성주의 문화에서는 위험에 예민하게 반응하는 것은 흔히 비겁한 태도로 여겨진다. 따라서 한국남성들은 위험하다고 느끼더라도 쉽게 표현하지 못한다. 더 큰 문제는 이런 상태가 습속화된 결과로 결국 위험에 대한 감수성 자체가 무뎌지고 만다는 것이다. 사실 한국에서는 "위험이 닥쳐도 나는 괜찮다"는 식의 비틀어진 '예외주의'마저 횡행하고 있다. 여기에는 온갖 위험을 감수하도록 강요받는 군대의 경험, 그리고 성장을 절대 선으로 여기는 성장주의의 영향이 큰 영향을 미치고 있다. 따라서 한국에서 위험에 대한 인식을 높이기 위해서는 군사주의와 성장주의의 문제를 개선하기 위해 애써야 한다.

이어서 1984년에 *Normal Accidents*(Charles Perrow)가 출간되었다. 이 책은 조직사회학의 방법으로 접근해서 현대 과학기술의 위험을 다루었다. 그 주요 결론은 현대 과학기술은 심각한 고위험체계를 이루고 있으며, 이 고위험체계는 복잡성 때문에 사고를 일으킬 수밖에 없다는 것이다. 요컨대 현대사회는 너무나 복잡해서 위험을 완벽하게 관리하는 것이 불가능하다. 우리는 위험을 올바로 평가하기 위해서는 기술의 위험성뿐만 아니라 사회의 복잡성에 대해서도 올바로 주의를 기울여야 한다. 하나의 기술을 이용하는 과정은 수십, 수백, 수천의 하위과정들로 이루어져 있으며, 이렇듯 많은 하위과정들이 완벽히 관리되어야 사고를 완벽히 막을 수 있다. 그러나 복잡성을 완벽히 통제한다는 것은 불가능하다. 따라서 사고는 반드시 일어날 수밖에 없다. 찰스 페로우는 이 사고는 복잡한 사회체계의 특성이 발현된 것이기 때문에 '체계적 사고'이며, 또한 복잡한 사회체계가 정상적으로 작동한 결과이기 때문에 '정상적 사고'라고 설명한다. 결론적으로 그는 정상적 사고에 대처하기 위한 올바른 방법은 너무 위험한 기술은 사용하지 않는 것뿐이라고 설명한다. 그 대표적인 예가 바로 핵발전이다.

1986년에 독일에서 *Risikogesellschaft*(Ulich Beck)가 출간되었다.[11] 이 책의 저자인 독일의 사회학자 울리히 벡은 현대사회를 아예 '위험사회'라고 부르고 나섰다. 그는 산업사회가 거대한 풍요만을 낳은 것이 아니라 엄청난 위험도 낳았다고 지적한다. 이로써 울리히 벡은 현대사회에 관한 관점 자체를 근본적으로 다시 세워야 할 필요를 제기했다. 또한 울리히 벡은 기술적 위험뿐만 아니라 사회적 위험에 대해서도 깊이 관심을 기울여야 한다는 것을 강조했다. 오래 전부터 지적되어 온 과학기술의 위험뿐만 아니라 복지국가의 약화도 위험의 증대라는 관점에서 살펴볼 필요가 있다는 것이다. 그런데 찰스 페로우의 설명을 변형해 보자면, 사실 과학기술의 위험도 그것을 개발하고 이용하는 사회체계에 의해 크게 규정된다. 요컨대 부패한 사회에서 위험한 기술을 사용한다면 그 위험성은 더욱더 커질 수밖에 없는 것이다. 이런 점에서 기술적 위험도 반드시 사회적 맥락에서 검토되어야 한다.

이러한 인류학과 사회학의 연구들과 조금 떨어져서 사회복지학에서도 위험에 관한 연구들이 활발히 이루어졌다. 사회복지학의 위험연구는 사회의 변화에 따른 새로운 복지수요의 등장과 깊이 연관된다. 인류학과 사회학의 연구들에 비해 사회복지학의 연구들은, 예컨대 빈곤의 구제와 같은 절박한 과제에 대한 훨씬 더 정책적이며 긴요한 내용으로 이루어져 있다. 사회복지학에서는 구사회위험, 신사회위험, 신신사회위험 등의 개념들이 사용되고 있다. 구사회위험이 주로 실업이나 빈곤과 연관된다면, 신사회위험은 고령화, 저출산, 노동의 유연화와 연관되며, 신신사회위험은 고령자나 이민자의 실업 등과 연관된다. 한국은 구사회위험이 여전히 존속하고 있는 가운데 신사회위험이 이미 심각한 문제로 떠올랐고 신신사회위험도 조금씩 제기되고 있다.[12]

위험사회의 의미

위험사회의 세 차원

위험문제에 관한 연구는 울리히 벡의 '위험사회론'을 통해 널리 대중화되었다. 그가 43세 때인 1986년에 출간한 『위험사회』라는 제목의 책은 독일에서 큰 반향을 일으키고, 1992년에는 영어로도 번역되어 세계적으로 널리 읽히게 되었다.[13] 그 까닭은 우선 『위험사회』가 현대사회를 보는 새로운 관점을 제시했기 때문이다.

첫째, 근대에 들어와서 인류가 이룬 엄청난 문명의 성과를 '위험의 체계적 생산'으로 볼 수 있다는 것이다. 두 차례에 걸친 세계대전이나 오늘날 지구적으로 만연해 있는 생태위기는 그 좋은 예이다. 이러한 위험에 대한 강조는 '비관적 전망'이라고 할 수 있는데, 이 때문에 울리히 벡의 위험사회론은 일찍이 호르크하이머와 아도르노가 『부정의 변증법』에서 제시한 문명비판론을 되풀이하는 '새로운 묵시론'의 성격을 갖는 것이라고 비판받기도 한다.[14]

둘째, 울리히 벡은 위험이 생산되는 사회적 방식의 폐쇄성에 주목해서 그것을 바로잡기 위한 시민의 참여를 강조한다. 전문지식을 지닌 전문가들이 전문성을 내세워서 위험을 생산하고 있으며, 따라서 이러한 전문성 이데올로기로 무장한 지식정치를 민주화하는 것이 위험의 약화에서 결정적 중요성을 가질 수 있다.[15] 이것은 궁극적으로 위험에서 벗어날 수 있다고 주장하는 것은 아니지만, 위험을 사회적으로 통제할 수 있는 길을 제시한다는 점에서 '낙관적 전망'이라고 할 수 있다. 이런 점에서 울리히 벡의 위험사회론을 '새로운 묵시론'이라고 보는 것은 잘못이다.

또한 『위험사회』는 현대사회의 위험에 대한 여러모로 설득력이 있는 설명을 제시했다. 울리히 벡은 자신이 현대사회를 '위험사회'라고 주장하게 된 까닭을 현대사회의 특징에 관한 논의의 맥락에서 다음과 같이 크게 세 가지 차원으로 나누어 설명한다.

첫째, 현대사회는 '활화산 위에 선 문명'의 사회이다. 여기서 그가 특히 주목하는 것은 현대문명의 원천인 '과학기술의 위험'이다. 우리는 오늘날 고도로 발달한 과학기술을 이용해서 살아가고 있다. 아무렇지도 않게 사용하는 많은 것들이 사실은 고도로 발달한 과학기술의 산물이다. 그런데 우리의 과학기술은 놀라운 생산력의 원천인 동시에 살상력의 원천이기도 하다.[16] 대표적인 예로 핵발전소를 들 수 있다. 핵발전소는 엄청나게 많은 전기에너지를 생산하는 시설이지만, 그러나 그것은 본질적으로 '천천히 터지는 핵폭탄'이기도 하다. 미국의 스리마일 섬 핵발전소 사고나 소련의 체르노빌 핵발전소 사고는 핵발전소와 핵폭탄 사이에 만리장성을 쌓을 수 없다는 사실을 잘 보여주었다. 이런 고위험기술을 사용하면서 우리는 단순히 '풍요사회'에서 살게 되는 것이 아니라 대재앙을 내포하고 있는 '위험사회'에서 살게 되는 것이다.

둘째, 현대사회는 '개인주의화'가 더욱더 진척되는 사회이다. 이 주제에서 울리히 벡이 말하고자 하는 것은 이를테면 '사회적 위험'의 증대이다. 개인주의화는 양면성을 지닌다. 그것은 한편에서 사람들에게 자유를 준다. 개인주의화가 진척될수록 우리는 더욱더 큰 개인적 자유를 누릴 수 있게 된다. 전통 공동체의 억압성과 근대사회의 해방을 대비시키게 되는 것은 이 때문이다. 그러나 다른 한편에서 개인주의화에 따라 사람들은 더욱더 많은 위험을 겪게 된다. 여럿이 함께 힘을 모아 문제에 대처하는 것이 아니라 홀로 모든 것을 판단하고 대처해야 하는 경우가 늘어나기 때문이다.

　이런 문제를 적절히 조절하는 것이 사회의 책임이고 정부의 책임이다. 그런데 80년대에 들어와 서구사회는 대처주의와 레이건주의의 흐름에 따라 '신보수주의'로 빠르게 옮아가면서 기존의 사회복지를 대폭적으로 줄여나갔다. 개인주의화의 진척과 사회안전망의 축소가 함께 이루어진 것이다. 이런 상태에서 일자리를 잃게 된 사람들이 갈 곳은 길바닥밖에 없게 되었다. 경기침체와 함께 노숙자들이 크게 늘어나고, 이와 함께 사회 전체는 더욱 불안해지게 되었다. 휘황하게 빛나는 대도시의 곳곳에서 노숙자들이 겨우 연명하고 있는 '이중도시' 현상은 이런 사실을 잘 보여준다.

　셋째, 현대사회는 '지구적 위험사회'이다. 지구는 하나의 생태계를 이루고 있으므로 한 곳의 문제는 곧 다른 곳으로 확산될 수 있다. 체르노빌도 그렇고, 환경호르몬도 그렇다. 울리히 벡은 이러한 '생태적 위험'의 문제를 위험사회가 안고 있는 가장 중요한 근원적 위험으로 파악하고 있다. 그리고 이 위험을 특히 '과학기술의 위험'과 직결되어 있는 것으로 제시한다. 그러나 이 위험은 개인주의화와도 밀접하게 연관되어 있다. 신보수주의에 이은 신자유주의의 지구화가 이루어지면서 세계 곳곳에서 개인의 원자화가 강행되고 있다. 이에 따라 자연에 가해지는 압박은 더욱 커지고 있다. 사회의 보호를 제대로 받지 못하는 상황에서 생계를 잇기 위해 자연을 착취해야 하는 개인들이 늘어나는 것이다. 이렇게 해서 악화되는 생태적 위험은 '문명적으로 생산된 자연의 위험'으로서 자연의 한 존재인 우리 자신의 생존과 생활을 위태롭게 한다.

현대의 위험

동서고금을 막론하고 위험이 없는 사회는 없다. 그럼에도 불구하고 구태여 현대의 문명사회, 흔히 '풍요사회'로 불리는 선진사회를 '위험사회'로 부르는 까닭은 무엇인가? 오히려 근대 이전의 사회가 지금보다 훨씬 더 위험한 사회가 아니었는가? 이런 점에서 위험사회라는 개념은 사실 대단히 역설적인 의미를 지닌다. 분명히 근대화에 따라 문명의 융성과 위험의 감소가 이루어졌기 때문이다. 예컨대 질병의 경우를 보자. 중세유럽은 페스트로 말미암아 인구가 1/3이 줄어들었지만, 오늘날 페스트의 발병은 극히 희귀한 현상이 되었다. 또한 유럽인은 총포로 라틴아메리카를 정복하기에 앞서서 이미 그들의 몸에 묻어 있던 천연두균으로 라틴아메리카를 정복했다. 스페인의 라틴아메리카 정복은 이를테면 인류 최초의 대규모 '생화학전'이었던 것이다. 이렇듯 무서운 천연두균도 이미 오래 전에 정복되었다. 과학기술의 발달이 이런 놀라운 결과를 가져왔다.

이처럼 우리의 과학기술은 '자연의 위험'을 이길 수 있는 길을 열어 주었다. 그러나 그것은 새로운 '문명의 위험'이 나타나는 원천이기도 했다. 그리고 새로운 문명의 위험은 O-157이나 광우병과 같은 새로운 '자연의 위험'을 낳고 있기도 하다. 근대화가 이룩한 놀라운 성과인 '풍요사회'에서 우리가 맞닥뜨리고 있는 문명의 위험은 여러모로 근대

1. 위험사회의 이해

이전의 세계를 지배했던 자연의 위험과는 다르다. 이것은 천벌이나 불운의 결과가 아니라 우리 문명의 본질적 속성에 속하는 것이다. '과학기술의 위험'에 초점을 맞추었을 때, 그 특징은 크게 세 가지로 나누어 살펴볼 수 있다.

첫째, 현대의 위험은 물리적 하부구조와 사회체계 속에 내재화되어 있다. 다시 말해서 위험사회에서 위험은 체계적으로 생산된다. 우리가 하루하루 살아가는 과정이 곧 커다란 위험을 생산하는 과정이기도 하다. 위험은 저기 멀리 어딘가에 있는 것이 아니다. 이런 점에서 보자면, 우리는 위험을 기준으로 우리 문명을 평가하고 일상을 영위하도록 해야 한다. 더 많은 부를 생산하는 과정은 필연적으로 더 많은 위험을 생산하는 과정이므로, 무조건적으로 더 많은 부를 추구하는 것이 아니라, 무엇보다 더 안전한 방식으로 부를 생산할 수 있도록 하지 않으면 안 된다.

둘째, 현대의 위험에는 결코 돌이킬 수 없는 재앙을 낳을 수 있는 것, 곧 핵폭발과 같은 '절대적 위험'[17]이 포함되어 있다. 에드워드 톰슨이 말했듯이, 핵무기는 '절멸의 무기'이다. 그러나 이렇게 위험한 것은 단지 핵무기만이 아니다. 핵발전은 '느리게 터지는 핵폭탄'이라는 말도 있듯이, 핵발전도 핵에너지를 이용하는 것이기 때문에 절멸의 위험을 안고 있다. 핵발전이 커진다는 것은 절멸의 위험이 커진다는 것을 뜻하기도 한다. 근대 이전에 이런 절멸의 위험은 오직 신의 노여움으로만 나타날 수 있는 것, 다시 말해서 '상상적인 것'일 뿐이었다. 그러나 현대의 과학기술은 이런 절멸의 위험을 실제로 생산했다.

셋째, 현대의 위험은 시공간의 제약을 떠나서 지구 전역으로 퍼져가고 대를 물려가면서 계속 그 힘을 발휘한다. 체르노빌의 핵발전소 폭발사건은 그 대표적인 예이다. 이 사건으로 발생한 방사능 낙진은 지구 전역으로 퍼져갔으며, 그 피해는 유전자의 변형을 통해 대를 이어가며 나타나고 있다. 잘 알다시피 방사능에 오염된 지역은 방사능의 반감주기가 다할 때까지 몇만 년이라는 오랜 시간 동안 오염된 채로 남아 있어야 한다. 체르노빌의 피해는 이런 시공간의 견지에서 평가되어야 한다. 비단 방사능만이 아니라 현대의 문명을 떠받치는 수많은 오염물질들이 이런 식으로 시공간의 제약을 떠나서 지구 전역에서 모든 생명체에게 사실상 영구적인 영향을 미칠 수 있다. 산성비, DDT오염, 각종 환경호르몬 그리고 최근의 유전자 조작 생명체가 모두 이런 위험을 안고 있다.

안전사회의 추구

우리는 위험천만한 문명의 시대를 살고 있다. 현대문명은 단순히 '풍요의 금자탑'이 아니라 '위험의 바벨탑'이기도 하다. 사이버네틱스의 창시자인 노버트 위너가 오래 전에 말했듯이 우리는 '발전에 대한 맹신'에서 벗어나야 한다.[18] 그런데 이 위험을 이해하기 위해서는 전문적 이론을 알아야 하며, 이 때문에 위험에 관한 논의는 '전문가'[19]들이 지배하게 된다. 따라서 위험에 관한 논의는 제한되고 폐쇄적인 방식으로 진행되기 쉬우며, 이로부터 위험은 한층 더 심각한 상태에 이르게 될

1. 위험사회의 이해

수 있다.

'안전사회'는 위험사회의 문제에 대처하기 위한 대당적 개념이다. 그것은 우리가 추구해야 할 하나의 명확한 목표를 뜻한다. 좀더 구체적으로 그것은 사회의 온전성을 지켜서 그 구성원이 안전하게 살 수 있도록 하는 것이다. 안전사회의 목표가 제대로 이루어지지 않는다면, 현대사회는 결국 파국으로 나아가고 말 것이다. 개인적으로 아무리 열심히 '웰빙'을 추구해도 위험사회에서 그것은 그저 '찻잔 속의 노력'이 되기 십상이다. 안전사회의 구축을 위해 무엇을 해야 하는가? 총체적으로 말해서 우리는 자연과 인간, 인간과 인간의 공생을 추구하는 '생태적 복지사회'를 향해 나아가야 한다. 그 과제에 대해 우리는 위험사회의 세 가지 차원에 대응하는 방식으로 생각해 볼 수 있다.[20]

첫째, '과학기술의 위험'에 대처해야 한다. 이것은 다시 크게 두 과제로 나누어 살펴볼 수 있다. 먼저, 과학기술의 부작용이나 의도하지 않은 결과에 대해 모든 자료와 정보를 공개하고 토론하고 잘못을 시정하는 것이다. 다음에, 과학기술자들의 의사결정이 투명하게 이루어질 수 있도록 하는 것이다. 그런데 두 과제가 모두 과학기술자들의 참여를 요구한다. 따라서 과학기술자들이 진리와 진실에 헌신할 수 있도록 하기 위해 최선을 다해야 한다. '황우석 사태'에서 잘 드러났듯이, 과학자들은 세계를 속일 수도 있다.[21] 이런 사태를 막기 위한 다양한 토론과 합의의 과정이 필요하다.[22]

둘째, '개인주의화의 위험'에 대처해야 한다. 이것은 사실 '사회적 위험'을 달리 표현한 것이며, 개인을 위험 속에 방치하는 사회의 위험을 뜻한다. 우리는 살아가면서 수많은 위험을 겪게 된다. 사회의 도움이 없다면, 누구도 안전하게 살 수 없다. 사회정의의 구현이라는 차원에서 사회는 개인을 위험 속에 방치해서는 안 된다. 여기서 나아가 더 근본적으로 사회의 유지와 작동이라는 점에서 사회는 개인을 위험 속에 방치해서는 안 된다. 개인을 사회 밖으로 내모는 사회는 스스로 해체의 길을 걸을 수밖에 없다. 배제된 자는 격렬히 저항하며, 배제되지 않은 자는 불안에 떨게 된다. 그 구성원을 배제하는 사회는 결코 안전할 수 없다.

셋째, '생태적 위험'에 대처해야 한다. 오늘날 우리는 생태위기의 시대를 살고 있다. 지구온난화와 오존층파괴로 잘 드러나듯이, 우리의 생존기반 자체가 지구적 차원에서 크게 훼손된 상태이다. 지구생태계의 급격한 변동은 인간을 포함해서 모든 생명체에게 엄청난 대가를 요구한다. 이 대가는 말 그대로 파멸일 수도 있다. 따라서 우리는 대가를 최소로 줄이기 위해 최대의 노력을 기울여야 한다. 이 노력은 당연히 지구적 차원에서 펼쳐져야 한다. 그것은 가난으로 고통받고 있는 나라들에 대한 부유한 나라들의 원조를 대폭 늘리는 것도 포함한다. 공유를 통한 공생의 추구, 그리고 그와 함께 생태적 전환이 이루어져야 한다. 우리의 생산방식과 생활방식 자체를 가능한 빠르게 생태적인 것으로 바꾸어야 한다.[23]

여기서 우리는 서구와 한국의 차이에 대해 잠시 살펴볼 필요가 있다. 경제적인 면에서 한국은 서구에 가까이 다가갔다. 그러나 위험과 사고의 면에서 보자면, 서구와 한국 사이에는 아직 큰 차이가 있다. 그것은 경제나 기술의 차이가 아니라 경제와 기술을 운용하는 사회체계의 차이이다. 예컨대 구조적 부패로 말미암은 후진적 사고의 빈발이라는 면에서 한국은 서구와 크게 다르다.[24] 또한 한국의 경제력은 세계 10위권이지만 환경 질은 세계 100위권에도 들지 못하고 있으며 삶의 질은 세계 40위권에 머물고 있을 뿐이다. 요컨대 한국은 '돈 많은 못사는 나라'이다. 한국은 후진적 개발독재형 사회체계를 개혁하지 못하고 있기 때문에 위험을 경시하는 문제를 해결하지 못하고 있다.

위험사회는 고도로 발달한 산업사회를 뜻한다. 그러나 산업사회 자체가 기술적으로 사회적으로 심각한 문제를 지니고 있기 때문에 고도로 발달한 산업사회는 그 자체로 좋은 사회라고 할 수 없다. 바로 이 때문에 울리히 벡은 산업사회의 원리부터 근본적으로 다시 살펴보는 '재귀적 근대화' 또는 '성찰적 근대화'가 요청된다고 주장한다. 이에 비해 한국은 기술적으로는 서구와 같은 수준에 이르렀지만, 실제 사고는 그야말로 전근대적 부패의 결과인 것이 대부분이다. 위험천만한 현대 과학기술을 이용하는 사회체계가 대단히 취약한 것이다. 따라서 한국이 안전사회로 나아가기 위해서는 무엇보다 '부패와 부실의 먹이사슬'에 사로잡힌 취약한 사회체계를 발본적으로 개혁해야 한다.[25]

안전사회의 가치에 대해 살펴보면서 부패문제의 해결을 무엇보다 먼저 강조해야 하는 것은 슬픈 일이다. 그러나 그것이 우리의 솔직한 현실이다. 삼풍백화점 붕괴사고가 잘 보여주듯이, 제도와 기술이 모자란 것이 아니라 부패가 만연해서 제도와 기술이 제대로 작동하지 않는 것이 '위험사회 한국'의 가장 큰 특징이다. 제도와 기술이 제대로 작동해도 문제인 판에 그마저도 부패 때문에 제대로 작동하지 않고 있는 것이다. 이러한 부패의 이면에서 후진적 성장주의와 개발주의가 맹렬히 작동하고 있다. '위험사회 한국'은 기술적 대응이 아닌 사회적 대응, 부문적 대응이 아닌 총체적 대응을 요청한다.

주

1) 피터 번스테인(Peter Bernstein), 『리스크: 리스크 관리의 놀라운 이야기』(1996), 안진환·김성우 옮김, 한국경제신문사 1997, 26쪽.
2) A. 기든스, 『포스트모더니티』(1990), 이윤희·이현희 옮김, 민영사 1991, 44쪽.
3) 『네이버 어학사전』에서는 다음과 같이 비슷한 말들을 구분하고 있다. "[유의어] danger: 그 정도와는 상관없이 '위험'을 뜻하는 가장 일반적인 말이다(the danger of falling on icy walks/언 길에서 넘어질 위험). risk: 자기 책임하에 무릅쓰는 위험(Do it at your own risk/네가 책임지고 그것을 해라). peril: 임박한, 피할 수 없는 큰 위험(in peril of death/죽을 위험에 놓인). hazard: 우연에 좌우되는, 또는 인간의 힘으로는 피할 수 없는 위험(the hazards of hunting big game/큰 짐승을 사냥하는 데 따르는 위험)."
4) http://en.wikipedia.org/wiki/Risk.
5) 민병렬, 「IMF와 건설인의 자세」, www.kict.re.kr/webzine/platform/98/9810_1.htm 1998.
6) Charles Perrow, *Normal Accidents*, Basic Books 1984.
7) 흑사병에 관한 최근의 포괄적 연구로는 존 켈리(John Kelly), 『흑사병시대의 재구성』(2005, 이종인 옮김, 소소 2006) 참조. 이 책의 저자는 이처럼 무서운 흑사병의 원인을 '환경의 변화'에서 찾는다. 오늘날 우리는 그 어느 때보다도 거대한 환경의 변화가 일상적으로 전개되고 있는 시대에 살고 있다. 이런 점에서 흑사병의 위력에 대해 다시금 생각해 볼 필요가 있을 것이다. 이런 점에서 전염병의 문제를 다룬 폴 에월드(Paul Ewald), 『전염병시대』(2000, 이충 옮김, 소소 2005)도 참조.
8) Dominic Golding, "A Social and Programmatic History of Risk Research," Sheldon Krimsky and Dominic Golding eds., *Social Theories of Risk*, Praeger 1992, p. 26.

1. 위험사회의 이해

9) 이와 관련된 더욱 상세한 연구로는 Thomas Dietz, R. Scott Frey, and Eugene A. Rosa, 「위험, 기술 그리고 사회 1」(김명진 옮김, 『시민과학』 42호, www.peoplepower21.org 2002/12) 참조.
10) 1984년에는 인도의 보팔에 있는 미국기업 유니언 카바이드 사의 공장에서 독가스가 새어나와 2800명이 넘는 사람들이 죽고 5만 명이 넘는 사람들이 크게 다쳤다. 이 사고는 과학기술의 위험문제와 제3세계의 착취문제가 결합된 대표적 사례이다.
11) 영어판은 Mark Ritter trans., *Risk Society*, Sage 1992. 한글판은 홍성태 옮김, 『위험사회』, 새물결 1997. 한글판은 영어판을 대본으로 했다. 영어판은 사실 독어판의 개정본에 가깝다. 또 다른 독일의 사회학자인 니클라스 루만도 위험에 관해 많은 연구를 했다 (Niklas Luhmann, *Soziologie Des Risikos*, 1991). 일부에서는 벡이 루만의 연구를 차용했다고 한다. 그럴 수도 있을 것이다. 그러나 위험문제를 널리 알리고 현대사회의 핵심으로 제시한 것은 역시 벡의 성과이다.
12) 이러한 구분은 연구자에 따라 크게 달라질 수 있다. 이에 대해서는 윤홍식, 「경제위기 이후 한국의 빈곤양태: 빈곤을 통해 본 구사회위험의 존속과 신사회위험의 확대」(참여연대 사회복지위원회 주최 대안복지패러다임 연속세미나 ⑤ 2007. 7. 13) 참조.
13) 울리히 벡, 『위험사회』(1986/영어판 1992), 홍성태 옮김, 새물결 1997.
14) Mol and Spaargaren, "Environment, Mordinity and the Risk Society: The Apocalyptic Horizon of Environmental Reform," *International Sociology* vol. 8/no. 4, 1993.
15) 울리히 벡은 주로 의료나 식품과 관련해서 기준을 설정하는 전문가의 지식정치를 문제로 삼는다. 그러나 객관적 판결의 외양 뒤에서 사법의 사유화를 추구하는 사법부는 그 어떤 것보다 강력한 전문성 이데올로기로 무장하고 국가의 근간을 뒤흔들 수 있다. '전관예우'라는 더럽고 무서운 문제가 만연한 한국의 사법부는 그 대표적인 예이다.
16) 아마도 현대 과학기술을 '살상력'으로 본 최초의 연구로는 레이첼 카슨(Rachel Carson)의 『고요한 봄』(1962)일 것이다. 이 책은 살충제로 널리 쓰인, 아니 지금도 그렇게 사용되고 있는 DDT의 살상력에 관한 연구이다. 그녀는 DDT를 살충제로 부르는 것은 잘못이며 '살생제'로 불러야 한다고 주장했다. 그 뒤의 연구에서도 확실하게 입증되었듯이, DDT는 강력한 살생제로서 생태계의 파괴를 가져왔다. 현대의 과학기술은 이처럼 심각한 양면성을 가지고 있다.
17) 이것은 절대적으로 통제할 수 없으며, 또한 절대적으로 복원할 수 없는 위험을 뜻한다.
18) 노버트 위너(Norbert Wiener), 『인간활용』(1954), 최동철 옮김, 전파과학사 1977, 59쪽.

19) 위너는 전문가들의 '지성적 비관론'에 희망을 품었다. 이것은 현대사회의 가속적 변화가 가져올 파멸적 결과에 대한 과학적 예측에서 비롯되는 비관론을 뜻한다. 그는 이것을 그리스 비극에서 볼 수 있는 '비극의 감각'으로 표현하기도 하는데, 그에 따르면 이런 감각을 가지고 문제를 직시하는 것이야말로 지혜로워지는 것이다. 이런 점에서 그는 미국인이 놀라운 기술력을 가지고 있으나 그보다 더 중요한 '지혜'를 가지고 있지 못하다고 비판했다(같은 책, 228쪽). 물론 이런 비판은 바로 우리에게도, 아니 우리에게 더욱더 해당될 것이다.

20) 안전을 위해서는 위험에 대해 잘 알 필요가 있다. 이런 관점에서 씌어진 책으로는 김수삼 외,『미래를 위한 공학 실패에서 배운다』(김영사 2003)가 있다. '국내 최초의 공학 실패사례 연구서'인 이 책은 여러 분야에 걸쳐 위험과 사고의 문제를 실증적으로 다룬다. '실패학'은 일본에서 고안되었다. 관련된 일본의 연구서로는 무라카미 요이치로,『우리는 안전한가』(1998, 유승을 옮김, 궁리 2005. 이 책의 원제는 '安全學'이다) 참조.

21) 김세균·최갑수·홍성태,『황우석사태와 한국 사회』, 나남 2006.

22) 참여연대,『진보의 패러독스』, 당대 1999.

23) 홍성태,『생태사회를 위하여』, 문화과학사 2004.

24) 물론 서구도 부패나 사고의 문제를 안고 있다. 특히 미국은 엔론사태(2001)나 미네소타 다리붕괴사고(2007. 7)에서 잘 나타났듯이 큰 문제를 안고 있다. 그리고 이탈리아는 극심한 마피아의 문제를 안고 있으며, 베를루스코니 총리가 부패 혐의로 기소(2006)되기도 했다.

25) 홍성태,『위험사회를 넘어서』, 새길 2000.

한국사회와 위험

불안한 한국

오늘날 한국은 세계적인 경제대국이다. 국토의 크기는 세계 109위밖에 안 되지만 경제력은 무려 10위권에 이른다. 이렇게 작은 나라가 이렇게 큰 경제력을 보유하기 위해서 얼마나 많은 노력을 기울여야 했을까? 사실 이런 놀라운 '성과'의 이면에서 노동의 착취와 자연의 착취라는 '이중의 착취'가 만연하게 되었다.

2007년 4월에 『2007년 OECD통계연보』가 발표되었다. 이 자료는 2005년을 기준으로 OECD 30개 회원국과 '대륙국가'인 BRICs국가(브라질, 러시아, 인도, 중국)의 통계를 정리한 것이다. 원래 자료에는 순위가 표시되지 않지만 재정경제부에서 이해를 돕기 위해 순위를 표시했다. 이에 따르면, 2005년 한국의 GDP는 1조 672억 달러(약 1600조 원)로 10위, 1인당GDP는 2만 2098달러(약 2200만 원)로 23위, 연간 근로시간은 2354시간으로 1위, 사교육비는 GDP 대비 2.9%

로 1위(2003), 사회적 공공지출은 GDP 대비 5.7%로 29위(2003), 근로자의 조세부담은 노동비용 대비 17.3%로 30위, 전력발전량은 391.2Twh(조)로 7위, 물소비량은 261.93억m³로 10위(2004), CO_2 배출량은 4.62억 톤으로 9위(2004)이다. 막대한 경제력에도 불구하고 '이중의 착취'라는 구조적 문제가 여전히 해결되지 않고 있다는 것을 알 수 있다. 또한 학력학벌 경쟁이 극히 심각하며, 사회복지도 크게 미흡한 상태이다.

한국사회의 문제를 보여주는 지표들은 또 있다. 자살률은 OECD 최고수준이며, 양극화도 세계적 수준이고, 비정규직은 500만 명을 넘어섰고, 신용불량자도 350만 명을 넘어섰다. 투기는 여전히 전국적으로 극성을 부리고 있고, 개발의 광풍이 여전히 전국을 휩쓸고 있고, 서울에서 집을 마련하기 위해서는 18년 정도가 걸린다고 한다. 한국은 이미 '부자나라'가 되었지만, 한국에서 사는 것은 오히려 더 어려워졌다고 느끼는 사람들이 많다. 재벌을 비롯한 특권층과 부유층은 중산층과 서민층과 빈곤층에게 더욱더 허리띠를 졸라매고 열심히 일하라고 윽박지른다. 그러나 빈부구조가 확립되면서 '가난의 세습'이 갈수록 뚜렷하게 나타나고 있다. 불안정 노동의 문제도 갈수록 심해지고 있다. 사회적 책임을 방기하는 특권층과 부유층의 횡포 속에서, 이에 대한 중산층과 서민층과 빈곤층의 대응이 올바로 조직되지 못하는 속에서, 한국은 갈수록 앞날을 계획하기 어려운 불안한 나라가 되고 있다.

2006년 5월에 발표된 한 조사의 결과가 보여주듯이, 많은 한국인이 큰 불안에 시달리고 있으나 제대로 치료를 받지 못하고 있다. 여기에는 정신병에 대한 한국인의 뿌리 깊은 편견도 크게 영향을 미치고 있다. 정신분석이나 임상심리의 치료기관이 아니라 점집이 성행하고 있는 것은 그 자체로 문제이다.

대한불안장애학회(이사장 권준수 서울대병원 신경정신과 교수)는 지난 3월 전국의 20~69세 성인 1천 명(남녀 각 500명)을 대상으로 불안에 대한 전화조사를 실시해 그 결과를 12일 대한불안장애학회 춘계학술대회에서 발표했다.

학회는 21가지 불안설문을 이용해 불안상태를 파악하고 음주·흡연·카페인섭취, 불안의 원인, 해소방법, 치료 여부 등을 조사했다. 조사결과 전체 응답자의 25%는 자신이 전반적으로 '불안한 상태에 있다'고 평가했으며 6%(59명)는 '일상생활에 어려움을 느끼는 정도'라고 응답했다.

불안증상으로는 소화불량(49%), 어지러움 또는 현기증(44%), 가슴 두근거림(41%), 몸이 저리고 쑤시거나 감각이 마비된 느낌(36%), 편히 쉴 수 없음(31%), 자주 얼굴이 붉어짐(26%), 나쁜 일이 일어날 것 같은 두려움(27%) 등을 호소했다. 불안의 주된 원인은 본인의 건강상태(39%), 경제적 어려움(36%), 타인과 갈등(32%) 등의 순이었다.

또 불안 해소방법은 혼자 참거나(39%), 식음료 섭취(36%, 술·담배·커피가 대부분) 등 건강하지 않은 방법이 많았으며 가까운 사람과 대화(32%)를 시도한다는 대답도 상당수 있었다. 그러나 심각한 불안을 호소한 6%의 응답자 중 실제로 불안관련 치료를 받고 있는 사람은 19%에 불과했으며, 나머지 치료를 받지 않는 사람들 중에도 27%만이 앞으로 치료를 고려하고 있었다.[1]

이 결과는 불안이라는 심각한 증세에 무심한 이 사회의 문제적 상태를 잘 보여주지만, 우리는 불안의 원인에 더욱더 큰 주의를 기울일 필요가 있을 것이다. 놀랍게도 일상적으로 가장 중요한 세 가지 사항, 곧 건강·경제·대인관계가 불안의 주요 원인이다. 영혼의 고통을 견디며 일상을 살아가야 하는 것이 한국의 현실인 것이다.

위험과 삶의 질

위험은 불안의 원천이다. 자연적 위험과 인위적 위험이 갈수록 커지는 데 비해, 또한 그에 대한 인식이 갈수록 높아지는 데 비해, 낡고 취약한 사회체계의 개혁이 제대로 이루어지지 않으니 불안은 더욱 깊어질 수밖에 없다. 그리고 여기서 우리가 주의해야 할 것은 불안 자체가 또 다른 중요한 사회적 위험의 원천이라는 사실이다. 불안을 제대로 해소하지 못하면, 불안의 원천을 올바로 개혁하지 못하면, 불안의 확산은 사회를 심각한 위기로 몰아넣을 수 있다. 이러한 불안의 문제를 해소하기 위해서도 우리는 위험을 중심으로 사회를 파악하고 사회정책을 수립해서 사회체계의 개혁을 추구해야 할 것이다.

이른바 선진국은 1950~60년대의 고성장기를 거치면서 삶의 양이 아니라 삶의 질이 중요시되는 사회로 들어섰다.[2] 한국도 70~90년대의 고성장기를 거치면서 비슷한 상태가 되었다. 60년대 서구에서 제출된 각종 탈근대론들이 90년대 한국에서 확산된 것은 무엇보다 이러한 물질적 변화에 힘입은 것이다. 그러나 삶의 질을 높이기 위해서 우리는 위험의 문제를 중심으로 이 사회와 세계를 바라볼 필요가 있다. 무엇보다 풍요 속의 위험, 평온 속의 위험을 직시해야 한다. 그리고 부패가 이 위험을 더욱 악화시키고 쉽게 폭발할 수 있도록 하는 우리의 취약한 상황에 주의해야 한다. 이러한 상황 속에서 삶의 질에 대한 관심은 언제라도 삶의 양에 대한 관심으로 전락할 수밖에 없다.

삶의 질은 목적 개념이다. 그것은 이를테면 우리가 얼마나 안전하고 편리하고 편안하고 건강하고 풍요롭고 아름답게 살고 있는가에 관한 관심의 산물이다. 안전사회의 구축은 무엇보다 먼저 이러한 삶의 질을 높이기 위한 사회적 기반을 확대하고 강화하는 것으로 이룩될 수 있다. 이를 위해서 우리는 무엇보다 위험사회의 현실에 주의해야 한다. 그리고 우리의 생활방식 자체가 위험사회의 원천이라는 근본적 사실을 깨달아야 한다. 삶의 질을 높이기 위해서는 결국 우리의 생활방식 자체를 크게 바꿀 필요가 있다. 우리의 생활방식을 바꾸는 것은 삶의 질을 위한 객관적 조건을 정비하는 것이다.

물론 삶의 질은 객관적 조건을 정비하는 것만으로 높아지지 않는다. 삶의 질을 높이기 위해서는 이에 대한 시민의 인식도 높아져야 할 것이다. 예컨대 모든 시민들이 성장주의와 개발주의에 사로잡혀 무한파괴와 무한경쟁을 추구하는 곳에서는 결코 삶의 질이 높은 사회가 나타날 수 없다. 삶의 질을 높이기 위해서는 생존의 욕구는 물론이고 문화적 욕구를 충족할 수 있는 물질적 조건이 필요하지만, 이것에 못지않게 자연과 조화를 이루며 살면서 사람들이 서로 존중하고 배려하며 만족을 느끼고 사는 것이 중요하다. 이러한 가치는 오늘날 이미 희귀한 것이 되었다. 그런 만큼 삶의 질을 높이기 위해서 우리는 더욱 복합적인 노력을 기울여야 한다.

삶의 질을 높이기 위해서 무엇보다 먼저 현대사회에 대한 근본적 성찰을 추구해야 한다. 위험의 체계적 생산을 전제로 현대사회를 재해석하고 그 운영방식을 새롭게 확립하는 것은 그 핵심이다. 만연한 위험과 그에 대한 불안에서 벗어나기 위해서 우리는 안전사회의 구축을 적극적으로 모색하지 않으면 안 된다. 안전사회라는 목표를 올바로 추구하기 위해서 위험사회라는 현실을 명확히 이해하지 않으면 안 된다. 위험사회의 현실을 적당히 호도하고 타협하는 방식으로는 결코 안전사회라는 목표를 이룰 수 없다. 이런 점에서 위험의 문제를 강조하며 현대사회를 새롭게 설명하고자 하는 위험사회론은 안전한 사회에서 살기 위한 신중한 실천의 논리이다.

그러나 '풍요사회'의 현실 속에서 이러한 신중론은 흔히 비관론으로 몰려서 무시되곤 한다. 그보다는 다음과 같은 무모한 낙관론이 '혁신'의 이름으로 쉽게 강조되고 확산된다.

여기에서 나는 현대와 과거를 구분 짓는 혁명적인 견해를 하나 제시하고자 한다. 그것은 바로 '리스크에 대한 지배'(mastery of risk)

다. 리스크를 지배할 수 있게 됨으로써 인류의 미래는 신의 변덕에 따라 좌지우지되는 것으로부터 벗어날 수 있었고, 우리는 자연 앞에서 더 이상 수동적인 자세를 취하지 않아도 되었던 것이다. 인류가 그 경계를 넘어서기 전까지 미래는 단지 과거의 반복이거나, 아니면 미래에 대한 예견의 지식을 독점했던 예언자나 점쟁이들의 어두운 영역일 뿐이었다.[3]

이런 논리가 커다란 성과를 거둔 것은 분명히 사실이다. 그러나 단지 그것뿐이었던가? 그와 함께 역시 엄청난 문제가 일어나지 않았던가? 1억 명이 넘는 사람들이 처참하게 죽어간 세계대전, 지구적으로 확산된 극심한 빈부격차, 지구생태계 자체의 근원적 동요, 환경호르몬과 환경병의 만연. 이런 문제에 언제까지 눈감을 것인가? 이런 위험사회의 현실 앞에서 과연 '리스크에 대한 지배'를 주장할 수 있는가? 오히려 우리는 진정 겸손한 자세로 위험의 문제에 대응해야 할 것이다.

한국의 위험연구

1994년 10월 21일의 성수대교 붕괴사고와 1995년 6월 29일의 삼풍백화점 붕괴사고를 계기로 국내에서도 위험에 관한 연구가 활발히 이루어지게 되었다. 그러나 아직까지도 삼풍백화점 붕괴사고 자체에 관한 연구조차 결코 많다고 할 수 없는 상태이다. 사실 많기는커녕 여전히 아주 드물다고 할 수 있다. 예컨대 무려 502명이 죽은 대참사인 삼풍백화점 붕괴사고만을 다룬 연구서는 2006년 4월에 발간된 단 한 권이 있을 뿐이다.[4] 이런 사실 자체가 한국사회의 부박함과 위험성을 보여주는 한 증거일지도 모른다.

그러나 삼풍백화점 붕괴사고가 한국사회에서 위험연구가 활성화되는 중요한 계기가 되었다는 것은 분명하다. 먼저 1997년 2월에 내가 번역한 울리히 벡의 『위험사회』가 출간되어 현대사회의 위험에 관한 이론적 및 대중적 관심을 환기하는 데 이바지했다. 이어서 1998년 2월에 한국사회의 위험문제를 여러 분야로 나누어 다룬 연구서가 발간되었다.[5] 또한 1998년 가을에 계간 『사상』에서 특집으로 '한국은 위험사회인가?'라는 주제를 다뤘다. 그리고 2003년 1월에 위험문제에 대한 대책에 초점을 맞춘 연구서가 발간되었다.[6] 그런데 그 얼마 뒤인 2003년 2월 18일에 대구에서 참혹한 지하철 화재참사가 일어났다. 192명이 사망한 이 처참한 사고를 계기로 나는 같은 해 가을에 계간 『문화과학』의 '위험사회' 특집을 기획했다.[7]

이러한 사회학적 연구들의 성과는 크게 세 가지로 줄일 수 있다.

첫째, 위험문제에 관한 이론적 이해의 수준을 높였다. 서구의 학계에서 현대 위험문제는 무엇보다 현대 공업문명의 내적 한계를 보여주는 것으로 여겨진다. 이것은 현대 과학기술의 문제를 지적하는 것일 뿐만 아니라 현대사회의 조직적 특성을 지적하는 것이기도 하다. 특히 뒤의 관점에서 앞의 문제를 해석하는 찰스 페로우의 연구[8]는 사실 울리히 벡의 연구보다도 앞서서 이루어졌으며 사회의 복잡성이라는 문제를 다룬다는 점에서 중요하다. 찰스 페로우의 조직사회학 연구와 울리히 벡의 문명 비판적 연구는 위험에 관한 사회학 연구의 두 축을 이룬다. 이 두 논의를 비롯해서 다양한 사회학적 연구들이 국내에 소개되었다.

둘째, 위험문제에 관한 실증적 이해의 수준을 높였다. 삼풍백화점 붕괴사고를 계기로 한국사회가 안고 있는 여러 위험들을 체계적으로 분류하고 분석하는 연구들이 계속 이루어졌다. 그 결과 한국사회의 위험문제를 더욱 넓고 깊게 이해할 수 있게 되었다. 예컨대 임현진 외(1998)는 폭력과 범죄, 산업재해, 건설안전, 의료사고, 가스안전, 환경문제, 교통안전 등의 여러 영역으로 나누어 한국사회가 안고 있는 위험문제를 포괄적으로 살펴보았다. 이런 연구는 계간『사상』의 특집(1998/가을)이나 계간『문화과학』의 특집(2003/가을)에서도 이어졌다. 이런 식으로 우리는 한국사회의 위험문제에 관한 커다란 '목록'을 작성하게 되었다. 나아가 한국사회에 대한 새로운 이론적 해명이 추구되었다.

셋째, 위험문제에 대처하기 위한 여러 개혁과제들이 제시되었다. 위험이 더 이상 우발적이거나 비정상적인 것이 아니라면 그것에 대처하는 정책은 훨씬 더 강화되어야 한다. 조심에 조심을 거듭해도 큰 사고가 일어날 수 있기 때문이다.[9] 예컨대 큰 위험을 안고 있는 과학기술의 개발과 이용을 엄격히 규제하고, 위험을 관리하기에 적합하지 않은 조직을 철저히 개혁해야 한다. 이를 위해서 무엇보다 위험을 관리하는 것 자체가 기술적으로나 조직적으로나 대단히 어렵다는 사실을 명확히 이해할 필요가 있다. 그만큼 우리는 더욱더 신중하고 투명하게 의

사결정을 해야 하는 시대에서 살고 있는 것이다. 물론 제안된 개혁과 제들이 충실히 달성되었다고 보기는 어렵다. 위험천만한 과학기술의 이용에 기반하고 있는 사회체계의 개혁은 여전히 요원한 과제이다.

이러한 성과들을 염두에 두고, 우리는 한국사회와 위험에 관해 역사-구조적 접근법으로 살펴볼 필요가 있다.

첫째, 역사적으로 한국사회의 위험문제를 살펴보는 것이다. 구조적 접근만으로는 한국사회가 안고 있는 과제를 올바로 이해하기 어렵다. '위험사회 한국'의 개혁과제를 올바로 제시하기 위해서는 그 역사적 특수성에 대해 올바로 이해해야 한다. 이와 관련해서 이중성, 복합성, 후진성 등의 설명이 이미 제시되어 있기도 하다. 그러나 이러한 추상적 개념이 지시하는 구체적 내용이 적절히 제시되어야 한다. 기술이나 제도의 면에서 한국은 이미 '선진국' 수준에 도달했다. 그러나 한국은 여전히 서구보다 더욱 위험한 위험사회의 상태에 머물러 있다. 이것은 한국의 사회체계가 낡았거나 미흡하거나 제대로 작동하지 않기 때문이다. 이러한 문제들을 개혁하기 위해서는 한국의 사회체계가 어떻게 형성되었는가에 대한 역사적 이해가 반드시 필요하다. 사회체계의 개혁은 기존의 사회체계가 발휘하는 잠금 효과와 경로의존 효과를 무시하고 이루어지기 어렵기 때문이다.

둘째, 구조적으로 한국사회의 위험문제를 살펴보는 것이다. 이것은 한국사회를 서구사회와 같은 고도 공업사회의 맥락에서 살펴보는 것을 뜻한다. 이러한 사회구조의 맥락에서 보았을 때, '위험사회'로서 서구와 한국 사이에 본질적 차이는 없다. 한국의 '후진성'은 한국을 더욱 위험한 위험사회로 만들 뿐이다. 따라서 후진성을 제거한다고 해도 위험사회의 문제가 사라지는 것은 아니다. 미시적 제도의 차원을 넘어서 거시적 구조의 차원에서 개혁이 이루어져야 한다. 그것은 파괴적 개발주의와 군사적 성장주의의 구조적 산물이자 그것을 재생산하는 구조적 주체인 사회체계를 개혁하는 것으로 실현될 수 있다. 그 궁극적 목표는 사람들이 다른 방식으로 살아갈 수 있도록 산업구조와 고용구조를 개혁하는 것이다. 사회체계의 형성과 변화에서 강력한 조직자의 구실을 하는 정부조직의 개혁과 재정구조의 재편은 이러한 거시적 사회체계의 개혁을 추동하기 위한 구조적 계기이다. 예컨대 위험천만한 개발주의와 성장주의의 화신과도 같은 건설교통부 중심의 정부조직과 재정구조를 그대로 두고 위험문제에 대한 깊은 인식을 중심으로 하는 사회체계의 개혁은 결코 이루어질 수 없다.

위험사회론과 한국

공업력은 근대화의 핵심이다. 근대화는 대단히 복잡한 사회적 변화를 가리키는 것이고, 그런 만큼 그것은 거대한 역사적 변화라는 성격을 갖는다. 그러나 이 모든 변화의 바탕에는 물질적 변화가 자리 잡고 있다. 역사는 인간이성의 발달만으로 변하지 않는다. 오히려 인간이성 자체가 물질적 변화에 바탕을 두고 발달해 간다. 이런 점에서 근대를 이전의 다른 역사적 시기와 구분해 주는 가장 근본적인 변화는 공업력이라는 새로운 생산력의 개발과 이용에서 찾을 수 있다. 근대화의 핵심에는 공업력이 자리 잡고 있다.

　근대화를 통해 나타난 새로운 사회를 일반적으로 공업사회 혹은 산업사회라고 부른다. 물론 둘 다 industrial society라는 영어의 번역어이다. 공업력에 의한 변화를 강조하고자 한다면, 공업사회라는 용어가 산업사회보다 더 정확한 용어라고 할 수 있다. 더 일반적으로 근대사회라는 용어를 사용하기도 하는데, 요컨대 근대사회는 대체로 공업사회 혹은 산업사회와 같은 것으로 여겨진다. 이렇게 근대사회의 특징을 무엇보다 공업력의 개발과 이용에서 찾게 된 이유는 그것이야말로 인류가 세상을 바꾸어놓을 수 있게 된 새로운 생산력이었기 때문이다. 이 힘을 이용해서 인류는 말 그대로 이 세계의 패자가 될 수 있었다.

　그러나 이 힘은 생산력인 것만이 아니라 살상력이기도 하다. 이러한 사실은 두 차례의 세계대전과 최근의 생태위기에서 잘 드러났다.[10] 그리고 특히 1980년대에 들어와 더욱 심각해진 생태위기의 현실을 배경으로 '위험사회'라는 개념이 나타나게 되었다. 울리히 벡은 근대화에 내재된 본질적 문제들에 초점을 맞추기 위해 이 개념을 고안했으며, "근대화가 위기에 처한 결과가 아니라 성공한 결과"로 공업사회가 위험사회로 바뀐다고 주장한다.[11] 근대사회의 변화에 관한 벡의 주장은 "근대 이전의 사회→고전적 근대화→고전적 공업사회→성숙한 공업사회=위험사회→성찰적 근대화→새로운 근대 사회"로 요약될 수 있다. 그는 공업사회를 근대사회와 같은 것으로 보는 데 반대한다. 고전적 근대화가 성공한 결과로 경제적 평등이 핵심적 가치였던 고전적 공업사회는 사회적 안전이 핵심적 가치가 되는 성숙한 공업사회인 위험사회로 바뀌게 된다. 이런 변화에 올바로 대응하기 위해서는 고전적 근대화 자체를 또 다른 근대화의 대상으로 삼아야 한다. 이것이 바로 성찰적 근대화이며, 이로써 새로운 근대사회가 나타나게 된다.

  위험사회론은 선진공업국인 독일을 배경으로 구성된 것이다. 따라서 그것을 개발도상국이나 후진공업국에 그대로 적용하기에는 여러모로 어려운 점이 있다. 그러나 그것이 '고전적 근대화'에 내재되어 있는 본질적 문제를 지적한다는 점에서, 근대화의 길에 들어선 모든 사회에 대해 위험사회론은 상당한 설명력을 가질 수 있다. 벡은 과학주의와 개인주의의 강화를 중심으로 위험사회론을 전개한다. 그런데 같은 틀을 박정희의 개발독재나 지금의 한국사회에 적용할 수는 있어도 그 세부내용은 많이 달라질 것이다. 특히 벡이 개인주의의 진척에서 다루고 있는 양성관계의 변화, 가족관계의 약화, 직업의 불안정화는 사실 신자유주의의 창궐과 밀접하게 연관된 것으로서, 한국에서 이러한 현상들은 90년대 중반을 지나며 뚜렷하게 나타나게 되었다. 이런 점에서 서독이 70년대 초부터 위험사회로 옮아가기 시작했다면,[12] 한국은 90년대 중반부터 확실히 위험사회로 옮아가게 되었다고 할 수 있다. 그러나 기술적 위험이라는 면에서는 고리핵발전소가 건설된 1977년에 한국은 이미 위험사회가 되었다고 할 수 있다.

  벡의 위험사회론은 고전적 근대화를 통해 빈곤의 문제가 해결되면서 이에 대한 관심이 줄어드는 반면에, 그로부터 비롯된 위험의 문제들에 대한 관심이 새롭게 커진 서구의 '선진사회'를 직접적인 대상으로 삼고 있다. 또한 벡의 위험사회론은 위험사회의 등장을 고전적 근대화의 비정상적 결과가 아니라 그 정상적 결과로 설명한다. 요컨대 위험사회란 부패와 비리의 산물이 아니라 사회가 정상적으로 운영된 결과로 나타난다는 것이다. 이런 설명에서 알 수 있듯이 위험사회는 일반적으로 말하는 바로 그 선진사회를 가리킨다. 벡의 위험사회론은, 이런 선진사회가 막강한 위력을 가진 과학에 대한 맹신의 지배를 받고 있으며, 가족과 직업으로 구성된 공업사회의 조정체계가 무너진 사회로서, 결국 사람들이 고전적 근대화를 통해 정상적으로 생산된 엄청난 위험을 감수하고 살아가야 하는 사회라고 주장한다.

우리의 경우에 이러한 위험사회론을 그대로 적용하는 것은 이론적 무리를 넘어서 정치적 오류로 이어질 수도 있다. 왜냐하면 벡의 설명에서 쉽게 알 수 있듯이 위험사회는 우선 '선진사회'를 뜻하는 것이기도 하기 때문이다. 박정희 시대는 물론이거니와 지금의 한국도 선진사회로 여겨질 수 없으며, 따라서 그것이 선진사회라는 뜻을 가지는 한 위험사회라는 말은 주의 깊게 사용될 필요가 있다. 이와 관련해서 양자의 구조적 차이에 주의할 필요가 있을 것이다.

'선진사회'와 한국의 구조적 차이는 크게 두 가지로 볼 수 있다. 하나는 세계체계상의 지위로서 선진사회에 비해 한국은 여전히 종속적 문제를 안고 있다(종속성). 따라서 한국은 선진사회가 주도하는 외적인 변화에 상대적으로 취약하며, 이러한 취약성 자체가 한국의 중요한 위험이라고 할 수 있다. 다른 하나는 고전적 근대화의 핵심인 정치적 민주화를 실현한 정도로서 선진사회와 달리 한국은 독재상태에서 고전적 근대화가 시작되고 강력하게 추진되었다(억압성). 따라서 한국은 다양한 견해를 조정하고 소수자를 돌보는 데 미숙하며, 이러한 미숙성 자체가 한국의 중요한 위험을 이룬다. 이런 명백한 차이를 무시하고 한국에 위험사회론을 그대로 적용할 수는 없을 것이다.

위험사회론으로 보았을 때, 과학에 대한 맹신에서는 '선진사회'보다 한국이 더 심하고, 공업사회의 조정체계에서는 한국보다 '선진사회'가 잘 구축되어 있다. 그 결과 한국은 선진사회보다 훨씬 더 위험한 사회가, 다시 말해서 '위험사회'보다 훨씬 더 위험한 사회가 되었다. 한국은 과학의 위험을 통제할 사회적 장치가 크게 모자라고, 또한 공업사회의 조정체계를 떠받치는 사회안전망이 크게 부족하기 때문이다. 이렇게 된 요인은 물론 선진사회와 한국의 구조적 차이(종속성과 억압성)에서 찾아야 할 것이다. 그런데 이런 구조적 차이는 역사적으로 보아서 고전적 근대화의 전개에서 비롯되었다. 한국에서의 고전적 근대화는 일제에 의한 식민지 근대화에 이어 박정희의 폭압적 근대화에 의해 추진되었고, 이로 말미암아 한국에서는 고전적 근대화가 종속성과 억압성을 강화하는 형태로 전개되었으며, 그 결과 고전적 근대화가 진행될수록 서구의 선진사회보다 훨씬 크고 빠르고 다양한 위험을 생산하게 되었던 것이다.

폭압적 근대화의 전개

한국에서는 박정희에 의해서 고전적 근대화가 본격적으로 추진되었다. 잘 알다시피 박정희는 '조국 근대화'라는 구호를 내걸고 근대화를 강력하게 추구하였다.[13] 울리히 벡의 위험사회론을 따른다면, 그것은 바로 '고전적 근대화'를 한국에서 실현하고자 하는 국가적 차원의 노력이었다. 그 방법은 서구를 모방하는 것이었고, 그 목표는 서구를 따라잡는 것이었다. 이 과정은 아주 빠르게 진행되었기 때문에 흔히 '압축적 근대화'라고 불린다. 그러나 그렇게 빠르게 진행될 수 있었던 까닭은 박정희정권이 폭력을 이용해 사람들을 근대화의 길로 내몰았기 때문이다. 이 점에서 그것은 단순히 압축적 근대화가 아니라 '폭압적 근대화'였다.[14] 박정희의 '조국 근대화'는 단순히 빠른 시간 안에 전개되어서가 아니라 폭압적으로 전개되었기 때문에 그토록 많은 문제를 낳게 되었던 것이다.

폭압적 근대화란 무엇보다 근대화를 주도하는 국가권력의 폭력성을 강조하는 개념이다.[15] 이것은 벡이 말하는 고전적 근대화와 다른 것이 아니라 바로 그것을 폭력적 방식으로 빠른 시간 내에 실현하는 것을 가리킨다. 폭압적 근대화에서 가장 중요한 것은 정치적 민주화가 폭력을 통해 억압된다는 점이다. 그런데 정치적 민주화는 근대화의 핵심이다. 따라서 폭압적 근대화란 결국 근대화의 핵심을 억압하고 왜곡하는 모순적 근대화라고 할 수 있다. 물론 이 세상에 이념적 근대화를 온전히 실현한 나라는 하나도 없을 것이다. 요컨대 모든 근대사회는 저마다 왜곡된 근대사회이다. 그러나 서구의 근대사회가 사회세력 사이에 격렬한 폭력적 대결을 겪은 이후에 합의적 근대화를 추구하면서 정치적 민주화를 좀더 이념에 가깝게 실현했다면, 식민과 독재의 폭압적 근대화를 통해 이루어진 한국의 근대사회는 박정희의 시대는 물론이고 '민주화 20년'에 이른 지금도 여전히 정치적 민주화에서 커다란 문제를 안고 있다.

아무리 이념에 가깝게 실현된다고 해도 고전적 근대화는 본질적으로 한계를 지니고 있다. 위험사회론은 이 점을 강조한다. 그런데 폭압적 근대화는 폭력을 주요한 수단으로 해서 고전적 근대화를 실현하려는 것이다. 이 과정에서 고전적 근대화의 여러 한계들은 종종 무시되며, 따라서 폭압적 근대화는 고전적 근대화의 한계를 더욱 크고 빠르게 드러내는 과정이 되기 십상이다. 이런 점에서 폭압적 근대화를 추구하는 개발독재는 결국 '파괴적 개발'의 독재가 된다. 여기서 파괴적 개발이란 파괴하지 않고는 개발할 수 없다는 뜻이 아니라 개발의 이름으로 많은 것들을 일방적으로 파괴해 없애버리는 것을 뜻한다. 예컨대 파괴도 개발도 모두 박정희의 뜻에 따라 이루어졌고, 그 결과는 자연과 사회의 급격한 파괴로 나타났으며, 또한 위험사회보다 더욱 위험한 사회의 형성으로 이어졌다.

폭압적 근대화의 '파괴적 개발'은 무엇보다 폭력을 통해 이루어졌다. 박정희의 뜻에 따르지 않는 사람들은 반정부를 넘어서 반체제를 지향하는 것으로 여겨졌으며, 이에 따라 고문이나 투옥은 물론이고 때로는 목숨까지도 포함하는 혹독한 대가를 치러야 했다. 물론 모든 사회적 변화는 단순히 폭력만으로는 지탱될 수 없다. 파괴적 개발은 대체로 두 가지 방식으로 합리화되었다. 하나는 과학적 논리를 동원하는 것이다. 요컨대 파괴적 개발은 '선진사회'가 되기 위한 과학적 선택이라는 것이다. 그 대표적인 예로 핵발전을 들 수 있다. 다른 하나는 탈

식민의 논리를 이용하는 것이다. 요컨대 낡은 의식에서 벗어나지 못해 일제의 식민지가 되었는데, '조국 근대화'를 통해 이제 선진사회가 될 수 있다는 것이다.

박정희의 개발독재는 물론 경제성장이라는 성과를 거두기도 했다. 이 점을 중요하게 여기는 사람들은 흔히 1950년대와 70년대를 '폐허의 시대'와 '개발의 시대'로 대비해서 박정희가 이룬 것을 강조하려고 한다. 예컨대 다음의 인용문을 보자.

> 우리가 1953년의 서울거리와 1970년의 서울거리를 걸어간다고 상상해 본다면, 우리는 두 시기 사이를 갈라놓는 극심한 차이를 쉽게 발견하게 될 것이다. …20년이라는 시간적 격차를 두고 나타났던 변화에서 우리는 두 개의 사회적 양상—침체된 절망과 활기찬 성장—을 발견하고는 70년대가 던져주는 역사적 의미를 곰곰이 되씹게 된다. …확실히 70년대는 한국사회가 커다란 역사의 변화를 일으키기 시작했던 때였으며, 많은 신화와 이야깃거리를 만들었던 흥미진진한 시기였다. 마치 한국판 천일야화가 펼쳐지듯 70년대 이 땅에는 무궁무진한 변화가 일어났다가는 사라지고 또 새로운 변화가 우리 모두를 감싸며 전율케 한 그런 시대였다.[16]

확실히 70년대는 '전율의 시대'라고 할만하다. 그러나 그 '전율'은 박정희정권의 폭력에서 비롯된 것이기도 했으며, 고전적 근대화의 한계가 아무런 제약 없이 커지는 데서 비롯된 것이기도 했다.

고전적 근대화를 이루는 한 방식으로서 박정희의 폭압적 근대화는 고전적 공업사회에 이르는 것을 목표로 삼고 추진되었다. 위험사회론에 비추어보았을 때, 그 문제는 외형적 변화에 치중해서 고전적 근대화조차 제대로 이루지 못했다는 점과 그로 말미암아 고전적 근대화의 한계가 더욱 분명하게 나타날 수 있게 되었다는 점으로 요약될 수 있다. 폭압적 근대화는 고전적 근대화의 한계를 무시함으로써 그 한계를 쉽사리 극단화하는 결과를 빚어냈다. 개발독재가 '파괴적 개발의 독재'일 수밖에 없는 이유가 여기에 있다. 박정희의 개발독재는 한국을 위험사회론의 의미에서 위험사회로 만들지는 못했지만, 여러 면에서 서구의 위험사회보다 훨씬 더 위험한 사회로 만들어버렸다.

사고공화국의 형성

60년대는 4·19혁명으로 시작되었다. 4·19혁명은 독재를 끝내고 민주공화국을 수립하고자 하는 '시민혁명'이었다. 민주공화국은 모든 시민이 주권자로서 정치에 참여하는 정치체제를 뜻한다. '만민평등'이라는 근대사회의 구성원리에 비추어보자면, 민주공화국은 너무나 당연한 근대 정치체제라고 할 수 있다. 이 때문에 헌법 제1조에서 '민주공화국'을 규정하고 있는 것이다.

그런데 위험문제와 관련해서 민주공화국은 어떤 의미를 가지는가? 민주공화국은 법치주의 국가이기도 하다. 모든 시민이 동등한 권리의 소유자로서 정치에 참여할 수 있기 때문에 토론과 합의를 통해 법을 정하고, 그 법에 따라 사회의 구성과 운영을 결정하게 되는 것이다. 따라서 민주공화국은 왕정이나 독재에 비해 훨씬 객관적이고 엄정한 방식으로 위험문제를 관리할 수 있다. 이런 점에서도 민주공화국을 수립하고자 했던 시민혁명으로서 4·19혁명은 중요했다.

그러나 불행하게도 1961년의 5·16쿠데타로 말미암아 4·19혁명은 좌절되고 말았다. 박정희정권은 원천적으로 결여된 정치적 정당성을 경제성장을 통해 메우고자 했다. 박정희는 자신을 '민족의 지도자'로 보이기 위해 경제성장에 매진했다. 그리고 그의 노력은 외형적으로 큰 성과를 거두었다. 한국은 불과 20년 만에 가난한 농업사회에서 부유한 공업사회로 바뀌었던 것이다. 그러나 그것은 엄청난 대가를 치르고 이룬 성과였다.

박정희정권이 강력한 군사력과 경찰력을 동원해서 탄압한 것은 정치적 반대세력만이 아니었다. 박정희정권의 정책에 반대하거나 저항하는 일반시민들도 혹독한 대가를 치러야 했다. 조상 대대로 살던 땅이 댐건설로 수몰되거나 도로건설로 매몰되는 경우에도 반대는 허용되지 않았다. 군사력과 경찰력을 통한 노골적인 국가폭력이 법치의 자리를 대신 차지했다. 이런 상황에서 위험에 대한 합리적 토론과 대응은 원천적으로 불가능했다.

박정희정권이 추구한 조국 근대화의 문제는 '파괴적 개발주의'와 '군사적 성장주의'로 줄여서 살펴볼 수 있다.[17]

먼저 '파괴적 개발주의'는 우리의 문화와 자연을 심각하게 파괴하는 개발을 당연한 것으로 여길 뿐만 아니라 나아가 아예 발전한 것으로 여기는 잘못된 태도를 뜻한다. 모든 개발은 파괴의 성격을 갖는다. 따라서 '좋은 개발'은 파괴를 최소화하고 이루어지는 개발이라고 할 수 있다. 서구의 '선진국'에서는 60년대 초부터 좋은 개발에 대한 관심이 높아지기 시작했다. 그러나 그 무렵 박정희는 '공장 굴뚝의 검은 연기'를 칭송하며 파괴적 개발을 밀어붙이기 시작했다.

미국에서는 1962년에 레이첼 카슨의 『고요한 봄』이 출간되면서 환경문제에 대한 관심이 대중적 사안으로 확대되었다. 그 결과 1970년 4월에는 뉴욕에서 세계 최초로 '지구의 날' 행사가 열렸다. 70년대 중반에는 유엔에서 '생태적 발전'의 개념을 제시하기에 이르렀다. '조국 근대화'의 파괴적 개발도 이런 변화를 완전히 무시할 수는 없었다. 1977년 12월에 설립한 자연보호협의회나 1978년 10월에 공포한 자연보호헌장은 그 좋은 예이다. 그러나 박정희정권의 '자연보호'는 결국 파괴적 개발의 허울에 그치고 말았다.

'조국 근대화'에 의해 자연의 파괴와 함께 문화의 파괴도 심각하게 진행되었다. 우리의 문화를 열등한 것으로 여겼던 일본 제국주의의 유산에 당시 미국이 주도하던 '제3세계 근대화'의 영향이 겹쳐서 이루어진 결과였다. 이렇게 해서 우리의 자연이 파괴되고 자연과 조화를 이루는 문화가 파괴되었다. 여기서 나아가 파괴를 당연시하는 의식이 만연하게 되었다. 파괴적 개발은 안전에 대한 관심을 형식적인 것으로 만들어 버렸다.

시인 김수영은 이런 파괴적 개발에 맞서서 「거대한 뿌리」(1964)라는 시를 발표했다. 다음은 그 세번째 연이다.

전통은 아무리 더러운 전통이라도 좋다 나는 광화문
네거리에서 시구문의 진창을 연상하고 인환네
처갓집 옆의 지금은 매립한 개울에서 아낙네들이
양잿물 솥에 불을 지피며 빨래하던 시절을 생각하고
이 우울한 시대를 패러다이스처럼 생각한다
버드 비숍 여사를 안 뒤부터는 썩어빠진 대한민국이
괴롭지 않다 오히려 황송하다 역사는 아무리
더러운 역사라도 좋다
진창은 아무리 더러운 진창이라도 좋다
나에게 놋주발보다도 더 쨍쨍 울리는 추억이
있는 한 인간은 영원하고 사랑도 그렇다

버드 비숍 여사는 구한말에 조선을 여행하고 『한국과 그 이웃나라들』이라는 책을 쓴 여행가이다. 탁월한 모더니스트였던 김수영이 이렇게 비장할 정도로 '전통'을 강조하고 나선 것은 '조국 근대화'로 말미암아 우리의 문화가 조직적으로 파괴되고 있었기 때문이었다. 그러나 이러한 문화적 비판과 저항에도 불구하고 박정희는 '새마을 노래'까지 지어가며 파괴를 더욱 강화했다.

'파괴적 개발주의'와 짝을 이루는 '군사적 성장주의'는 경제성장을 위해 군사작전을 펼치듯이 개발사업을 밀어붙이는 것을 뜻한다. 군사작전에서는 명령에 따라 일사불란하게 움직여서 수단과 방법을 가리지 않고 목표를 이루어야 한다. 박정희정권의 폭압적 근대화는 바로 이런

1. 위험사회의 이해

방식으로 경제성장을 이루었다. 그 결과 '졸속성장'은 필연적이었다. 전문가의 엄밀한 계획과 투명한 관리가 아니라 박정희정권의 정치적 목표가 각종 개발사업을 지배했기 때문이다.

결국 군사적 성장주의는 '부패와 부실'의 만연으로 이어질 수밖에 없었다. 무리한 정치적 목표를 따르자니 개발사업이 겉으로만 그럴 듯하게 이루어지기 일쑤고, 이 사실을 잘 아는 개발업자와 당국자 사이에는 자연스럽게 먹이사슬이 형성되었다. 군사적 성장주의로 경제성장을 이룰 수는 있었으나, 그것은 졸속성장이었으므로 한국사회는 극히 심각한 위험사회가 될 수밖에 없었다. 1970년의 와우아파트 붕괴 사고나 1972년의 대연각호텔 화재사고 등에서 이러한 문제는 이미 적나라하게 드러나고 있었다.

사고공화국은 위험이 쉽게 사고로 발현되는 '극히 심각한 위험사회'이다. 역사-구조적 접근법에서 보았을 때, '사고공화국 한국'은 폭압적 근대화라는 역사적 변화의 구조적 산물이다. 민주화와 함께 비로소 문제를 바로잡을 수 있는 길이 열렸다. 민주화가 정치적 차원을 넘어서 사회적 및 경제적 차원에서도 중요한 것은 이 때문이다. 폭력과 뇌물로 세워진 사고공화국의 문제를 해결하는 것은 민주화의 핵심적 과제이다. 그러나 사고공화국은 대단히 강고한 사회체계로 작동하고 있으며, 민주화의 주체들은 이 문제를 제대로 인식하지 못했다. 이런 상황에서 '황우석 사태'와 같은 대형사고가 발생한 것은 필연적이었다.[18]

정치의 중요성

울리히 벡은 빈곤의 문제가 해결되고 위험에 대한 관심이 커지면서 위험사회가 나타난다고 주장한다. 다시 말하자면 위험 자체는 훨씬 전부터 만들어지고 있었으나, 이에 대한 사회적 관심은 그보다 뒤에 나타났다는 것이다. 환경오염이나 교통문제와 같은 이른바 '현대적 빈곤'에 관한 논의들은 하나의 사회체계 내에서 정상적으로 생산된 이러한 위험의 문제들을 비판적으로 다루는 또 다른 방식이기도 하다.

울리히 벡의 주장에 따르자면, 고전적 근대화가 성숙해 가면서 고전적 공업사회는 성숙한 공업사회=위험사회로 바뀌게 된다. 외적인 효율로는 폭압적 근대화가 합의적 근대화보다 훨씬 우월한 성과를 거둔 것으로 보이지만, 폭압적 근대화는 엄청난 '자연의 파괴'와 '사회의 파괴'를 낳으면서 고전적 근대화에 내장되어 있는 위험을 극단적으로 강화했다. 멀쩡해 보이던 다리와 건물이 무너진 것은 폭압적 근대화의 필연적인 결과였다.

요컨대 폭압적 근대화가 큰 성과를 거둔 결과로 그처럼 비정상적 사건들이 버젓이 일어나게 되었던 것이다. 이런 점에서 폭압적 근대화는 '비정상적인 것을 정상적인 것으로 강요하는 과정' 또는 '비정상성의 정상화 과정'이었다고 할 수 있다.

개발독재의 폭압적 근대화로 시작되어 현재의 거대한 사회체계로 확립된 한국의 위험사회에 올바로 대응하기 위해서는 무엇보다 정치가 바로서야 한다. 각종 안전기준을 정립하고 운영하는 제도적 개선부터 정부조직과 재정구조, 산업구조와 고용구조 등의 구조적 개혁에 이르기까지 위험사회의 문제에 대응하기 위한 모든 과제가 정치적 성격을 크게 지니고 있기 때문이다.

정치는 권력을 이용해서 강제적으로 여러 이해관계를 조정하고 사회의 발전을 추구할 수 있다. 바로 이 때문에 정치의 영역에는 권력을 악용하고자 하는 자들이 우글거린다. 그리고 바로 이 때문에 정치를 혐오하는 사람들이 많다. 그러나 우리는 정치를 혐오할 수는 있으나 회피할 수는 없다.

민주화의 심화는 위험사회의 문제에 올바로 대응하는 것을 주요한 목표로 추구해야 하며, 또한 위험사회의 문제에 올바로 대응하는 것을 통해 민주화의 심화도 제대로 이루어질 수 있다. 울리히 벡은 시민이 주체가 되는 비제도적 정치의 활성화를 통해 성찰적 근대화가 전개되고, 이로써 위험사회를 넘어서는 새로운 근대사회가 나타날 수 있다고 주장한다. 우리가 놓여 있는 상황은 '선진사회'에 비해 많이 열악하지만, 그러나 바로 그렇기 때문에 비제도적 정치가 더욱더 활성화될 필요가 있다.

이를 위해 무엇보다 정치권력, 사법권력, 행정권력의 3대 권력이 투명하게 작동하도록 하기 위한 제도적 개혁이 계속 이루어져야 한다. 제도의 개혁은 주체와 체계의 개혁을 위한 구체적 과제이다. 국회의원의 정족수를 이 사회의 능력에 걸맞게 늘리는 것, 국회의원의 선출방식을 이 사회의 분화에 걸맞게 비례대표 중심으로 바꾸는 것, 전관예우라는 '사법의 사유화' 문제를 엄단하는 것, 대법관의 변호사 활동을 금지하는 것, 행정실명제를 더욱 강화하는 것, 주민소환제를 더욱 강화하는 것 등이 그 좋은 예이다.

주

1) 『연합통신』 2006. 5. 14.
2) D'Antonio et al. eds., *Ecology, Society & the Quality of Social Life*, Transaction Publishers 1984.
3) 피터 번스테인(Peter Bernstein), 『리스크: 리스크 관리의 놀라운 이야기』(1996), 안진환·김성우 옮김, 한국경제신문사 1997, 15~16쪽.
4) 홍성태 외, 『삼풍사고 10년 교훈과 과제』, 보문당 2006.
5) 임현진 외, 『한국인의 삶의 질』, 서울대출판부 1998.
6) 임현진 외, 『한국사회의 위험과 안전』, 서울대출판부 2003.
7) 노진철은 독일에서 니클라스 루만의 사회학을 공부한 사회학자로서 루만의 이론에 입각해서 환경문제와 위험문제를 설명하는 데 많은 노력을 기울여서 독보적인 업적을 쌓았다(『환경과 사회』, 한울 2001). 정보통신정책연구원에서는 '21세기 한국 메가트렌드' 연구를 진행했는데, 여기에는 위험문제에 관한 여러 이론적·실증적 연구들이 포함되었다(이재열, 『한국사회의 위험구조 변화』, 2005; 노진철, 『생태위험과 정보기술』, 2005; 은기수, 『네트워크사회의 해체』, 2005; 김용학, 『인터넷의 사회적 위험』, 2005; 홍성태, 『정보위험사회의 도래와 위험에 관한 연구』, 2005; 이재은, 『자연재난과 방재시스템』, 2005).
8) Charles Perrow, *Normal Accidents*, Basic Books 1984.
9) 찬핵론자들은 1986년 4월 26일의 체르노빌 핵발전소 폭발사고가 소련의 후진성 때문에 일어났다고 주장한다. 이런 식으로 그들은 미국에서도 1979년 3월 28일에 스리마일 섬 핵발전소의 원자로가 녹아버리는 사고가 일어났다는 사실에는 눈을 감는다. 핵발전소가 있는 한 재앙은 피할 수 없다. 또한 1999년 3월 24일에 알프스의 몽블랑 터널에서 불이 나서 39명이 죽고, 2005년 6월 4일에 알프스의 프레쥐 터널에서 불이 나서 최소한 1명이 죽었다. 이런 예들이 보여주듯이 선진국에서도 사고는 빈발한다. 요컨대 위험과 사고는 현대사회의 체계적 속성이다. 단순히 '후진성'으로 한국의 위험문제를 설명하는 것은 명백히 틀린 것이다.
10) 세계대전이 『계몽의 변증법』(1947)을 낳았다면, 생태위기는 『위험사회』(1986)를 낳았

1. 위험사회의 이해

다고 할 수 있다. 두 책은 근대의 어두운 면을 집중적으로 다루고 있으며 저자들이 모두 독일인이라는 공통점을 가지고 있다.
11) 울리히 벡, 『위험사회』(1992), 홍성태 옮김, 새물결 1997, 45쪽.
12) 같은 책, 54쪽.
13) 그는 1970년 1월 9일의 연두기자회견에서 "70년대는 조국근대화 달성을 위한 사명의 시대"라고 규정했다(청사편집부 편, 『칠십년대 한국일지』, 청사 1984, 9쪽).
14) 홍성태, 『위험사회를 넘어서: 지역개발과 파괴의 사회학』, 새길 2000, 55~56쪽.
15) 사실 모든 국가는 폭력적이다. 폭력은 권력의 물리적 기초이다. 이 점에서 국가는 폭력의 합법적 전담자가 되어야 한다. 그러나 정당성을 잃어버린 국가권력은 가장 강한 폭력이다. 요컨대 정당한 권위를 잃어버린 국가는 가장 강한 폭력집단으로 전락할 수 있다.
16) 신한종합연구소, 『7089 우리들』, 고려원 1991, 25~26쪽.
17) 홍성태, 『개발주의를 비판한다』, 당대 2007.
18) 홍성태, 『현대 한국사회의 문화적 형성』, 현실문화연구 2006.

개발주의와 위험

개발주의와 위험사회

한국에서는 오랫동안 개발주의가 위세를 떨치면서 자연의 파괴와 재정의 낭비가 토건국가의 형태로 강력히 구조화되고 말았다. 엄청난 혈세를 탕진하면서 소중한 자연을 파괴하는 잘못이 구조적으로 저질러지고 있으니 참으로 커다란 문제가 아닐 수 없다. 나아가 개발주의는 위험의 문제를 등한시한다. 이 때문에 개발주의가 횡행하는 곳에서 위험의 문제는 더욱더 악화될 수밖에 없다.[1]

개발주의는 영어 developmentalism의 번역어이다. 따라서 개발주의의 뜻을 알기 위해서는 우선 영어 development의 뜻을 알 필요가 있다. development는 develop이라는 동사의 명사형인데, 이 동사는 본래 '발전하다'는 뜻의 자동사이다. '발전'이란 어떤 존재의 안에 담겨 있는 본질이나 가능성이 성숙해서 겉으로 드러나게 되는 것을 뜻한다. 그런데 2차대전 이후에 미국에서 develop은 '발전시키다'는 타동

사로 변질되었다. 미국정부가 제3세계의 '후진국'을 '선진국'인 미국과 같은 나라로 만드는 정책을 적극적으로 추진하는 과정에서 이러한 변화가 이루어졌다. 그 핵심적 내용은 미국정부가 제3세계에서 자본주의와 공업주의를 확립시키는 것이었다. 그런데 사실 자본주의와 공업주의의 확립이 꼭 발전을 뜻할 수는 없다는 것을 우리는 이미 잘 알고 있다. 자본주의와 공업주의는 모두 심각한 착취와 파괴의 문제를 안고 있기 때문이다.

한편 developmentalism은 발전주의나 개발주의로 번역된다. 이러한 번역의 바탕에는 '개발은 곧 발전'이라는 잘못된 등식이 자리 잡고 있다. 자본주의와 공업주의의 확립을 발전으로 생각하는 것도 잘못이지만, 개발을 발전으로 여기는 것은 더욱더 큰 잘못이다. 개발은 자연을 인위적으로 변형하는 것을 뜻하기 때문이다. 따라서 그것은 발전일 수도 있지만 거대한 퇴보일 수도 있다. 실제로 개발의 역사를 보면, 이러한 사실을 쉽게 알 수 있다. 한편에서 개발은 거대한 생산력의 향상으로 이어졌지만, 다른 한편에서 그것은 지구적 차원의 생태위기를 낳았다. 이러한 역사적 현실에 비추어보자면, 개발을 발전과 같은 것으로 여기는 것은 너무도 잘못된 것이다. 개발주의는 "개발을 발전과 같은 것이라고 주장하면서 무조건 개발을 찬미하고 강행하는 태도"를 뜻한다. 개발주의에 사로잡힌 자들은 그 파괴성을 전혀 이해하지 못한다. 선진국에서는 이미 1970년대부터 자연과 문화를 존중하는 '생태적 개발'이 추구되기 시작했지만, 우리는 여전히 70년대의 '파괴적 개발'에서 벗어나지 못하고 자연과 문화를 대대적으로 파괴하고 있다.

개발은 본질적으로 양면성을 갖는다. 따라서 우리는 이 양면성을 온전히 이해하도록 해야 한다. 이 양면성은 개발의 동력인 공업력의 양면성에서 비롯되는 것이다. 그러므로 개발의 양면성에 올바로 대응하기 위해서는 우선 공업력의 양면성을 올바로 이해해야 한다. 공업력은 본질적으로 자연을 훼손하고 오염하고 파괴하는 힘이다. 따라서 이러한 공업력의 양면성을 올바로 이해하고 적절히 이용하고자 하는 노력이 강력히 추구되지 않는다면, 이 세상은 조만간 완전히 파괴되어 어떤 생명체도 살 수 없는 상태가 되고 말 것이다. 이런 점에서 자본주의를 문제의 원천으로 파악하는 것은 잘못이다. 자본주의는 공업력을 이용하는 한 방식일 뿐이다. 자본주의의 문제를 해결한다고 해서 공업력의 문제가 사라지지는 않는다. 더욱이 자본가를 노동자로 교체하는 식의 단순한 지배세력 교체만으로는 어떤 변화도 이루어지지 않는다. 자본주의의 파괴성을 넘어서 공업주의의 파괴성을 극복하고자 하는 본질적 노력이 필요하다.

  한국에서 본격적인 개발주의의 역사는 박정희정권의 성립으로부터 시작한다. 쿠데타로 정권을 장악한 박정희정권은 급속한 경제성장을 이루어서 원천적으로 결여된 정치적 정당성을 보완하고자 했다. 이러한 박정희정권에 의해 성장주의와 개발주의는 그야말로 '시대정신'으로 확립되었다. 성장은 최고의 목표가 되었고, 개발은 최상의 수단이 되었다. 정부조직과 재정구조, 산업구조와 고용구조, 일상생활 등이 모두 성장주의와 개발주의를 기준으로 재조직되었다. 박정희정권은 강력한 물리력을 동원해서 이러한 변화를 추진했다. 여기에 빠르게 적

1. 위험사회의 이해

응하는 자는 큰 성공을 거둘 수 있었지만, 그렇지 못한 자는 실패자로서 비참하게 도태되어야 했다. 그 결과 성장주의와 개발주의는 대부분의 사람들이 받아들이는 '삶의 지혜'로 확립되었다.

　박정희정권이 강력한 물리력을 이용해서 확립한 성장주의와 개발주의의 사회체계가 민주화를 통해 개혁되기는커녕 오히려 더욱 강화되었다. 민주화에 대한 비판과 회의가 커진 것은 이 때문이기도 하다. 왜 이렇게 되었는가? 이 질문은 '첫 단추의 법칙'이라는 관점에서 살펴볼 필요가 있다. 첫 단추를 잘못 끼우면 모든 단추를 잘못 끼우게 되기 십상이다. 좀더 이론적으로 말해서 이것은 잠금 효과와 경로의존의 문제이다. 어떤 기술이 사회적으로 확산되면 더 우월한 기술이 있더라도 이미 확산된 기술을 제치고 확산되기 어렵다. 이미 확산된 기술이 사회를 잠가버리고 특정한 경로를 강요하는 것이다. 박정희정권은 18년의 통치를 통해 강력한 성장주의와 개발주의의 사회체계를 확립해 놓았다. 그러나 민주화세력은 이런 사실을 올바로 인식하지 못했고, 개혁은 당연히 혼미에 빠질 수밖에 없었다.

　민주화는 단순히 정권교체나 정치개혁으로 이루어지지 않는다. 사실 그것은 '좋은 사회'를 이룩하기 위한 수단의 성격을 갖는다. 민주화

〈그림〉 개발주의와 위험사회 한국

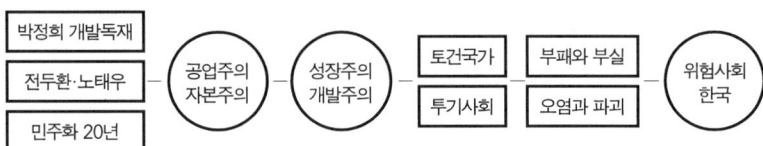

는 성장주의와 개발주의의 사회체계를 복지주의의 사회체계로, 그렇게 해서 위험사회를 안전사회로 개혁하는 것으로 나아가야 한다. 아직까지 민주화는 이러한 역사의 발전을 위한 정치적·제도적 가능성을 열어놓는 데 그쳤을 뿐이다. 위험사회를 넘어 안전사회를 이룩하는 것, 그것이 바로 민주화의 심화이다.

민주화의 심화를 위해 우리는 무엇보다 개발의 양면성을 올바로 이해해야 하며, 또한 이를 위해 위험의 문제를 중심으로 현대사회의 양면성을 올바로 이해해야 할 것이다. 이제 개발독재의 폐해를 자연의 파괴와 사회의 파괴로 나누어 살펴보도록 하자.

자연의 파괴

공업화의 문제

공업력은 근대화의 물질적 핵심이다. 성찰적 근대화에서도 고전적 근대화에서처럼 공업력이 그 물질적 핵심일 것이다. 그러나 공업력은 위험사회의 물질적 핵심이기도 하다. 그러므로 위험사회에서 벗어나기 위한 성찰적 근대화의 핵심적 목표는 공업력의 문제를 최대한 완화하는 것이어야 한다.

박정희의 개발독재는 급속한 공업화를 근대화의 가장 중요한 방도로 추구했다. 전국 곳곳에 발전소와 공단이 들어서고, 고속도로를 비롯해 많은 자동차도로들이 새로 건설되었다.

지상파 전파를 타고 연일 대역사의 소식이 전해졌다. 경부고속도로와 포항종합제철의 준공을 비롯하여 갖가지 기념비적 성과들이 전해질 때마다, 사람들은 흥분된 마음과 함께 강한 자신감을 얻어 나갔다. 근대적 도로들과 교통망 그리고 거대한 규모의 댐·발전소·공장·공단 등이 이 시기에 이르러서 꼬리를 문 듯 잇따라 만들어졌거나 준비되었다.[2]

그러나 이렇게 거창한 성과가 이루어지는 과정은 엄청난 자연의 파괴가 이루어지는 과정이기도 했다. 울산, 온산, 여천, 포항, 마산 등 여러 곳에 대규모 공단이 들어섰다. 그 결과 예컨대 가곡 〈가고파〉의 무대인 마산에서는 더 이상 '그 파란 물'을 보기 어렵게 되었다.

    내 고향 남쪽 바다
    그 파란 물 눈에 보이네
    꿈엔들 잊으리요
    그 잔잔한 고향바다
    지금도 그 물새들 날으리

아름다운 남해는 '적조의 바다'가 되었고, 공단도시는 심각한 대기오염에 시달리고 있다. 여기서 나아가 박정희정권은 핵발전소를 건설했다. 위험사회론의 관점에서 보자면, 한국은 고리핵발전소가 가동되기 시작한 1977년부터 기술적으로는 위험사회에 들어서게 되었다.

박정희정권은 정치적 정당성을 가지고 있지 않은 잘못 태어난 정권이었다. 이런 정권은 한편으로 폭력을 통해 시민들을 억누르고 통제하며, 다른 한편으로 겉으로 쉽게 드러나는 변화를 통해 시민들을 현혹하려 한다. 여기서 무엇보다 중요하게 떠오른 것이 빈곤에 대한 대응이었다. 1970년에 접어들 무렵의 한국사회는 아직 극빈상태를 벗어나지 못하고 있었다. 이른바 '보릿고개'의 시대였다. 당시 사정을 알려주는 한 통계가 있다. 1969년의 보건사회부 조사에 따르면, 1969년의 국민1인당 1일평균 영양섭취량은 기준량인 2400칼로리보다 300칼로리가 모자란 2105칼로리였다.[3] 박정희정권은 이 사실을 잘 이용했다.

　결과적으로 박정희정권은 국민들에게 "우리도 잘살 수 있다"는 목표를 심어주는 데 성공했지만, 그것은 민주주의를 희생했을 뿐만 아니라 근대적 위험의 체계적 생산을 대가로 이루어진 것이었다. 박정희의 폭압적 근대화를 통해 "근대화=경제개발=공업화라는 공식이 어느새 사회 전체의 지배적인 생각으로 굳어져 버렸"으며,[4] 그 이면에서 고전적 근대화에 내포된 위험은 완전히 무시되고, 이에 대한 국민의 자발적 대응은 철저히 진압되었다. 공업화가 진행될수록 '금수강산'은 더욱더 '공해강산'으로 변해 갔으며, 자연적 존재로서 우리의 삶은 더욱더 큰 위험에 처하게 되었다.

자연관의 문제

공업화를 통해 무너진 것은 '금수강산'만이 아니었다. 더 큰 공격을 당한 것은 금수강산 속에서 길러진 우리의 전통적 자연관이었다. 한국은 면적이 좁은 대신에 산과 내가 많아서 대단히 다양한 생태상을 가지고 있다. 우리의 전통적 자연관은 이러한 우리의 자연적 조건 속에서 오랜 세월 동안 많은 사람들이 살아오면서 다듬어진 것이다. 그것은 이 땅을 이해하고 보호하며 살아가기 위해 꼭 필요한 슬기라고 해야 옳은 것이다. 자연을 훼손하지 않고 자연과 어울려 잘살기 위해서는 무엇보다 우리의 전통적 자연관을 소중히 여기고 그 슬기를 잘 배워야 했다.

그러나 박정희정권의 폭압적 근대화는 바로 이러한 슬기를 크게 훼손하였다. 본래 농업은 사람과 자연이 어울려 사는 길이었으나, 박정희정권이 적극 장려한 화학농법으로 말미암아 또 하나의 공업으로 전락했다. 박정희정권은 이런 식의 변화에서 생겨날 위험에는 거의 주의를 기울이지 않았다. "사람은 자연보호, 자연은 사람보호"라는 구호는 박정희정권의 말기에 생겨난 것인데, 이 구호는 박정희정권이 더 이상 부인할 수 없을 정도로 자연의 파괴가 심각해졌다는 것을 보여주지만, 박정희정권이 실제로 이 구호의 내용을 열심히 실천하려고 했던 것은 결코 아니었다. 이미 70년대 초에 이런 문제를 체계적으로 분석하고 비판한 논문이 발표되기도 했지만,[5] 박정희정권에게 이런 논문은 그저 훼방꾼의 외침 정도로만 여겨졌을 뿐이다.

선진국에서는 60년대 중반부터 크게 퍼져나가기 시작한 환경운동에 힘입어 1970년을 경계로 공업의 파괴성을 바로잡으려는 움직임이 커져갔다. 1962년에 레이첼 카슨의 유명한 『고요한 봄』이 발간된 것을 계기로 서구에서 환경문제는 대중적 관심사로 떠오르게 된다. 이런 변화에 힘입어 다시 서구에서는 환경운동의 대중화가 빠르게 전개된다.

그 결과 1970년에 당시 미국 대통령이었던 닉슨은 "무기개발에 수백만 달러를 투입하는 사회는 분명히 병든 사회"이며 "환경오염은 이제 미국 제일의 문제"가 되었다고 말했다.[6]

그러나 박정희정권의 공업화 전략은 이런 변화와는 거리가 먼 것이었다. 세계사적인 안목으로 보았을 때, 그 전략은 분명히 낡은 것이었다. 물론 일반적으로 개발도상국은 자연의 파괴를 대가로 급속한 경제성장을 추구한다. 박정희정권의 공업화전략은 그 대표적인 예라고 할 수 있다. 그러나 큰 성과를 거둔 만큼이나 그 전략은 자연적으로도 사회적으로도 큰 문제를 낳게 되었다. 그런데도 박정희정권이 낡은 공업화전략을 강행했던 배경에는 빠른 시간 안에 큰 성과를 낼 수 있는 변화를 통해 자신의 업적을 과시하려는 정치적 속셈이 자리 잡고 있었기 때문이다.

60년대 중반까지 작은 어촌이었던 울산은 박정희정권의 공업화전략을 통해 빠른 시간에 한국을 대표하는 공업도시가 되었다. 이 울산에는 '공업탑'이 서 있고, 거기에는 박정희의 연설이 새겨져 있는데, 그 중에는 다음과 같은 구절이 있다.

> 공업생산의 검은 연기가 대기 속에 뻗어나가는 그날엔 국가 민족의 희망과 발전이 눈앞에 도래하였음을 알 수 있는 것입니다.

선진국에서는 이미 시대착오적인 것으로 판명되어 없어지기 시작한 '공업생산의 검은 연기'에서 그는 '국가 민족의 희망과 발전'을 보았던 것이다. 그의 집착은 대단했다. 1973년 2월 22일에 대법원 민사부는 최초의 공해소송에서 피고측인 영남화학에게 패소판결을 내렸다. 그 며칠 뒤인 3월 2일에 박정희는 쌍용시멘트를 시찰하던 중에 "공업발전을 위해서는 너무 공해문제에 신경 쓰지 않는 것이 좋다"고 말했다.[7]

이런 공업화 전략의 바탕에는 공업 중심의 자연관, 곧 자연은 인간의 목적을 이루기 위한 대상일 뿐이라는 자연관이 자리 잡고 있다. 그러므로 박정희정권의 공업화전략은 우리의 자연만이 아니라 자연관도 파괴하는 것이었다. 이러한 파괴는 폭력과 과학의 결합을 통해 이루어졌다. 박정희정권은 폭력과 과학을 동시에 이용했다. 이렇게 해서 폭력에 대한 복속이 과학에 의한 설복이라는 모습을 지닐 수 있게 되었다. 박정희정권의 폭압적 근대화에 이바지한, 폭력과 과학의 키메라는 전통적 자연관이 단순히 약한 것이 아니라 과학적으로 잘못된 것이기 때문에 약한 것이라는 생각을 널리 퍼뜨렸다.[8]

그러나 박정희정권이 폭력을 합리화하기 위해 내세운 근대과학은 사실 또 다른 폭력이었다. 위험사회론에서 잘 설명되고 있듯이, 근대과학은 위험을 합리화하고 정당화하는 구실을 한다. 이런 점에서 근대과학은 생태적 사고를 미신적인 것으로 여기고, 자연의 파괴를 위대한 문명으로 여기도록 하는 '미개한 과학'이다. 이렇게 우리의 생태적 슬기마저 오염되고 훼손될 수밖에 없었던 데에서 폭압적 근대화의 더욱 깊고 큰 위험을 찾을 수 있다.

사회의 파괴

난민사회

박정희정권은 마치 경제성장으로 모든 잘못을 바로잡을 수 있다는 듯이 경제성장을 집요하게 추구했다. 이를 위해 대대적인 자연의 파괴를 강행했고, 노동자들을 공장의 노예로 만들었으며, 아무렇지 않게 폭력을 휘두르곤 했다. 이 정권은 1980년을 목표연한으로 정하고 "수출 100억 불, 국민소득 1000달러"를 끊임없이 외쳤다. 그 결과, 목표는 더 일찍 달성되었다.

> 이러한 성장의 열기에 따라 1978년의 GNP는 1970년의 81억 500만 달러보다 무려 여섯 배가 넘는 513억 4100만 달러로 증가하였고, 1인당국민소득 또한 1970년의 252달러에서 1977년에는 마침내 1000달러 선을 넘어섰다. 그리고 수출은 1972년의 16억 달러에서 1977년에는 100억 달러를 돌파하여 급기야 당시의 국가적 꿈이었던 수출 100억 불, 국민소득 1000불의 목표가 달성되기에 이르렀다.[9]

그러나 과연 이런 식의 목표달성만으로 충분한 것이었을까? 이것은 어디까지나 총량을 기준으로 한 목표달성이기 때문에 국민 각자가 이런 목표달성을 통해 어떤 변화를 맞게 되었는가에 대해서는 제대로 설명해 주지 않는다.

1. 위험사회의 이해

　박정희는 직업군인답게 군사적 목표를 정하고 저돌적으로 돌진하듯이 경제목표를 정하고 그 목표를 향해 국민들이 뛰어가도록 했다. '산업전사'라는 새로운 용어가 이 시대의 분위기를 웅변해 준다. 국민들은 전투를 벌이듯이 일을 해야 했다. 이 과정에 제대로 적응하지 못하는 사람은 자연스럽게 사회의 낙오자가 되어야 했다. 많은 국민들이 혹독한 자본주의적 경쟁이라는 새로운 사회적 상황 속으로 내몰렸다. 얼마 전까지도 그들은 농민으로서 자신의 노동시간을 스스로 통제하고 땅과 어울려 생산하던 존재였으나, 이제는 자본의 이윤노예로서 기계의 리듬에 맞추어 자신의 생체리듬을 통제해야 하는 타율적 존재로 변하고 말았다. 많은 사람들이 이런 식으로 '자기 땅에서 유배당한 자'들이 되었다.

　공업화와 함께 수많은 사람들이 도시로 내몰렸다. 예컨대 1960년에 240만 명 수준이던 서울의 인구가 1972년에는 600만 명을, 그리고 70년대 말에는 800만 명을 넘어서게 되었다.[10] 모든 사람과 자원이 서울로 몰리는 국토의 기형적 이용구조가 나타나고, 서울은 공업화와 함께 땅에서 쫓겨난 '산업난민'들로 득시글거리는 곳이 되어버렸다. 50년대가 전쟁으로 말미암아 생겨난 '전쟁난민'의 시대였다면, 70년대는 공업화로 나타난 새로운 '산업난민'의 시대였다. 난민은 모든 것을 잃은 사람이다. 불신은 난민의 생존본능이다. 종종 '최선'이라는 이름으로 포장되는 무자비한 경쟁은 난민의 생존비결이다.

　지역주의는 난민사회와 밀접한 연관을 맺고 있다. 졸지에 난민이 된 사람들은 어떻게든 살아남기 위해 모든 인연을 다 이용하고자 하고,

그중에서 가장 넓고도 흔히 사용된 것은 '고향'이었다. 그러나 이 정겹고 향수어린 낱말 안에 지역주의라는 심각한 문제가 담겨 있다. 여기서 나아가 난민사회는 누구나 무자비한 경쟁을 벌이고 있다는 사실을 모든 사람들이 잘 알고 있기 때문에 불신사회가 되기 십상이다.

병영사회

박정희는 폭압적 근대화의 문제를 숨기기 위해 분단이라는 비극적 상황을 철저하게 이용했다. 이승만이 만든 국가보안법에 덧붙여 박정희는 반공법이라는 것을 만들었다. 정치적 반대자들은 흔히 공산주의자로 몰리곤 했다. 많은 간첩사건이 조작되었다. 이런 일들은 반공주의를 내세워서 정권을 유지하려는 정치적 술책과 밀접한 연관을 맺고 있었다. 공산주의나 간첩이라는 말만으로도 사람들의 간담은 서늘해지곤 했다. 그 말은 곧 적을 뜻했고, 적은 법에 의하지 않고 '학살'해도 좋은 대상이었다. 적은 '사람'이 아니었다. 그리고 누군가를 적으로 규정할 권리는 바로 박정희가 독점하고 있었다. 그에게 반대하는 것은 궁극적으로 죽음을 각오해야 하는 것이었다.

대표적인 예는 1974년의 '2차 인혁당사건'이었다. 이 사건의 진상은 2002년 9월에야 밝혀졌으며, 관련자 16명은 2006년 1월에 민주화운동 관련자로 인정되었다.

'1차 인혁당사건'은 64년 8월 14일 김형욱 당시 중앙정보부장이 기자회견을 통해 "북괴의 지령을 받고 대규모 지하조직으로 국가변란을 획책한 인민혁명당 사건을 적발, 일당 57명중 41명을 구속하고 16명을 수배중에 있다"고 발표하면서 처음 세상에 알려졌다.

1차 인혁당사건이 있은 지 10년이 흐른 74년 4월, '2차 인혁당사건'으로 더 잘 알려진 소위 '인민혁명당재건위원회' 사건이 터졌다. 이 사건은 중앙정보부가 74년 유신반대 투쟁을 벌였던 민청학련(전국민주청년학생연맹)을 수사하면서 배후조종세력으로 '인혁당재건위'를 지목, 이를 북한의 지령을 받은 남한 내 지하조직이라고 규정한 사건이다.

유신 2년째인 74년은 재야단체·학원가의 반체제데모가 잇따르고 일부 언론인·교수·종교인·재야인사 들이 유신체제에 반대하는 개헌서명운동을 벌이는 등 유신체제에 대한 반발이 거세지고 있던 시기였다.

…민청학련 1천 24명이 연루된 '인혁당재건위 및 민청학련' 사건에서 2백53명이 구속 송치됐고 이 가운데 인혁당 관련자 21명, 민청학련 관련자 27명 등 1백80여 명이 긴급조치4호, 국가보안법, 내란예비음모, 내란선동 등의 죄명으로 비상보통군법회의에 기소됐다.

75년 2월 이철, 김지하 등 민청학련 관계자들은 대부분 감형 또는 형집행정지로 석방됐지만, 결국 75년 4월 8일 대법원은 도예종 등 인혁당재건위 관련자 8명에 대한 사형을 확정했고, 국방부는 재판이 종료된 지 24시간도 지나지 않아 기습적으로 사형을 집행했다.[11]

부정선거를 통해 김대중 후보를 누르고 어렵사리 권력을 쥐게 된 박정희는 1971년 12월에 '국가비상사태선언'을 발표했다. 그중에는 "모든 국민은 안보 위주의 새 가치관을 확립해야 한다"는 내용도 있었다. 이어서 대통령에게 광범위한 비상대권을 부여하는 '국가보위에 관한 특별조치법'(안)이 발표되었다. 그러다가 1972년 7월 4일에 느닷없이 '남북공동성명'이 발표되었다. 그리고는 1972년 10월 17일에 전국에 비상계엄을 선포하고, 10월 26일에 비상조치를 발표해서 유신체제를 구축했다. 이어서 1972년 12월 13일에 그는 멋대로 법을 바꿔서 구성한 '통일주체국민회의'에서 자신을 대통령으로 선출하도록 했다.

분단상황과 반공주의는 폭압적 근대화를 합리화하는 가장 강력한 근거였으며, 또한 박정희의 영구집권 야욕을 정당화하는 가장 강력한 근거이기도 했다. 박정희는 온 나라를 병영으로 만들고, 모든 사람들을 반공투사로 만들고 싶어했다. 어린이들은 교육을 통해, 어른들은 폭력을 통해 길들였다. 박정희의 반민주적 반공주의 정치는 대단히 큰 성공을 거두었다. 아직도 이 나라에는 반민주적 반공주의의 주술에 걸린 사람들이 얼마나 많은가?

폭력사회

흔히 '한강의 기적'으로 불리곤 하는 박정희정권의 고성장 신화는 무엇보다 폭력을 통해 이루어진 것이었다. 박정희는 직업군인, 곧 폭력의 전문가였다. 그는 폭력을 잘 이용했으며, 그래서 오랫동안 권좌를 누릴 수 있었다. 모든 국민이 그 폭력의 대상이었다.

김대중 전 대통령은 일본에서 납치되어 한국으로 몰래 호송되던 중에 현해탄에서 물고기의 밥이 될 뻔했다. 재야의 지도자였던 장준하는 서울 근교의 등산길에서 변사체로 발견되었다. 이른바 '의문사'이다. 심지어 서울대학교 법대 교수였던 최종길도 '의문사'했다. 그러나 의문사한 지 30년이 지나고 최종길 교수의 죽음은 중앙정보부 요원의 살해였다는 증언이 나왔다. 중앙정보부 요원이 그를 중앙정보부 건물의 7층 비상계단에서 아래로 밀어버렸다는 것이다.[12] 고문에 지친 그의 몸은 몇 초 만에 콘크리트 바닥에 부딪혔고 머리가 깨진 그는 그 자리에서 죽고 말았다. 끔찍한 시대의 참혹한 죽음이 아닐 수 없다.

중앙정보부장으로서 박정희의 심복 구실을 했던 김형욱은 나중에 그와 사이가 틀어져 결국 그를 '배신'하게 되었다. 그 뒤 김형욱은 파리에서 실종되었는데, 여전히 생사조차 알 수 없는 상태이다. 청와대로 납치해서 암살했다거나 프랑스에서 납치해서 암살했다거나 하는, 무서운 얘기들이 끊이지 않고 떠돌고 있을 뿐이다. 사실 여부를 떠나서 이런 식의 얘기들이 떠도는 것 자체가 중요하다. 사실이 아니라고 하더라도 사람들이 박정희정권을 어떻게 생각했는가, 이 정권이 얼마나 폭력적이었는가를 보여주는 좋은 예라고 할 수 있기 때문이다. 박정희의 통치는 강력한 '폭치'의 전형이었다.

박정희는 이승만처럼 나라님이나 '국부'로 행세할 수 없게 되자, 한 술 더 떠서 자기를 '메시아'로 떠받들게 하는 대중조작을 했다. 68년 영구집권의 발판으로 삼선개헌을 합리화하는 공작에 그는 '역술인'이란 직업을 가진 무당, 점쟁이, 관상가 등을 대대적으로 조직·동원했다. 그들은 전국 조직망을 거미줄처럼 얽어 박정희가 '정도령'이고 민중 대망의 '진인'이며 '미륵불'의 현신이고 도래한 '메시아'라고 떠들어댔다. 그것이 어느 정도 뜸을 들였다고 보자, 당시 공화당 의장인 친일파 윤치영은 광주에서 "반만년 만에 나타난 위대한 지도자 박정희"만이 난국을 타개한다고 개헌선동에 나섰다. 이런 대중조작과 대중동원에는 정치깡패 등 마피아의 협조가 필수 불가결했다. …정치에 정의가 없으면 정치집단이 아무리 합법을 가장해도 마피아와 동류가 된다. …우리는 쿠데타를 한 '군사마피아'에게서 신물이 나도록 지겹게 그런 꼬락서니를 봐왔다.[13]

폭력에 시달리면 폭력에 길들여질 수 있다. 오랫동안 계속된 국가폭력은 그것을 당연한 것으로 여기는 사람들을 만들어낸다. '폭력의 문화화'가 이루어지는 것이다. 폭력이 없으면 권력도 없다는 사실을 익힌 사람들에게 폭력은 성공을 위한 자원으로 여겨지기 십상이다. 박정희 정권은 폭력을 나쁜 것으로 여기고 멀리하는 것이 아니라 오히려 필요한 것으로 여기는 사회풍조를 만들어냈다.

이런 점에서 박정희의 암살은 또 다른 문제를 낳았다. 그는 법정에서 심판을 받아야 했던 것이다. 그렇지 않았기에 전두환과 노태우라는 또 다른 '군사마피아'가 등장하게 되었으며, 그 결과 폭력사회의 문제는 더욱 더 깊어지고 말았다.

1. 위험사회의 이해

불신사회

사람들이 서로 믿지 않을 뿐만 아니라 공식적으로 제정된 법은 더욱더 믿지 않는 사회가 바로 불신사회이다. 난민사회가 경제 지상주의로 말미암은 것이라면, 불신사회는 권력 지상주의 때문에 나타난 것이다. 박정희정권의 폭압적 근대화는 한편으로 경제 지상주의를 통해 사람들을 서로 물어뜯는 상황으로 내몰고, 다른 한편으로 권력 지상주의를 통해 사람들이 살아남기 위해서라도 정권에게 의존하도록 만들었던 것이다.

박정희는 신적 존재였다. 그리고 그의 주위에는 이 신적 존재를 보필하는 많은 자들이 똬리를 틀고 있었다. 그들과 이권관계를 맺는다는 것은 큰 성공이 보장된다는 것과 같은 뜻이었다. 공식적인 제도는 불신의 대상이었으나 권력은 그 그림자조차도 커다란 신뢰의 대상이었다. 불신사회의 이면은 나름대로 신뢰사회인 것이다. 이런 이중성은 아직까지도 크게 변하지 않고 있고 오히려 '이중질서 사회'로 고착되었다.[14]

이승만 시대에 '민나 도로보'(みんな どろぼう, 모두 도둑놈)라는 말이 유행했다는 데서 알 수 있듯이, 불신사회는 박정희 때에 만들어진 것이 아니다. 정권을 잡기 위해 발췌개헌이니 사사오입개헌이니 하는 식으로 헌법을 계속해서 제멋대로 뜯어고치고, 깡패와 경찰의 물리력을 적극 이용해서 정치적 반대파는 물론이고 국민을 제압했다는 점에서 이승만은 박정희의 중요한 선배였다. 그러나 박정희는 여러 면에서 선배를 훌쩍 뛰어넘는 능력을 보여주었다.

첫째, 그의 일본식 이름은 '다카키 마사오'로서 그는 나름대로 독립운동을 했던 이승만과 달리 철저한 일제 부역자였다. 그는 일제의 군사학교를 두 군데나 우수한 성적으로 졸업하고 만주의 관동군으로 배치되어 독립군을 토벌하는 데 앞장선 '훌륭한 일본인'이었다. 이런 자가 권력을 잡았으니 누가 세상의 올바른 이치를 믿겠는가? 또 그는 다시는 대통령에 입후보하지 않겠다고 해놓고 거듭 선거에 나서 폭력과 돈을 이용해서 계속 권력을 움켜쥐었다. 사람들은 그의 말을 믿을 수 없었고, 오직 그의 힘을 무서워할 뿐이었다.[15] 이것이 폭압적 근대화를 버티고 살아가는 슬기였다.

둘째, 이승만이나 박정희는 청렴했다고 전해진다. 부패와 관련해서 욕을 먹는 것은 언제나 이기붕과 차지철이다. 그러나 조직을 관리하고 선거에서 이기기 위해 필요한 그 많은 돈은 도대체 어디에서 생겼다는 말인가? 그들은 권력의 수장이었고, 따라서 부패의 수장이었다. 이승만과 박정희의 차이는 그 크기와 방식에 있다. "박정희정권에서 부패는 중요한 의미에서 국유화되었다고 말할 수 있다. 국가는 부패가 발생할 수 있는 범위를 설정했으며, 그 결과 부패는 발전과정의 역동적 부문으로 기능했다"는 분석은 이러한 사실을 잘 보여준다.[16]

박정희의 철권통치는 권력을 빼고는 어떤 것도 믿지 못하도록 하는 상황을 만들었다. 그는 역사란 승자의 역사이므로 수단과 방법을 가리지 않고 이기는 것이 중요할 뿐이라는 약육강생의 사상을 그 누구보다 널리 퍼뜨렸다. 근대적 법과 제도는 만들어졌으나, 그것은 권력의 부패와 비리를 감추기 위한 포장용으로 흔히 이용되었다. 이렇게 해서 법질서와 생활의 질서가 크게 괴리된 '이중질서 사회'가 확립되고 말았다.

개발주의와 위험행정

사실 성장주의는 모든 근대사회에서 발견되는 핵심적 특징이다. 70년대에 접어들면서 서구에서 이른바 '성장의 한계'에 대한 우려가 제기된 것도 이 때문이다. 무조건 성장을 추구하는 것은 불가능하며, 따라서 성장에 대한 우리의 인식을 바꾸고, 성장 중심의 현대사회를 개혁해야 한다. 그런데 여기서 우리는 성장을 추구하는 방식에도 관심을 기울여야 한다. 위험의 문제를 크게 악화시키는 방식으로 성장을 추구할 수도 있지만, 그렇게 하지 않을 수도 있기 때문이다. 이런 점에서 우리는 한국식 성장주의로서 개발주의의 문제를 깊이 탐구해야 한다.

언제부터인가 한국에서는 '난개발' 또는 '막개발'이라는 험한 말이 사용되고 있다. 이 말은 세계 어디서도 사용되지 않는 한국만의 말이다. 개발은 본래 계획적으로 이루어져야 하는 데, 한국은 그렇지 않기 때문에 이런 험한 말이 만들어지고 말았다. 난개발이란 무엇인가? 그것은 "최대이윤을 획득하기 위해 위험을 극단적으로 악화시키는 개발"이다. 개발이익이라는 불로소득을 노리고, 불필요한 대규모 개발사업을 강행하는 '토건국가'의 문제와 전쟁 같은 경쟁을 벌이는 '투기사회'의 문제가 난개발의 핵심적 원인이다.

나아가 이러한 최대이윤을 노린 난개발의 문제는 토건과 투기의 영역을 떠나서 사회 전반으로 확산되어 있다. 2006년에 발생한 '중금속 시멘트 사건'이나 2007년에 발생한 '농약녹차 사건'은 그 좋은 예이다. 우리는 '중금속 시멘트'로 지어진 아파트에서 '농약녹차'를 마시며 살고 있다. 우리의 안전을 위협하는 각종 고위험 기술을 널리 사용하고 있지만, 그것을 사용하는 사회체계는 취약하기 짝이 없다. 최대이윤을 노린 난개발의 논리가 강력히 작동하고 있는 것이다.

그러나 개발주의의 문제는 이미 잘 드러난 상태이다. 이에 따라 안전행정을 정립하기 위한 노력이 특히 참여정부에 들어와서 크게 강화되었다. 재난 및 안전관리기본법 시행(2004. 6), 소방방재청 설립(2004. 6), 국가위기관리시스템 구축(2004), 국가위기경보제도(2004)[17] 중앙재난안전관리대책본부(본부장은 행정자치부 장관), 국가안전관리기본계획(5년마다 수립), 국가재난대응기본훈련 등이 그것이다. 그러나 이러한 제도적 개선이 얼마나 효과적인지는 미지수이다. 당장 소방방재청의 설립만 해도 방대한 방재의 업무를 화재에 대한 대응을 주로 하는 소방분야가 주도하는 것은 잘못이라는 비판이 제기되었다.[18]

이러한 제도적 개선의 문제는 크게 두 가지로 살펴볼 수 있다.

첫째, 공학적 접근의 문제이다. 공학은 위험을 무엇보다 기술적 문제로 파악한다. 공학적 접근은 광범한 위험의 목록을 만들고, 이에 대한 기술적 대응책을 세우는 것으로 일관한다. 그러나 문화적 위험연구가 잘 보여주듯이, 객관적 위험에 대한 주관적 인지의 차이는 사회적으로 또는 지역적으로 대단히 크게 나타난다. 따라서 공학적 접근뿐만 아니라 문화적 접근이 반드시 필요하다. 또한 현실의 복잡성을 고려하면, 위험을 충분히 파악한다는 것은 사실 불가능하다. 기껏 마련한 새로운 공학적 대책이 새로운 거대한 위험을 낳을 수도 있다. 예컨대 홍수에 대비해서 대형 댐을 쌓았더니, 생태계가 교란되고 지반이 침해되고 심지어 지진의 위험이 커지기도 한다.

둘째, 요소적 접근의 문제이다. 이것은 공학적 접근과 밀접하게 연결되어 있는 것으로서 직접적 문제로 파악된 요소를 개선하는 것으로 문제를 해결할 수 있다고 여기는 것이다. 물론 요소의 문제를 개선하는 것도 필요하다. 그러나 체계의 문제를 바로잡는 것은 더 중요하다. 체계가 잘못되면, 체계를 구성하는 많은 요소들이 문제를 일으킬 수 있기 때문이다. 예컨대 난개발의 논리가 횡행하는 곳에서 지구온난화의 문제는 더욱 악화되기 쉽고, 따라서 홍수나 태풍의 위험도 더욱 커지기 쉽다. 이런 상황에서 난개발의 문제를 일으키는 무조건 성장주의와 파괴적 개발주의의 사회체계를 바로잡지 않는다면, 난개발의 문제는 더욱더 커지고, 이 사회는 더욱더 커다란 위험 속으로 빠져 들어갈 수밖에 없다.

체계의 개혁은 대단히 복잡하고 어려운 일이다. 그 돌파구는 정부로 대표되는 공공부문의 제도적 개혁에서 찾을 수 있다. 예컨대 불필요한 대규모 개발사업을 전국 곳곳에서 벌이면서 국토를 파괴하고 재정을 탕진하는 각종 시대착오적 개발공사들을 대대적으로 통폐합하는 것은 그 핵심적 과제이다. 이러한 개혁을 통해 병적으로 비대한 토건경제의 축소가 이루어질 수 있으며, 결국 이것은 최대이윤을 위해 난개발을 강행하는 구조의 개혁으로 이어지는 것이다. 또한 체계의 개혁은 주체의 개혁으로 이어져야 한다. 제도와 구조의 개혁이 이루어져도 주체가 그것을 올바로 운용하지 않는다면, 해결된 것 같아 보여도 사실은 전혀 해결되지 않은 상태가 되고 만다. 2007년 7월 소방방재청의 '국민안전의식 자가조사' 결과에 따르면, 한국인의 안전의식은 100점 만점에 57점이라는 낮은 수준에 머물렀다.

여기서 각종 '위험지도' 정책의 가능성에 주목할 필요가 있다. 홍수지도, 사태지도, 화재지도 등의 각종 위험지도는 어디에서 사고가 일어났는가를 누구나 쉽게 파악할 수 있도록 해준다. 이 때문에 소방방재청에서도 2004년 12월에 국가재난위험지도를 작성하겠다는 정책을 발표했다. 그러나 이 정책은 제대로 시행되지 않고 있다. 한국의 홍수에서 대형 댐과 시멘트 직강화를 중심으로 한 하천 난개발로 말미암은 문제의 비중이 갈수록 커지고 있다. 그런데 바로 이 때문에 홍수지도의 작성과 보급이 어려워졌다. 난개발로 개발이익을 누린 토건업자, 투기꾼, 토호 등이 적극 반대하고 있는 것이다. 그중에는 심지어 아예 보상금을 노리고 당연히 홍수가 발생할 하천변을 개발한 자들도 있다. 그러나 바로 이 때문에 위험지도의 중요성은 더욱더 커진다. 각종 위험지도가 상세히 작성되어 널리 보급되면, 난개발의 문제는 크게 약화될 것이며, 당연히 위험도 크게 줄어들 것이다. 그리고 이 정책은 직접적 개발의 차원을 넘어서 약품이나 식료품, 아파트 등 사회 전반으로 확대될 수 있다.

1. 위험사회의 이해

주

1) 홍성태, 『개발주의를 비판한다』, 당대 2007.
2) 신한종합연구소, 『7089우리들: 1970년부터 1989년까지』, 고려원 1991, 27쪽.
3) 청사편집부 편, 『칠십년대 한국일지』, 청사 1984, 9쪽.
4) 신한종합연구소, 앞의 책, 28쪽.
5) 유인호, 「경제성장과 환경파괴: 성과와 대가에서 본 고도성장」, 『창작과비평』 8권/3호, 1973.
6) 김명자, 『동서양의 과학전통과 환경운동』, 동아출판사 1991, 341쪽.
7) 청사편집부 편, 앞의 책, 141~42쪽.
8) 전통과 근대의 긴장은 박정희정권의 독특한 특징이기도 하다. 그 바탕에는 전통=한국, 근대=서구라는 미국산 이분법이 작동하고 있었는데, 박정희정권은 근대=서구를 추구하면서도 그 정치적 핵심인 민주화를 결코 실현하려 하지 않았다. 이것이야말로 박정희정권의 정치적 기본모순이었다.
9) 신한종합연구소, 앞의 책, 27쪽.
10) 같은 책, 40쪽.
11) 『네이버 용어사전』, '인혁당'.
12) 당시에 은밀히 나돌았던 "타도"라는 제목의 유인물에 따르면, 최 교수는 고문으로 살해되었고, 자살을 가장하기 위해 5층 화장실 창밖으로 시체를 내던졌다고 한다(『한겨레신문』 2002. 2. 16).
13) 한상범, 「한국 정치와 마피아」, 『한겨레신문』 2002. 1. 26.
14) 홍성태, 『현대 한국사회의 문화적 형성』, 현실문화연구 2006.
15) 박정희는 군복을 벗으며 "다시는 나같이 불행한 군인이 나타나지 않기를 바란다"고 말했다. 그러나 그의 '희망'은 자신이 아끼던 후배들에 의해 배신당했다. 전두환과 노태우 일당이 그들이다. 이들은 '불행한 군인'은커녕 쿠데타를 일으켜 권력을 잡은 기념으로 샴페인을 터뜨리고 파티를 열었으며, 재임기간에는 엄청난 금액의 돈을 빼돌렸고, 여전히 지역주의를 이용해서 정치적 영향력을 행사하며, 그 자손들까지 떵떵거리며 잘만 살고 있다. 역사의 복판에 정의가 없으니, 사회의 핵심에 신뢰가 없는 것이다.
16) J. Moran, "Patterns of Corruption and Development in Eas Asia," *Third World Quarterly* vol. 20/no. 3, 1999, p. 571. 정성진, 「부패의 정치경제학: 맑스주의적 접근」, 경상대학교 사회과학연구소 엮음, 『한국의 부패와 반부패 정책』, 한울 2000, 45쪽

주 11에서 재인용.

17) "자연재해, 대형사고, 전염병 등으로 인해 비상사태시(또는 조짐이 보일 때) 발령되는 위기경보다. 지난 2004년 국가안전보장회의(NSC)가 구축한 국가위기관리시스템에 따라 청와대 국가안전보장회의(NSC)가 발령하고 있다. 위기상황 정도에 따라 관심(Blue)→주의(Yellow)→경계(Orange)→심각(Red) 등 4단계로 구분되어 시행되고 있다." (아젠다넷, '재난' 항목)

18) 소방행정은 각종 검사나 허가 등과 관련해서 제도적으로 여러 부패의 문제를 안고 있기도 하다. 이에 관해 2007년 10월에 국가청렴위원회는 소방방재청장에게 25건의 법령개선안을 제안했다.

2. 하부구조의 위험

위험사회와 도시

붕괴사고와 사고공화국

태풍, 수재, 위험사회

위험한 아파트공화국

위험사회와 도시

위험사회의 현실

위험은 현대사회를 이해하기 위한 핵심어이다. 현대사회는 파국적인 위험에 기반을 두고 있으며, 그러한 위험을 체계적으로 생산하는 사회이기 때문이다. 근대적 이성과 진보의 사상은 여기서 다시금 혹독한 비판의 심판대 위에 세워져서 사실상 파산의 선고를 받게 된다. 그러나 오랫동안 위험은 성공을 위해서는 무릅써야 하는 장애로, 나아가 성공을 위한 일종의 관문과 같은 것으로 여겨졌다. 이른바 '지리상의 발견기'부터 '제국의 시대'까지 혹은 콜럼버스부터 세실까지, 자본주의의 발달사를 뒤덮고 있는 용감무쌍한 개인들의 모험사가 그 좋은 예이다. 오랫동안 위험은 인간적인 것인 동시에 남자다움의 징표로 여겨졌다. 이 점에서 그것은 가부장적 자본주의를 상징하는 용어이기도 하다.

그러나 이런 식의 위험 개념은 근대 공업문명의 발달과 함께 더 이상 유지될 수 없게 된다. 그 이유는 한마디로 결코 무릅쓸 수 없는 위험들이 인간에 의해 대량으로 생산되었기 때문이다. 그 대표적인 예는 바로 '핵 위험'이다. 한때 핵폭탄과 핵발전은 마치 악마와 천사처럼 대비되었다. 지금도 찬핵론자들은 그런 식의 이분법을 공공연히 구사한다. 그러나 히로시마에 이어 체르노빌은 핵발전도 핵폭탄만큼이나 악마의 영역에 속하는 것임을 보여준다. 그 목적이 평화적이건 군사적이건 상관없이, 핵의 본격적 이용이 모두 악마적으로 비치는 까닭은, 그것이 인류를 포함한 이 세상의 모든 생물에게 절멸의 위협으로 다가오기 때문이다.[1] "위험은 서술적이자 규범적인 개념"[2]이라는 지적은 이 점에서 극히 절실한 의미를 담게 된다.

위험에 대한 대처에는 흔히 사전예방과 사후대책이 있다고 한다. 그러나 위험사회의 현실에서 우리가 직면하고 있는 어려움은 사전예방도 사후대책도 불가능한 위험이 갈수록 커지고 있다는 사실이다. 미국의 사회학자인 찰스 페로우의 주장에 따르면, 이것은 우리가 살아가고 있는 사회 자체의 체계적 본성에서 비롯된다.[3]

대부분의 고위험체계들은 그 유독성 혹은 폭발성 혹은 유전성 위해를 넘어서 사고를 불가피하게 만드는, 심지어 '정상적으로' 만드는 특성들을 가지고 있다. …위험은 고위험체계들에서 결코 제거되지 않을 것이며, 우리는 몇몇 체계들을 제거하는 데 그치고 말 것이다. …상호작용 경향은 체계의 특성이다. 그것은 부분이나 작동자의 특성이 아니다. 우리는 이것을 '체계의 상호작용적 복잡성'이라고 부를 것이다. …만일 상호 작용적 복잡성과 단단한 결합——체계특성—이 불가피하게 사고를 낳는다면, 나는 우리가 그것을 **정상적 사고**(normal accident) 또는 **체계적 사고**(system accident)라고 불러도 좋을 것이라고 믿는다.

이런 사고를 피할 수 있는 방법은 한 가지밖에 없다. 그것은 문제가 되는 기술 자체를 폐기하고 체계의 복잡성을 줄이는 것이다. 그렇게 하지 않는다면, 우리는 '문명의 활화산' 위에서 살아가는 수밖에 없다.[4]

현대사회는 이러한 고위험체계에 기반을 두고 있다는 점에서 '위험사회'이다. 여기서 고위험체계는 기술체계에 국한되지 않는다는 점에 주의할 필요가 있다. 그것은 현대사회를 관리하기 위해 형성되어 지속적으로 복잡도를 높여온 사회체계를 포함한다. 그리고 사실 기술과 사회는 서로 분리되어 존재하는 것이 아니라, '사회-기술복합체'로서 서로 통합되어 존재한다. 고위험체계란 이러한 사회-기술복합체의 특정한 측면 혹은 성격을 가리키며, 그 가장 중요한 특징은 자연을 제압할 목적으로 추진된 '반생태성의 체계화'에 있다. 근대의 도시, 특히 현대의 거대도시들은 이러한 고위험체계의 지리적 응축으로 파악될 수 있다. 미국의 문학자인 마셜 버만이 말하는 '근대적 도시화의 비극적 역설'은 이 점에서 단순한 감상의 토로를 넘어서는 의미를 지니게 된다.

근대적 도시주의의 비극적 역설은 그 승리로 말미암아 그것이 해방시키고자 했던 바로 그 도시생활의 파괴가 촉진되었다는 점에 있다.[5]

2. 하부구조의 위험

도시화의 역설: 자연의 파괴

현대의 도시는 공업화의 산물이다. 특히 거대도시는 공업력이 이룩한 현대 공업문명의 거대한 기념탑이며 가장 두드러지는 상징물이다. 그것은 밤마다 유혹적 자태를 뽐낸다. 사람들은 그 아름다움에 취하지 않을 수 없다. 현대의 거대도시는 밤마다 활짝 피어나는 꽃과 같다. 비단 미국의 라스베이거스 같은 환락의 도시만이 아니라, 모든 거대도시는 밤마다 활짝 피어나서는 사람들을 유혹한다. 그러므로 밤이 되었다고 해서 칠흑 같은 어둠에 잠겨버리는 도시는 죽은 도시이다. 밤마다 활짝 피어나는 도시만이 살아 있는 도시이다. 그러나 현대의 거대도시는 심각한 위험을 안고 있다.

현대 공업문명의 대표적인 상징물로서 거대도시는 '진보의 신화'를 구현하는 것으로 여겨진다. 그것은 무엇보다 자연과 인공의 이분법에 근거하고 있다. 이 이분법에서 자연은 어둡고 불결하고 두려운 것인 반면에, 인공은 밝고 깨끗하고 안전한 것으로 여겨진다. 이러한 인공을 대표하는 것으로서 거대도시는 어지러울 정도로 높이 솟은 고층빌딩들과 그 사이를 복잡하게 가로지는 도로들과 그 위를 쉴 틈 없이 달려가는 자동차들로 상징된다. 그러나 그것은 만성적인 열섬현상과 오존발생에 시달리는 반인간적 공간이다. 한마디로 그것은 사람이 살기에 적합하지 않은 곳이다. 이렇게 해서 거대도시는 처음에는 유토피아를 표방했으나 이제는 오히려 디스토피아를 상징하게 된다.

이러한 전략은 거대도시가 근대의 자연과학, 특히 공학에 입각하여 계획되었을 때부터 사실 예고되었던 것이었다. 공학은 '데카르트-뉴턴 패러다임'으로 불리는 '지식/힘 패러다임'의 실용적 산물이다. 그러므로 공학은, 우리가 자연의 내밀한 비밀을 명확하게 알 수 있으며 자연을 우리 뜻대로 개조할 수 있다는 '지식/힘 패러다임'을 고스란히 실현하고자 한다. 그러나 카오스이론[6]은 이러한 근대의 과학관·진리관이 잘못된 것임을 보여준다. 우리는 자연의 내밀한 비밀을 명확하게 알 수는 없으며 자연을 결코 우리 뜻대로 완벽하게 개조할 수도 없다. 이런 점에서 '지식/힘 패러다임'에 기반을 둔 거대도시의 건설과정은 바로 고위험의 구조화과정이기도 했던 것이다.

공학은 자연을 제압하는 방식의 도시화를 추구한다. 그것은 현대의 거대도시를 자연의 위협에 완벽히 면역된 인공공간으로 만들려고 한다. 그러나 이러한 목표는 언제나 헛된 꿈으로 끝날 뿐이다. 그것은 결코 이루어질 수 없다. 예컨대 공학은 댐들을 쌓고 하천을 직강화하여 도시를 '수마'로부터 보호하는 한편 도시에 용수를 공급하고자 한다. 미국에서는 이런 식의 치수방식에 대항하여 3천여 개의 시민단체가 '강 살리기 운동'을 벌이고 있으며, 1980~90년대를 지나는 동안 크고 작은 121개의 댐을 해체시켰다. 물론 미국의 전체 댐의 수가 7만 5천 개를 넘는다는 점에서 이러한 수치는 큰 의미를 가지지 못할 수도 있다. 그러나 미연방정부에서도 '강 살리기 운동'의 주장을 받아들이기 시작했다는 점에서 이러한 성과는 결코 작다고 할 수 없는 의미를 가진다.[7]

우리의 상황은 어떠한가? 여전히 댐 쌓기가 최선의 치수책으로 강

2. 하부구조의 위험

력히 추진되고 있지 않은가? 그 결과 한탄강댐 건설사업처럼 감사원에서 완전히 잘못된 것으로 판정한 사업조차 건교부는 강행하고 있지 않은가? 사실 1980년대 초에 전두환정권이 서울에서 과시적인 '한강개발사업'을 추진한 이래, 이러한 방식의 치수사업은 전국 곳곳의 샛강으로까지 꾸준히 확산되어 갔다. 그리고 심지어 천혜의 비경이 잘 보전된 지역이자 대단히 취약한 석회암 지대인 동강에까지 댐을 짓겠다는 무모한 계획마저 이런 논리로 합리화되었다. 한강 수계의 도시들, 특히 서울이라는 거대도시를 수마로부터 보호하기 위해서는 동강에 댐을 지어야만 한다는 것이었다. 이러한 논리는 이미 '평화의 댐 사기사건'을 통해 신뢰성을 상실했지만, 1999년 여름에 발표된 한 조사결과는 확실한 반박의 근거를 실증적으로 제시해 주었다.

농림부에 따르면, 1979~98년에 파주·문산 지역의 농지 978ha(논 515ha, 밭 463ha)와 산림 667ha가 도시화에 따른 주택 및 도로 건설 등으로 사라졌다. 그리고 그중의 71%가 1994~95년에 사라졌다. 이로써 해마다 춘천댐 유효저수량(1억 5천만t)의 6%에 해당하는 950t의 물을 저장하거나 흡수할 수 있는 기능이 사라져서 이 지역의 자연적인 홍수조절기능이 지속적으로 약화된 것으로 분석되었다. 한편 지난 20년 동안 국토 전체적으로 농지 15만 2687ha(논 8만 1713ha, 밭 7만 974ha)와 산림 14만 4197ha가 사라져서 해마다 춘천댐 저수량의 10배에 해당하는 물 조절기능이 상실된 것으로 나타났다. 나아가 농지와 산림의 홍수조절기능은 연간 소양강 유효저수량(19억t)의 10배에 이르는 것으로 파악되었다.[8]

이러한 자료는 공학의 과학적 타당성에 심각한 의문을 제기한다. 과연 그것은 올바른가? 우리가 직면한 위기적 현실은 반드시 새로운 방식의 도시화를 추구하지 않으면 안 된다는 것을 보여준다. '자연 파괴적 도시화' 곧 자연을 배제하고 제압하는 방식의 도시화를 즉각 중단해야만 한다는 것이다. 그러므로 이처럼 분명한 이론적 및 실증적 비판에도 불구하고 이러한 방식의 도시화가 여전히 지배적이라는 사실은 정말 중대한 문제가 아닐 수 없다.

그렇다면 왜 이런 파괴가 지속되는 것일까? 그 이유로는 많은 것들을 들 수 있지만, 나는 특히 주무 행정부서의 구실에 주목하고 싶다. 행정부서는 단순한 실행자에 불과할까? 결코 그렇지 않다. 현대 거대사회에서 행정부서의 정책결정권은 갈수록 커지고 있다. 이 사실은 우선 의원입법보다 행정입법이 전체 입법에서 차지하는 비중이 훨씬 더 크다는 것으로 확인된다. 한국의 경우에 그것은 거의 80%에 이른다. 또한 주무 행정부서는 맘에 안 드는 의원입법에 대해서는 '시행령'의 제정을 이용해서 저항할 수도 있다.

한국의 경우에 도시화는 건교부가 주도하고 있다. 그러나 그 산하기관인 수자원공사가 전국 곳곳에서 벌이고 있는 파괴의 행태들에서 잘 드러나듯이, 건교부는 군부독재 치하에서 굳어진 '자연 파괴적 개발주의의 화신'이라는 성격을 조금도 바꾸지 않고 있다. 건교부의 이러한 성격을 바꾸는 것은 자연파괴의 속도와 범위를 최소화하기 위해 가장 시급히 요청되는 과제이다.

2. 하부구조의 위험

도시화의 역설: 지역의 착취

도시는 비도시지역을 착취한다. 거대도시는 거대한 파괴와 착취의 공간이다. 그것은 이를테면 거대한 흡혈귀와 같다. 그것은 지리적으로 훨씬 더 광범위한 비도시지역을 착취함으로써 비로소 활짝 피어날 수 있다. 여기서 '지역의 착취'란 단순한 비유에 그치지 않는다. 그것은 도시가 건설되고 유지되기 위해서는 반드시 훨씬 더 광범위한 비도시지역이 일방적으로 이용되어야 한다는 것을 의미한다. 이러한 '일방적 이용'은 결국 지역의 파괴, 즉 지역생태와 지역사회의 파괴를 가져온다.

　이러한 착취적 지역관계는 도시가 본래 생태적으로 자립할 수 없는 곳이라는 사실에서 비롯된다. 무엇보다 도시는 농수산물을 생산하지 않는다. 물론 일부에서 '농산물 공장'이 운영되고도 있으나, 이것은 아직까지는 실험적 사례일 뿐이다. 더 중요한 것은 이 같은 실험이 착취적 지역관계를 호도하는 이데올로기 효과를 낳는다는 점이다. 도시는 과연 완전히 자립할 수 있을까? 이것은 먹지 않고 살 수 있느냐고 묻는 것과 같다. 당연히 대답은 '그럴 수 없다'이다. 도시는 오직 농수산물을 가공하고 소비할 뿐이다. 현대의 거대도시에서 이러한 도시의 비자립성은 극단적으로 강화된다. 세상의 모든 농수산물이 그곳으로 몰려들지만, 정작 그곳은 그중의 하나도 생산하지 않는다.

　비도시지역이 없다면 도시는 존립할 수 없다. 모든 도시는 비도시지역에서 나타나서 광범위한 비도시지역을 착취하여 유지될 수 있다. 그러나 현실에서 이러한 관계는 뒤집힌 모습으로 나타난다. 오히려 도시가 없이는 비도시가 존립할 수 없는 것처럼 보이는 것이다. 이것은 기계적 생산방식과 자본주의 시장경제가 농수산업마저 지배하는 데서 비롯된다. 여기서 더 나아가 도시는 비도시가 결여한 모든 것을 가지고 있는 것으로 보인다. 한마디로 말해서 그것은 '편리하고 풍요로운 삶'을 뜻한다. 이러한 겉모습이 착취의 결과라는 사실은 바로 그 겉모습에 의해 감추어진다. 이렇게 해서 도시는 비도시지역의 희망이자 이상이 된다. 나아가 세상은 아예 도시를 중심으로 나누어지게 된다. 도시와 비도시의 구분이 물리적 세상을 나누는 가장 기본적인 기준으로 확립된다.

　도시와 비도시의 착취적 지역관계는 얼핏 상호의존 관계처럼 보인다. 도시는 기술과 기계를 생산해서 비도시지역에 공급하고, 비도시는 각종 농수산물을 생산해서 도시에 공급한다. 이 관계의 겉모습 자체에만 주목한다면, 도시와 비도시는 서로 대등한 거래를 하는 것처럼 보인다. 여기서 다시 "비도시지역이 없다면 도시는 존립할 수 없다"는 사실을 되새길 필요가 있다. 이것은 도시와 비도시의 관계에는 바꿀 수 없는 방향이 있다는 것을 뜻한다. 관계의 성격을 잘 알기 위해서는 관계의 겉모습뿐만 아니라 그 방향에 대해서도 주의 깊게 살펴볼 필요가 있다. 도시와 비도시의 관계는 상호적이지 않고 궁극적으로 일방적이다. '궁극적 일방성'은 현실에서 아무런 구실도 못하는 형이상학적인 것으로 비칠 수도 있다. 그러나 여기서 '궁극적'이란 저 먼 훗날을 뜻하지 않는다. 사실 그것은 시간의 범주에 해당하지 않는다. 여기서 '궁극적'이란 존재론의 범주에 해당한다. 도시의 모든 것은 비도시에서 나

2. 하부구조의 위험

온 것들로 만들어진다. 아니 도시 자체가 비도시의 산물이다. 궁극적으로 일방적인 관계란 이러한 존재론적 속성을 뜻한다.

또한 관계의 방향뿐만 아니라 내용에 대해서도 되돌아볼 필요가 있다. 도시의 산물이 인공적이며 상대적인 것이라면, 비도시의 산물은 자연적이고 절대적인 것이다. 요컨대 농수산물은 생존의 필수적 요소이다. 아니 그 자체가 생명이다. 농수산물과 기계가 '동등한 가치'로 거래된다는 것은 생명과 기계가 '동등한 가치'로 거래된다는 것과 같다. 이런 관점에서 보자면, 현대사회에서는 분명히 하나의 상식에 속하는 것이지만, 농수산물과 기계의 대등한 거래라는 표상은 반생명주의와 반인간주의의 윤리학을 담고 있는 것이다. 이러한 윤리학은 경제주의의 지배를 통해 강화되었으며, 또한 경제주의의 지배를 더욱 강화한다. 경제주의는 생명조차 돈으로 환산되고 거래되는 것으로 본다.[9] 이런 경제주의는 자본주의에서 극단적인 모습을 보이게 되며, 자본주의에서 돈은 모든 사회관계와 인간관계를 매개하는 것으로 보편화된다. 이러한 보편적 등가물로서 돈은 생명까지도 그 매개대상으로 격하시킨다. 돈으로 표상되는 경제적 가치가 다른 모든 인간적 가치들과 생명 자체를 지배하게 된다. 도시와 비도시의 관계가 상호적인 것으로 보이는 근원적 이유는 현대가 바로 이러한 자본주의의 시대이기 때문이다.

도시가 광범위한 비도시지역을 일방적으로 착취한다는 사실은 한낮의 밝은 햇살 아래서는 잘 드러나지 않는다. 그것은 오히려 온 누리가 어둠에 뒤덮이는 한밤중에 가장 잘 드러난다. 도시는 인공의 전력으로 밤마다 화려하게 살아나지만, 비도시지역은 오직 밝은 햇살 아래서만 맑게 살아난다. 도시가 엄청난 전력을 소비하며 유혹적인 자태를 뽐낼 때, 비도시지역은 끝 모를 어둠 속에 가라앉아 그 존재조차 잃어버리고 만다. 이런 대비는 사실 생태적 비자립성과 자립성의 다른 표현 정도로 읽을 수도 있다. 도시는 생태적으로 비자립적이므로 생태적으로 자립적인 비도시지역을 착취해야만 하는 것이다.

그러나 도시의 '불야성' 속에서 이러한 착취관계는 훨씬 더 심각한 문제로 비화하게 된다. 이것은 특히 에너지의 생산방식과 깊이 연관된다. 도시의 불야성은 대체로 도시에서 멀리 떨어진 비도시지역에서 생산된 에너지에 의존한다. 오늘날 한국은 이미 그 에너지의 절반 이상을 핵발전으로 생산하고 있다. 그러나 핵발전의 안전성은 어디서나 의심받고 있다.

그러므로 핵발전소에서 생산된 전력으로 도시가 불야성을 자랑할 때, 핵발전소가 들어선 비도시지역은 암담한 절멸의 두려움 속에서 떨어야 한다. 그런 지역의 주민들은 핵발전소가 그렇게 안전하다면 수요지 부근에, 즉 도시 부근에 핵발전소를 세우라고 주장한다. 그들은 핵폐기물 처분장을 여의도에 지으라고 요구한다. 물론 이러한 요구는 받아들여지지 않는다. 왜냐하면 핵관련 시설물은 너무나 위험하기 때문이다. 휘황한 거대도시의 뒤안에는 이처럼 일방적으로 착취당하고, 절멸의 위협에 시달리는 광범위한 비도시지역들이 있다. 이 점에서 안전하고 편안한 도시란 결국 거짓이다.

2. 하부구조의 위험

도시화의 역설: 반생태적 삶

1930년대에 미국의 사회학자 루이스 워스는 도시의 생활양식은 농촌의 그것과 다르다고 주장하여 오랫동안 많은 논란을 빚게 되었다. 이에 대한 최근의 한 비판적 평가에 따르면 "농촌적 생활양식으로부터 공간적 차별화"가 이루어진 도시적 생활양식에 관한 그의 주장은 실증연구를 통해 기각되었다고 한다. 대신에 이 평가는, 독일의 사회학자 게오르그 짐멜이 발전시킨 "전통적인 문화로부터 시간적 차별화를 고려하는 대안적 접근"을 도시적 생활양식의 주요한 분석틀로 제시한다.[10] 이 평가는 공간이 아니라 시간의 차이를, 또는 도시와 농촌이 아니라 전근대와 근대의 사회적 차이를 강조하는 주장으로 보인다. 한마디로 도시라는 공간의 사회적 결정력을 결코 과장해서는 안 된다는 것이다.

그러나 그렇다고 해서 도시와 농촌이 지닌 공간적 차이에서 비롯되는 사회적 차이가 없다고 볼 수는 없을 것이다. 무엇보다 도시는 '반생태성의 체계화'가 가장 두드러지게 구현된 공간이다. 이에 비해 농촌은, 비록 엄청나게 오염되어 있는 상황이기는 하지만, 여전히 생태계를 체감할 수 있는 공간이다. 물론 농촌을 목가적 이상향으로 생각해서는 안 된다. 농약은 말할 것도 없고 비료도 땅과 물을 오염시킨다. 농약이 '살생제'인 것처럼 화학비료도 모든 생물에게 좋지 않은 영향을 미친다. 그러나 도시와 달리 농촌은 생태계가 아직 완전히 파괴되지는 않았다. 여기에 소생의 가능성이 있다. 이것을 지키고 살려내는 것이 중요한 과제이다. 이러한 생태적 차원에서 도시와 농촌은 분명히 질적인 차이를 가지고 있다. 그리고 이 공간적 차이는 생활양식의 차이라는 형태로 사회화된다.

이런 관점에서 도시적 생활양식과 농촌적 생활양식을 구분할 수 있을 것이다. 전자는 무엇보다 자연의 파괴와 지역의 착취에 바탕을 두고 이루어진다. 이런 삶이 전개되면서 도시 자체는 비자연, 더 나아가 반자연으로 정립된다. 이와 함께 인간(주체)과 자연(대상)의 이분법이 도시와 자연의 구획을 통해 물리적으로 구현되는 것처럼 보인다. 한마디로 도시적 생활양식이란 자연의 위협을 철저히 봉쇄한 위생공간으로서 도시에서 이루어지는 삶의 방식이고 모습이다. 근대 이래 그 전개과정은 철저히 자연으로부터 멀어지는 과정이었다. 그 극단적 지향점은 '인공지능'의 공간적 짝이라고 할 수 있는 '인공환경'의 완전한 구현이다. 미국의 '인공생명 구역'이 그것을 향한 구체적인 실험이라면, SF물에서 볼 수 있는 미래나 우주선의 생활양식은 그 시각적 재현이다. 이런 실험과 이미지들은 자연과 격리된 도시적 생활양식을 불가피한 것으로 제시하거나 아예 인류문명의 발전으로 정당화한다.

현실주의는 현실이라는 이름으로 사실상 순간만을 가치 있는 것으로 긍정한다는 문제를 안고 있다. 이 점에서 현실주의는 성찰적 관점과 크게 대립된다. 현실주의는 추수적 방식으로 변화를 무조건 긍정하게 되지만, 성찰성은 변화의 기원과 실제 전개과정을 꼼꼼히 따지려고 한다. 따라서 성찰성은 언제나 현실주의를 비판하게 된다. 현실주의는 도시적 생활양식이 '편리하고 풍요로운' 삶을 가져왔다고 주장한다.

2. 하부구조의 위험

이 두 가지, 즉 편리성과 풍요성은 자연으로부터 도망치는 도시적 생활양식을 명백히 '좋은 것'으로 정당화하는 가장 근원적인 논거이다. 이에 대해 성찰성은 그 내용의 세목을 작성하려고 한다.

'소비사회'에 관한 여러 비판적 분석들은 그 좋은 예이다. 예컨대 프랑스의 사회학자 장 보드리야르는, "늑대소년이 늑대들과 함께 생활하여 마침내 늑대가 된 바와 같이, 우리들도 또한 서서히 기능적 인간이 되고 있다. 우리들은 사물의 시대에 살고 있다"고 주장하였다.[11] 도시에서의 일상은 특히 이러한 방식으로 전개된다. 도시의 편리한 삶이란 수많은 사물들의 도움을 받아 이루어지는 삶이다. 기계화된 현대사회의 일상이란 공간적으로 분명히 현대도시의 일상을 가리키는 것이다. 하루 24시간 도시 내의 모든 곳에서 사람들은 기계의 도움을 받아 살아간다. 도시에서 사람들은 확실히 기계와 함께 살아간다. 더욱이 사람들은 기계의 기능에 의존할 뿐만 아니라, 그 자신도 체화된 기능에 의해 사회적 존재로 호명되는 '사회기계'가 되어버린다.[12]

풍요의 문제도 역시 가난이나 공해와 같은 또 다른 체계위험으로 연결된다. 이에 대해서 다시 보드리야는 "빈곤과 공해를 없애버릴 수 없다면 그 이유는 그것들이 빈민구역과는 다른 곳에, 즉 슬럼가나 빈민굴 속에 있는 것이 아니라 사회경제적 구조 속에 있기 때문이다. 그러나 이것이야말로 바로 은폐되어야 하는 것, 말해져서는 안 되는 것이다"고 주장하였다.[13] 그러므로 도시적 생활양식이란 기계와 함께 살아가는 것일 뿐만 아니라 빈곤 및 공해와 함께 살아가는 것이기도 하다. 또한 도시적 생활양식이란 기계가 되어 살아가는 것일 뿐만 아니라 빈곤 및 공해를 견디며 살아가는 것이기도 하다. 물론 이 경우의 빈곤은 전통적인 의미의 경제적 빈곤에만 국한되지 않는다. 이를테면 근대화와 함께 빈곤이 없어지는 것이 아니라, '빈곤의 근대화'가 이루어진다는 데 주의해야 한다. 오스트리아의 사회학자 일리치에 따르면 "근대화된 빈곤이란, 상황에 영향을 미칠 수 있는 힘의 결여와 개인으로서의 잠재적 능력의 상실을 결합한 것"이고, "빈곤의 근대화는 세계적인 현상이며, 현재 사람들의 잠재적 능력을 미개발된 채 그냥 있게 하는 근본적인 원인이 되고 있다".[14]

도시와 관련해서 특히 두드러지는 근대적 빈곤으로는 공간의 부족을 들 수 있다. 이와 관련하여 1960년대 프랑스의 일상생활을 분석하면서 프랑스의 사회학자 르페브르는 다음과 같이 지적하였다.

> 예전에 우리들 나라에서는 빵이 부족하고 공간은 무제한으로 있었다. 지금은 밀이 풍족하고 (다른 많은 나라들에서는 여전히 빵이 귀하다) 그 대신 공간이 점점 부족해진다. 선진 공업사회의 이러한 공간의 부족은 특히 도시와 도시문제에 관련된 모든 것에서 관찰된다. 시간도 점점 부족해지고 욕구 또한 그러하다.[15]

공간의 부족은 우선 토지의 경제적 가치를 상승시키는 것으로 나타난다. 이에 따라 투기가 발생하기 시작하면, 공간의 부족은 사회적으로 한층 더 악화되어 가게 된다. 이 때문에 도시의 건물은 갈수록 하늘을 향한다. 거대도시의 마천루들은 공학의 위대한 성과이기 이전에 희소

2. 하부구조의 위험

성과 사적 소유의 경제학에서 비롯된 현대의 악몽이다. 시야의 차단이라는 물리적 행위는 경관의 사유화라는 경제학적 침해행위이자 환경권의 제약이라는 헌법적 침해행위이다. 현대의 도시에서는 이런 침해행위가 삶의 기본조건이 되어버렸다. 서울에서는 한강변과 북한산변에서 이런 현상이 특히 두드러지게 나타났지만, 점차 중랑천이나 응봉산과 같은 지천들과 작은 산들의 주변지역으로 확산되더니, 2000년대에 들어와서는 이명박의 뉴타운사업에 힘입어 서울 전역으로 확산되었다. 자연이 희귀해질수록 자연을 사유화하려는 자본의 노력도 그만큼 더 강화되는 것이다. 이에 따라 '공간정의'의 실현이 이미 가장 중요한 사회적 과제로 부각되었다.

이런 문제들에도 불구하고 근대화의 전개와 함께 도시는 세계 전역에서 번성해 왔다. 도시화의 정도는 근대적 발전의 핵심 지표로 사용되고 있기도 하다. 그것은 힘과 속도의 양면에서 확실히 근대의 대표적인 상징이다. 근대는 도시의 시대이다. 도시는 수많은 스펙터클을 품에 안고 있을 뿐만 아니라 그 자체가 거대한 스펙터클로서 사람들에게 육박한다. 도시가 번성해 온 사회적 비결을 거대사회화[16]에서 찾을 수 있다면, 그 공간적 비결로서는 바로 이 스펙터클의 효과를 들 수 있다. 도시에서 "우리는 단순히 이 스펙터클의 관찰자에 그치는 것이 아니라, 우리 자신이 다른 참여자들과 함께 무대 위에 올라 그 일부분이 된다".[17] 자기 자신이 스펙터클의 한 요소가 될 수 있다는 이러한 적극적인 면이 사람들을 도시로 끌어들이는 강한 매력이 된다.

그러나 스스로 스펙터클의 요소가 된다는 것은 현실주의의 포로가 된다는 것을 뜻하기도 한다. 왜냐하면 오늘날 도시의 스펙터클이란 단순한 구경거리가 아니라 사회를 지배하는 운영원리이기 때문이다. 이에 대해 프랑스의 사회학자 기 드보르는 "진정코 거꾸로 뒤집혀져 있는 세계에서 참된 것은 허위적인 것의 한 계기"일 뿐이라고 주장하고, 이러한 스펙터클의 사회에서 스펙터클의 의미를 다음과 같이 제시한다.[18]

'스펙터클'이라는 개념은 매우 다종다양한 외견상의 현상들을 통합하고 설명해 준다. 다양성과 대비는 그 일반적 진상이 그 자체로 인식되어야 하는 사회적으로 조직된 하나의 외양의 외양들이다. 스펙터클이란, 용어 자체에서 알 수 있듯이 외양의 지배를 선언하며 모든 인간적 삶, 즉 사회적 삶이 한갓된 외양이라고 단언하는 것이다. 그러나 스펙터클의 진면목에 도달하는 비판은, 스펙터클이 삶에 대한 시각적 부정이자 삶에 대한 부정의 시각화임을 폭로한다.

과거에 만보객이 '게으를 수 있는 권리'[19]를 만끽하며 즐겼던 도시경관으로서 스펙터클은 이제 사라졌다. 아니 완전히 사라지지는 않았다고 해도 삶을 부정하는 스펙터클에 압도되어 버렸다.

오늘날 도시의 스펙터클은 도시가 자연의 한계를 넘어선 '편리하고 풍요로운 삶'을 보장해 준다는 주장을 시각적으로 재현하며 사람들에게 일상적으로 주입시킨다. 특히 시티비전의 설치는 도시를 시각적으로 전자공간화하는 효과를 발휘하기도 한다. 이 효과는 사이버문화의

2. 하부구조의 위험

담론과 문화적으로 반응하면서 자연을 벗어난 도시의 이미지를 더욱 더 강화한다. 그러나 도시에서의 삶이란 자연적 시공간의 조화가 무너진 삶이다. 5만 년 전의 조상과 우리는 생물학적으로 크게 다르지 않다. 즉 우리의 육체는 이미 5만 년 전에 진화를 마쳤다. 그러나 근대화와 함께 우리가 겪은 변화는 너무도 크고 빠르다. 우리의 육체는 우리의 사회와 조화를 이루지 못하고 있다. 각종 '현대병'이 만연하고 지나친 스트레스가 보편화되는 것은 이 때문이다. 도시의 삶에서 이러한 부조화는 훨씬 명백한 형태로 나타난다. 그 까닭은 근대의 도시가 자연을 파괴하고 건설되는 것이기 때문이다.

도시에서는 고요를 대신하여 소음이, 어둠을 대신하여 불빛이 세상을 지배한다. 이렇게 해서 인간은 24시간 생활할 수 있게 되었지만, 그 대신에 우리가 존중해야만 하는 자연의 요청을 무시하게 되었다. 그 결과 도시에서 우리의 삶은 갈수록 '사이보그'화되어 간다. 삶의 환경이 점점 더 인공화되기 때문에, 자연의 산물로서 인간이 설 자리는 점점 더 줄어들게 되는 것이다. 따라서 우리 자신이 인공화되어야 할 필요가 커지고, 실제로 인간의 인공화는 가파른 속도로 진행되고 있다. 이에 비해 비도시지역의 삶은 생태적이라고 할 수 있지만, 그러나 도시의 지배력은 시간이 지날수록 더욱더 확대되어 간다. 생태화가 새로운 도시화의 방향으로서 제시되기도 하지만, 여전히 실상은 도시의 확장 혹은 확산이 훨씬 더 지배적인 상황이다.[20] 우리의 일상은 그만큼 더 위태로워지고 있다.

폭압적 근대화를 넘어서

근대의 도시는 '생존의 격전장'이다. 그것은 생물학적 생존 자체를 위협하는 수많은 요인들이 잠재해 있는 곳이다. 도시에서의 삶을 다소 비관적으로 요약하자면, 오염된 물, 오염된 대기, 오염된 식료품 그리고 사고로 충만한 삶이라고 할 수 있을지도 모르겠다. 우리는 많은 대형사고를 경험했다. 그리고 그 원인에는 이른바 '한국적 특수성'이 크게 작용하고 있는 것으로 흔히 지적되었다. 부패와 부실은 그 단적인 예이다. 이런 점을 강조하여 '한국적 위험사회'라는 용어를 사용하기도 한다.

그러나 특수성을 강조하는 이런 표현에는 주의해야 할 문제가 있다. 그것은 주로 '한국적'이라는 수식어의 효과와 관련된다.[21] 위험사회라는 개념은 근대화의 전개를 이를테면 내적 모순의 전개라는 관점에서 파악하는 것이다. 이 개념은 특히 과학기술의 내적 한계와 개인주의화의 사회적 결과를 중시한다. 근대화의 맥락에서 위험사회의 형성을 다루기 위해서는 우선 이런 보편적 내용을 잘 받아들일 필요가 있다. 그러나 '한국적 위험사회'라는 표현은, 이런 내용을 정확히 전달하기에 앞서서, 한국의 후진적 상황이 사회를 위험에 빠뜨린다는 식민적 논리로 인식될 가능성을 가지고 있는 것 같다. 그 까닭은 '한국적'이라는 수식어가 결국 더 많은 서구적 근대화를 요구하는 것으로 보이기 때문이다. 물론 이것도 중요한 과제이지만 위험사회론의 성찰적 근대화 요청은 여기서 한걸음 더 나아가야 한다고 주장한다. 그것은 서구적 근대화 자체의 한계와 위험성을 경고한다.

한국적 특수성을 해명하는 데서 식민지와 파시즘의 경험에 대한 이해가 차지하는 중요성은 아무리 강조해도 지나치지 않다. 특히 근대화와 관련해서 박정희 파시즘의 구실은 절대적이다. 나는 박정희정권의 본격적 근대화를 '폭압적 근대화'라고 부른다. 폭압성은 압축성·강압성·전체성으로 구성된다. 압축성은 필요시간을 극도로 줄이는 것이다. 이것은 한국에서 근대화가 성과주의·외형주의로 추구되었음을 의미한다. 이런 식의 근대화는 당연히 강압적 방식으로만 추진될 수 있다. 강압성은 이견을 인정하지 않는 전체성의 성격을 가진다. 대를 위해 소를 희생한다는 무지막지한 논리가, 누가 대이고 누가 소인가에 관한 아무런 사회적 합의도 없이 모든 국민들에게 일방적으로 강요된다.

폭압적 근대화는 당연히 위험문제를 경시한다. 경제적 생존 논리가 위험에 대한 인식을 압도하고, 식민주의의 연장으로서 근대 과학주의가 국가엘리트를 매개로 사회 전체를 압도한다. 파시즘은 겉으로는 엄청난 소신과 결단을 피력하지만, 실제로는 대중의 환심을 사기 위한 방책에 골몰한다. 각종 개발계획이 남발되는 '토목공화국'은 이렇게 해서 형성되었던 것이다. 그러나 토목사업을 훌륭하게 이루는 것 자체가 '토목공화국'의 목적은 아니었으며, 한국에서 국가가 주도한 모든 토목사업의 진정한 문제는 언제나 정치의 문제였다. '토목공화국'이 '사고공화국'으로 전락한 까닭은 바로 이 때문이다. 여기서 지금 이 사회가 안고 있는 가장 큰 사회적 위험을 엿볼 수 있다. 그것은 죽은 박정희에 의해 조종될 정도로 제도정치가 낡아빠졌다는 사실이다.

폭압적 근대화가 한국의 도시에 미친 영향은 서울에서 잘 볼 수 있다. 30년 전에 서울의 재개발을 주도했던 시장은 '불도저'라는 별명을 가지고 있었다. 그는 별명에 걸맞게 서울을 밀어붙이기 식으로 개발하였다. 그 결과 서울은 600년 수도의 역사가 부끄러울 정도로 괴이한 도시가 되어버렸다. 삭막하고 불결한 시멘트덩어리들이 마치 탱크를 몰고 진주한 쿠데타군처럼 서울을 지배하게 되었다. 도심의 황폐화를 넘어서 직접적인 자연파괴를 저지른 대표적 사례로는 전두환정권이 추진한 '한강종합개발사업'이 있다.[22]

　그러므로 한강의 생태적 복원이나 서울의 생태적 재구조화는 단순히 생태적 과제에 그치지 않고, 역사를 바로잡고 정치적 민주화를 한 단계 더 진척시키는 과제와 연결된다.[23] 그리고 '폭압적 근대화'의 폐해들을 시정하기 위한 과제로는 아주 많은 것들이 있지만, 그 과제들이 모두 폭넓은 토론과 합의를 통해 추진되어야 한다는 당연한 사실을 잊어서는 안 될 것이다.

주

1) 물론 '모든 생물'이라는 표현은 과장일 수도 있다. 바퀴벌레처럼 적응력이 강한 종류는 핵전쟁 이후의 상황에서도 거뜬히 살아남을 것으로 예측되기도 한다. 그러나 인류에게 '핵사고'는 톰슨이 말한 대로 '절멸주의'를 뜻한다(김진균·홍성태, 『군신과 현대사회: 현대 군사화의 논리와 군수산업에 관한 연구』, 문화과학사 1996, 1장, 11장).
2) O. Renn, "Concepts of Risk: A Classification," Sheldon Krimsky and Dominic Golding eds., *Social Theories of Risk*, Praeger Publishers 1992, p. 56.
3) C. Perrow, *Normal Accidents: Living with High-Risk Technologies*, Basic Books

2. 하부구조의 위험

    Inc. 1984, pp. 4~5.
4) 울리히 벡,『위험사회: 새로운 근대(성)를 향하여』(1992), 홍성태 옮김, 새물결 1997.
5) Marshall Berman, *All that is Solid Melts into Air*, Penguin 1982, p. 169.
6) '카오스'란 말 그대로 카오스를 뜻하지 않는다. 그것은 '예측할 수 없는 결정론'을 뜻한다. 다시 말해서 카오스이론에서 카오스란 '카오스처럼 보이는 것'을 뜻한다. 우리가 대상을 명확하게 이해할 수 없기 때문에 그것은 '카오스처럼 보이게' 된다.
7)『한겨레신문』1999. 8. 17.
8)『한겨레신문』1999. 8. 19.
9) 윤리적 기초는 다를지라도 두 가지 과학적 생명관이 이러한 경제주의의 번성에 영향을 미쳤을 것으로 생각된다. 하나는 데카르트도 강력히 주창했던 기계적 생명관이고, 다른 하나는 20세기에 들어와 노버트 위너에 의해 해명된 정보적 생명관이다. 전자가 '인간기계'론으로 요약된다면, 후자는 '사이버네틱스'로 대표된다.
10) M. 새비지(Savage), 앨런 워드(Alan Warde),『자본주의 도시와 근대성』(1993), 김왕배·박세훈 옮김, 한울 1996, 143쪽.
11) J. 보드리야르,『소비의 사회: 그 신화와 구조』(1970), 이상률 옮김, 문예출판사 1991, 13쪽.
12) 사회기계의 생산 및 작동에서 가장 중요한 사회장치가 바로 학교와 학력이다. 대중사회와 거대도시의 현실을 배경으로 학교와 학력은 불가피한 사회장치로 인정된다. 그러나 그것이 사람다움의 가치와 방식을 정하는 장치라는 점에 주목할 필요가 있다. 다시 말해서 이 장치는 개인적 차이를 사회적 차별로 구획하는 구실을 한다. 이 점에서 탈학교의 학습방식, 나아가 사회 자체의 탈학교화는 탈근대의 기획에서 핵심적인 위치를 차지하게 된다. 이에 관해서는 I. 일리치,『탈학교의 사회』(1970, 황성모 옮김, 삼성미술문화재단 1978);『그림자 노동』(1981, 박홍규 옮김, 분도출판사 1988) 참조.
13) J. 보드리야르, 앞의 책, 64쪽.
14) I. 일리치,『탈학교의 사회』, 16쪽.
15) H. 르페브르,『현대 세계의 일상성』(1968), 박정자 옮김, 세계일보 1990, 91쪽.
16) 사람들이 일상을 영위하는 관계망이 대단히 크고 복잡해지는 현상을 가리킨다. 오늘날 그 범위는 확실히 지구적이다. 이런 추세 속에서 개인이 성공의 가능성을 높이기 위해서는 사람들이 많이 모인 곳으로 가는 것이 유리하다.
17) K. Lynch, *The Image of the City*, MIT Press 1960, p. 2.
18) G. 드보르,『스펙타클의 사회』(1983), 이경숙 옮김, 현실문화연구 1996, 13쪽.
19) 근대의 지배적 사회체계로서 자본주의는 '노동의 의무와 권리'를 탈역사적인 것으로 신성화한다. 그러나 이러한 '보편적 노동윤리'는 사실상 자본주의의 착취적 노동관계를 탈

역사적인 것으로 제시하는 구실을 하게 된다. '게으를 수 있는 권리'(P. 라파르주 (Lafarge), 『게으를 수 있는 권리』(1883), 조형준 옮김, 새물결 1997)의 역사적 의미는 여기서 생겨난다.
20) 여의도 생태공원 조성, 낙산 자연공원 조성계획, 서울시내 지천들의 생태적 복원계획 등은 생태화의 중요한 성과라고 할 수 있다. 그러나 이러한 생태화는 내부순환고속도로와 산동네까지도 점령하고만 고층아파트들로 상징되는 반생태적 토목·건축 사업에 비해 여전히 미미하기만 하다.
21) 이 수식어는 일찍이 박정희가 파시즘을 호도하기 위해 사용했던 적이 있다. '한국적 민주주의'가 그것이다. 이것은 '한국적'이라는 수식어를 사용한 표현들 중에 최악의 경우에 해당한다. '한국적'이라는 말 한마디로 파시즘이 민주주의로 호도되었던 것이다.
22) 박정희를 대표하는 사업이 소양강댐과 경부고속도로라면, 전두환을 대표하는 사업은 평화의 댐과 한강종합개발사업이다. 어느 것이나 파시즘의 과시적 면모를 유감없이 보여준 사업들이다.
23) 그를 위한 사업들의 핵심에 '용산 미군기지의 완전반환 및 반환부지의 자연공원화'가 자리 잡고 있다. 공간적으로 서울의 한복판에 해당되는 이 100만 평의 땅은 서울에 남은 최대의 공원부지이다. 이와 함께 '미 대사관 및 관사의 완전반환 및 반환부지의 문화시설화'를 함께 추진해야 한다.

붕괴사고와 사고공화국

사고공화국의 실태

현대사회의 위험요소는 갈수록 커지고 있다. 갈수록 더 많은 에너지를 사용하고, 갈수록 더 많은 자동차를 이용하고, 갈수록 더 커다란 건물들이 늘어나기 때문이다. 이런 점에서 1천만 명이 넘는 사람들이 모여사는 메갈로폴리스인 서울은 심각한 위험도시라고 할 수 있다. 물론 비단 서울만 위험한 것이 아니다. 전국 곳곳에서 일어나는 대형사고를 보노라면, 이 나라 전체가 큰 위험에 뒤덮여 있다는 생각을 하게 된다. 이른바 '사고공화국'이라는 말은 그 심각성을 잘 보여준다.

　사실 사고가 일어나지 않는 사회는 없다. 어떤 사회에서도 크고 작은 사고들이 끊이지 않고 일어난다. 예컨대 2007년 8월 미국의 미네아폴리스에서도 성수대교 붕괴사고와 비슷한 다리 붕괴사고가 일어났다. 그러나 한국을 유독 '사고공화국'이라고 부르게 된 까닭은 그만큼 한국에서 다른 곳에서는 볼 수 없는 황당한 붕괴사고가 많이 일어났기 때문이다. 물론 개별 사례로 보자면, 가장 흔히 일어나는 사고는 교통사고이다. 경찰청 통계에 따르면, 2004년도 교통사고 발생수는 22만 755건에 6563명이 죽었으며 34만 6987명이 다쳤다. 한국의 교통사고 통계는 OECD에서 꼴찌 수준이며, 심지어 '교통사고 왕국'이라는 말까지 들을 정도이다. 이것도 한국의 위험정책과 위험의식이 위험한 수준에 있다는 것을 보여주는 명확한 증거이다. 그러나 붕괴사고는 그 비일상성 때문에 더욱 주목받지 않을 수 없다.

특히 1990년대에 들어와서 각종 붕괴사고가 빈발했다. 바로 이 때문에 사고공화국이라는 말이 만들어지게 되었다. 그러나 자료를 살펴보면, 90년대에 빈발한 사고들이 사실 이미 60년대부터 나타나기 시작했다는 것을 알 수 있다. 요컨대 90년대는 '60년대의 연장'이라는 성격을 지니고 있다.[1] 따라서 90년대의 사고공화국을 이해하기 위해서는 60년대 이래로 한국사회가 겪은 변화에 주목할 필요가 있다. 60년대부터 한국사회는 큰 위험을 내포하고 있는 현대기술을 본격적으로 이용하게 되었으나 성장주의를 강력히 밀어붙이는 개발독재 아래서 그것을 체계적으로 관리할 수 있는 사회체계를 세울 수 없었던 것이다. 그 대신에 '부패와 부실의 먹이사슬'이 만연하면서 위험이 사고로 쉽게 발현하는 사고공화국이 되었다. 이런 점에서 90년대에 그 실체를 적나라하게 드러낸 사고공화국은 60년대부터 80년대까지 이어진 '폭압적 근대화'의 역사적 산물이다.

삼풍백화점 붕괴사고가 일어난 1995년은 세계적으로 인간을 존중하는 새로운 사회발전의 길에 관한 토론이 활발하게 이루어진 때였다.

2. 하부구조의 위험

1995년 3월에는 덴마크의 코펜하겐에서 '사회개발정상회담'이 열리기도 했다. 이에 대응해서 1995년 2월 23일에 '인간사회발전 한국포럼'은 '제3차 인간사회발전 한국포럼'을 열었다. 이 포럼에서 당시 참여연대 정책위원장이었던 김대환 교수는 "한국형 경제개발은 불균형 산업화, 복지를 외면한 성장, 개발의 불균형, 낮은 생활의 질, 권위주의 정치억압 등으로 지속 가능한 인간사회발전을 이루지 못했다"고 평가했다.[2]

삼풍백화점 붕괴사고는 이러한 '한국형 경제개발'의 문제를 단적으로 보여주는 사건이 아니었을까? 겉으로는 그럴 듯해 보여도 속으로는 붕괴가 진행되고 있던 삼풍백화점은 폭압적 근대화의 취약성을 그대로 보여준 상징이라고 하지 않을 수 없다. 삼풍백화점 붕괴사고는 민주화가 폭압적 근대화의 문제를 바로잡는 것으로 나아가야 한다는 것을 분명하게 보여준 역사적 사건이었다. 1995년 7월 6일에 참여연대를 비롯한 13개 시민단체의 회원들은 종묘공원에서 '삼풍백화점 희생자 추도 및 안전한 사회를 위한 시민대회'를 열었다. 이들은 "삼풍백화점의 붕괴가 우리 사회에 만연하고 있는 인명경시 풍조와 안전의식의 부재를 폭로해 준다"고 비판하고, "황금만능주의에서 벗어나 인간우선주의, 안전제일주의, 생명제일주의, 환경보호주의 등을 실천하여 부실공사와 대형 참사 등의 발생가능성을 뿌리 뽑기 위해 시민들이 나서야 한다"고 주장했다. 이들의 주장대로 삼풍백화점 붕괴사고는 결코 일회성 사건이 아니었다. 그것은 폭압적 근대화의 역사를 통해 형성된 사고공화국의 구조적 산물이었다.

삼풍 붕괴사고의 교훈

우리가 사용하고 있는 모든 문명의 이기가 사실은 거대한 파괴의 산물이면서 심각한 위험의 원천이기도 하다. 핵발전소는 말할 것도 없고, 자동차도 그렇고, 심지어 가로등도 그렇다. 이런 사실을 제대로 인식하지 못했을 때, 제대로 인식했더라도 제대로 관리하지 못했을 때, 삼풍백화점 붕괴사고와 같은 참담한 결과가 빚어지는 것을 피할 수가 없게 된다.

실체로서 사고공화국

무엇보다 우리는 사고공화국을 구조적 실체로 받아들여야만 한다. 사고공화국도 자본주의와 공업주의의 구현이라는 점에서 현대사회의 한 유형이다. 그리고 바로 이런 점에서 위험사회의 한 유형이기도 하다. 그러나 그것은 서구사회에 비해서 훨씬 더 위험한 위험사회이다. 사고공화국은 현대사회의 심각한 위험을 관리하기에 턱없이 부실한 사회이기 때문이다.

그 이유는 두 가지로 나누어 살펴볼 수 있다. 첫째, 사고공화국은 정치적으로 오랜 독재의 산물이다. 독재는 독재자가 권력과 정보를 독점하고 일방적인 통치를 추구하기 때문에 사회 전체적으로 문제를 발견하고 해결할 수 있는 능력이 극히 약하다. 문제를 문제로 여기는 것조차 독재자의 권한에 속한다.

둘째, 사고공화국은 경제적으로 천민자본주의에 의해 지배된다. 서로가 서로를 적으로 여기는 '난민사회'의 상황을 조성하고 수단과 방법을 가리지 않고 부를 추구하도록 하는 성장제일주의가 천민자본주의의 가장 큰 특징이자 문제이다. 부패와 부실의 먹이사슬은 그 가장 중요한 작동방식이다.

삼풍백화점 붕괴사고는 사고공화국의 문제를 적나라하게 드러내 보여준 극단적 사례이다. 1995년 6월 30일치 『한겨레신문』의 사설은 이 사실을 다음과 같이 지적했다.

최근 우리 사회에서 일어나고 있는 대형사고들을 대하면서 국민들은 사회공동체가 생존하기 위한 바탕조차 허물어지고 있다는 우려를 떨칠 수 없다. 백화점이 내려앉듯이 우리의 공동체가 와해되고 있다는 느낌이다. 찢어진 콘크리트더미는 백화점의 화려한 진열장, 고급상품들 그리고 입만 열면 기업의 사회적 책임을 외치는 사업주들의 선전 아래 가려진 우리 사회의 취약한 진면목인 것이다.

안타깝게도 삼풍백화점 붕괴사고 이후 10년이 넘는 세월이 지났어도 이런 상황은 크게 바뀌지 않은 것 같다. 그것은 무엇보다 부패와 부실의 먹이사슬을 통해 작동하는 사고공화국의 구조를 바꾸지 못했기 때문이다. 부패공화국의 문제를 해결하는 것은 사고공화국의 문제를 해결하기 위한 핵심 과제이다. 사고공화국에서 사고는 많은 경우에 부패의 필연적 산물이다.

겉모습 뒤의 참모습

우리는 화려한 겉모습에 속지 말아야 한다. 이 진부한 금언이야말로 삼풍백화점 붕괴사고에서 우리가 얻을 수 있는 가장 명확한 교훈이다.

지상 5층, 지하 4층의 건물이 붕괴되는 데 걸린 시간은 1분도 되지 않은 짧은 시간이었지만, 단일 면적(4154평)에서의 인명피해(사망자 502명, 부상자 900여 명)는 전쟁과 테러를 제외하고는 세계 최대의 피해였다.[3]

'과소비의 1번지'로 비난받을 정도로 화려한 겉모습 뒤에서 삼풍백화점은 이렇듯 세계 최대의 피해를 준비하고 있었다.

여기서 우리는 삼풍백화점의 건설과 개장의 과정에 주목할 필요가 있다. '호화'백화점으로 알려진 삼풍백화점의 건설과 개장의 과정은 결코 '호화롭지' 않았다.

입점점포 5백16개(직영 4백38개, 임대 1백18개), 자체 종업원 6백 81명으로 삼풍건설산업(주)의 유통사업본부 형태로 운영되고 있으며, 창업주인 이준(72)씨가 회장을, 둘째아들 이한상씨가 91년부터 대표이사 사장을 맡고 있다. 건물은 중간에 구름다리로 붙은 매장시설과 스포츠레저시설 등 A, B동 두 채로 지상 5층, 지하 4층으로 돼있다. 이 가운데 매장으로 사용하고 있는 연면적은 지하 슈퍼마켓 등을 포함해 8천5백여 평이다. 지하 4층에는 기계실 및 전기실이 있으며, 지하 2~3층은 주차장이다. 지하 1층에는 판매시설(가정용품·식품·슈퍼마켓·스낵) 및 주차장이 있고, 1층은 잡화·수입상품, 2층은 여성의류, 3층은 남성의류·아동·스포츠 용품을 파는 매장이다. 또 이날 영업을 하지 않은 4층에는 문화·가정 용품, 5층에는 음식점이 있다.

삼풍은 바로 뒤에 있는 고급아파트단지인 삼풍아파트 단지를 배후상권으로 삼아 고급백화점으로 이미지를 차별화해 왔다. 93년 매출액은 1천3백9억 원, 94년 1천5백50억 원으로 업계 7위에 올라 있다. 상품별 매출구성비는 의류가 42%로 가장 많고(여성의류 22%), 식품 22%, 잡화 12%, 가정용품 10% 등이다.

삼풍건설산업은 지난 63년 설립된 동경산업(주)을 모태로 지난 67년 토목건설업 면허를 취득해 삼풍건설산업으로 이름을 바꾸고 일반 건설과 군납 등으로 성장했으며, 지난 75년에는 요르단에 진출하기도 했다. 건설업에서의 고속성장을 바탕으로 88년 도소매업에 진출했다. ···무너진 삼풍백화점은 기초공사를 우성건설이 맡아 시공하다가 지난 88년 삼풍건설이 전체 공사를 인계받아 완공했다. 서울시에 따르면 이 백화점은 최근 평슬래브 지붕이 기울어져 보수를 하려 했던 것으로 알려졌다. 삼풍건설산업의 납입자본금은 30억 원이며, 올해 도급한도액은 96억 원, 순위는 858위이다.[4]

군납으로 돈을 번 이준 회장이 부패와 부실의 먹이사슬을 최대한 활용해서 유통업으로 진출한 결과가 바로 삼풍백화점이었다. 삼풍백화점은 그 건물 자체가 거대한 천민자본주의의 무대였다.

역사적 인식의 중요성

삼풍백화점 붕괴사고는 역사에 대해 다시금 돌아보게 한다. 과거의 문제를 바로잡는 것은 올바른 미래를 준비하는 것이다. 역사의 잘못을 바로잡지 않는 한, 역사의 복수는 되풀이된다.

우리는 삼풍백화점 붕괴사고를 역사적 관점에서 바라보아야 한다. 일본 제국주의의 정보요원 출신으로서 중앙정보부의 창설에 참여하고 중령으로 예편한 정보장교 출신인 이준 회장의 이력과 삼풍백화점 붕괴사고를 둘러싼 부패와 부실의 먹이사슬은 구조적으로 연관되어 있는 것이다.

이준(헤이그 밀사사건의 이준 열사와 혼동하지 말자)은 1941년부터 일본의 북지군에서 군경으로 활약하다가 1943년부터는 베이징 주재 일본영사관의 정보요원으로 활동했다고 한다. 이 시기는 일본의 패색이 무르익어 가던 시기이고 중국대륙 전역에서 팔로군 등의 항일투쟁이 왕성하게 펼쳐지던 시기이며 조선광복군 등의 활동도 왕성하던 시기이기도 하다. 그런 시기에 일본영사관의 정보요원이 무슨 일을 했을지에 대해서는 각자의 상상에 맡긴다. 해방 후, '반민특위'의 와해로 면죄부를 받은 이준은 일제시대의 '경험'을 인정받아 '육군정보국'의 창설 멤버가 된다. 그리고 5·16쿠데타 이후에는 그런 '경력'을 인정받아 김종필이 주도하던 '중앙정보부'의 창설멤

버가 된다. 그리고 그런 과정을 거치면서 각종 이권에 개입하여 치부를 하였다고 한다. 그리고 그 부의 결과물이 바로 '삼풍'인 것이다. 이렇게 보면 삼풍백화점 붕괴의 원인이 단순히 부실시공이나 안전 불감증 등 눈에 보이는 것만은 아닐 것이라는 생각이 자연스럽게 들게 된다. 부실시공이나 안전 불감증 등이 있게 된 데에는 "무슨 짓을 하건 돈만 벌면 된다" 혹은 "끝이 좋으면 다 좋다"는, '과정'보다 '결과'를 중시하는 '결과지상주의'가 그 원인이었을 것이다. 그리고 그 '결과지상주의'야말로 '청산하지 못한 과거'로 인한 '도덕성의 결여'로부터 파생된 것이었을 것이다. '삼풍사건'이 우리에게 주는 메시지는 분명하다. 권력이건, 부이건, 명예이건 간에 그 바탕이 부도덕한 토양 위에 있다면, 혹은 그 부도덕한 토양을 제대로 청산하지 못한 채로 지낸다면, 언젠가는 그것이 큰 재앙의 형태로 우리 앞에 나타날 수도 있다는 점이다.[5]

역사적 관점으로 보자면, 삼풍백화점 붕괴사고는 역사의 문제가 누적되어 일어난 사건이었다. 식민지와 독재로 이어진 역사 속에서 부패와 부실의 먹이사슬로 작동되는 사고공화국이 만들어지고, 그렇게 해서 삼풍백화점 붕괴사고라는 비극이 연출되었던 것이다. 잘못된 역사를 바로잡는 것은 결국 잘못된 현실을 바로잡고 올바른 미래를 준비하는 것이다. 역사를 단순히 과거의 일로 여기는 것은 현실의 잘못을 은폐하고 잘못된 미래를 육성하는 것이다.

잘못에 끝은 없다

삼풍백화점 붕괴사고의 가장 큰 특징은 '총체적 부실'의 결과라는 데 있다. 설계·시공·감리·관리의 모든 과정에서 부실이 확인되었다.

> 사고건물은 사업계획 승인에서 준공에 이르기까지 여러 차례의 설계변경이 이루어져, 완벽한 시공도면이 종합적으로 검토·확정되지 않은 상태에서 공사가 시작되었고, 일관성 있는 공정관리가 확립되지 않은 상태에서 공사가 진행되었다. 따라서 구조계산서와 설계도서의 차이로 설계과정에서부터 시공하중이 증가하거나 기둥 단면이 작게 시공되었다. 또한 골조공사에서는 현장관리 및 감독의 소홀로 부실한 철근 배근과 함께 지판 두께가 설계치수보다 작게 시공되거나 누락되어 구조체의 내력 저하가 초래되었다. 특히 골조공사 완성 후 마감공사 과정에서 무단 설계변경 및 용도변경이 이루어져 건물이 과중한 하중을 부담하게 되었는데, 이 과정에서 구조체를 임의로 절단·파쇄하는 등 구조체의 극심한 내력 감소가 건물붕괴의 시발원인으로 작용했다. 더욱이 설계 당시 반영되지 않았던 냉각탑을 다시 옮겨 설치하는 과정에서 지붕층 슬래브가 크게 손상되었다. …붕괴과정에서 나타난 요인들을 종합해 볼 때 삼풍백화점의 붕괴는 설계하자, 부실시공 및 건축 후 건물 유지·관리상의 과오 등이 복합적으로 상호 작용해 발생한 것으로 판단된다. 붕괴의 직접적인 원인은 용도변경으로 인한 과하중(過荷重)의 적재, 구조체의 절단·파쇄, 바닥 슬래브 상단 철근 고임대의 부실(유효두께 감소), 지판의 누락

또는 단면 부족, 부적절한 철근 배근, 철근의 정착길이 부족, 불량 콘크리트 사용, 진동, 누수 등으로 요약할 수 있다. 그외 간접적인 원인으로는 행정절차상의 결함, 구조해석 및 도서작성상의 결함, 기능공의 숙련도 미숙, 현장감리자의 부실, 건축주의 안전관리 결여 등을 들 수 있다.[6]

요컨대 공식적으로는 결코 일어날 수 없는 일이 일어난 것이 바로 삼풍백화점 붕괴사고이다. 이 참담한 사고는 부패가 말 그대로 극단화될 수 있다는 것을 생생하게 보여주었다.

부패에 대해서는 예컨대 '포청천'과 같은 엄정한 자세로 대응해야 한다. 공무원과 정치인이 주권자인 시민으로부터 위임받은 법적 권한을 특정인에게 밀매하는 행위인 부패는 특정인의 배를 불리고 사회체계를 해체로 몰아가는 반사회적 범죄이기 때문이다. 이런 점에서 흔히 '솜방망이 처벌'이라고 불리는 가해자들에 대한 미미한 처벌은 극히 유감스럽고 우려되는 것이 아닐 수 없다. 부적절한 처벌은 잘못된 정보를 (잠재적) 범죄자들에게 보내서 잘못의 악순환과 확대재생산을 낳게 된다.

사고공화국으로까지 구조화된 부패와 부실의 먹이사슬을 바로잡으려는 노력을 제대로 벌이지 않는다면, 삼풍백화점 붕괴사고는 언제고 다시 일어날 수 있다.

부실한 제도개혁

지난 10여 년 동안 삼풍백화점 붕괴사고와 같은 재난을 막기 위한 법과 제도의 개혁이 계속 이루어졌다. 이것은 크게 재난행정의 개혁과 건설행정의 개혁이라는 두 가지 내용으로 나타났다.

먼저, 재난행정의 개혁을 위해 삼풍 붕괴사고 직후인 1995년 7월에 '재난관리법'이 서둘러 제정되었다. 재난관리법은 "재난으로부터 국민의 생명과 재산을 보호하기 위하여 국가 및 지방자치단체의 재난관리체제를 확립, 재난의 예방·수습 및 긴급구조구난과 재난관리에 관한 사항을 규정"한 법으로 이 법에 따라 정부는 삼풍백화점 붕괴사고 지역을 '특별재해지역'으로 선포했다. 여기서 재난은 "화재·붕괴·폭발·교통사고·화생방(化生防)사고·환경오염사고 등으로 자연재해를 제외한 모든 사고"를 가리켰다.[7] 이런 점에서 삼풍백화점 붕괴사고는 이른바 '재난행정'의 전기를 가져온 사건이기도 했다. 그러나 이러한 변화가 순탄하게 이루어진 것만은 아니었다. 방재행정과 구난행정으로 나뉜 이원적 체계의 통합을 둘러싸고 관련 부처들간에 치열한 다툼이 펼쳐지기도 했다.

이처럼 삼풍백화점 붕괴사고를 계기로 본격화한 재난행정의 개혁은 '재난 및 안전 관리기본법'의 제정과 소방방재청의 개청으로 귀결되었다. 2004년 6월에 출범한 소방방재청은 불과 6개월 뒤인 2004년 12월에 '제1차 국가안전관리 5개년기본계획'이라는 방대한 계획을 발표했다. 그 의의를 정부는 다음과 같이 설명했다.

2. 하부구조의 위험

소방방재청이 발표한 국가안전관리 5개년기본계획은 재난관리가 사고발생 후 처리에서 사전예방으로 바뀌었다는 데 커다란 의미가 있다. 이를 위해 앞으로 5년 동안 62조 5000억 원이 투입된다. 재난예방사업에 대한 투자가 확대되고, 남북 재난 공동대응 협력체제도 마련된다. 재난발생시 신속한 대응시스템으로 피해를 줄이는 한편, 재발방지를 위해 항구적인 복구가 이뤄진다.[8]

재난행정의 중심을 방재행정으로 옮기는 것은 올바른 것이다. 그러나 재난행정의 한 분야인 '소방'이 부서 전체를 대표하고 있는 듯이 보이는 것은 문제이다. 또한 삼풍백화점과 관련된 부분에 대해서는 "삼풍백화점과 성수대교 붕괴와 같은 참사를 막기 위해 오래된 건축물과 교량을 '측정관리대상시설'로 지정해 보수하고 예방점검을 강화한다"고 설명했다.

그러나 이런 설명은 크게 잘못된 것이다. 삼풍백화점은 백화점을 개장하고 6년, 준공검사를 받고 5년 만에 무너졌다. 성수대교는 1977년 4월에 착공해서 1979년 10월에 준공했으며, 15년 뒤인 1994년 10월에 무너졌다. 결코 '오래된 건축물과 교량'이 아니었던 것이다. "앞으로 5년 동안 62조 5000억 원이 투입"될 참으로 거대한 계획을 너무 '졸속'으로 세운 것은 아닐까?

재난행정의 개혁을 행정자치부가 주도했다면, 건설행정의 개혁은 건설교통부가 주도했다. 삼풍백화점 붕괴사고가 일어난 직후인 1995년 7월에 건설교통부는 '건설제도개혁기획단'을 서둘러 꾸렸다. 그리고 불과 8개월 만인 1996년 2월에 '부실방지 및 건설산업 경쟁력 강화 대책'을 발표했다. 그 뒤로도 건설교통부는 부지런히 일했는지 각종 대책을 계속 발표했다. 그러나 이에 대한 신뢰도도 결코 높지 않은 듯하다.

건교부는 91년 3월 팔당대교 붕괴와 92년 7월 신행주대교 붕괴, 93년 1월 청주 우암아파트 붕괴사고가 일어나자 정부는 각계인사로 부정방지 대책위원회를 구성해 '건설부조리 실태 및 방지대책'을 내놓았다. 96년 2월에는 삼풍백화점 붕괴사고를 계기로 '부실방지 및 건설산업 경쟁력 강화대책'을 내놓았다.

특히 건교부는 IMF 외환위기를 거친 뒤인 99년 경실련 등 시민단체의 건의를 받아들여 2002년까지 공공건설 예산의 20% 절감을 목표로 '공공사업 효율화 추진단'을 만들겠다고 했지만 이후 전혀 실천하지 않았다. 심지어 당시 건교부차관으로서 계획안 작성을 주도했던 최종찬 전 건교부장관은 지난해 자신의 장관 재임시절에도 이같은 방안을 실천하지 않았다. 뿐만 아니라 건교부, 국무총리실, 부패방지위원회, 감사원 등에서는 건설부패 근절과 건설산업 경쟁력 강화 등을 주제로 한 세미나를 수없이 개최하고 많은 용역보고서를 내놓았다. 내용들은 대부분 지난해 건설산업진흥 기본계획에 담겨 있는 것과 비슷한 것들이다. 결국 건교부는 '정답'을 알면서도 제대로 실천하지 않고 각종 계획서 작성과 위원회 구성으로 예산만 낭비한 셈이다.[9]

열심히 개혁을 추진해 온 것처럼 보이지만 사실은 전혀 그렇지 않았다는 것이다. 나아가 건설교통부의 정책은 사실상 낡은 '토건국가'의 확대재생산정책이었으며, 그 결과 건설산업의 경쟁력도 결코 향상되지 못했다는 비판도 제기되고 있다.[10]

한편 2004년 6월 1일에 개청한 소방방재청은 '안전문화'의 확립을 '안전사회'의 구현을 위한 가장 중요한 과제로 여기고 대대적인 '안전문화운동'을 벌이기 시작했다. 또한 이에 따라 모든 지자체마다 획일적인 내용의 '안전문화'를 벌이기 시작했다. 그러나 이 운동에 대해 알고 있는 사람들이 얼마나 되는가? 그 실효성은 과연 얼마나 큰가? 소방방재청은 "국민과 함께하는 안전문화운동 재난 없는 안전사회 구현의 지름길입니다"고 주장한다. 그리고 '안전관리헌장'이라는 것을 제정해서 다음과 같이 결의를 다질 것을 시민들에게 요구하고 있다.

> 우리의 번영은 안전문화의 터전 위에서 이루어지며,
> 안전을 위한 노력과 투자는 우리와 후손의 행복을 위한 것이다.
> 우리는 안전한 국가를 지향하는 새로운 가치관을 정립하고 성실한 실천을 다짐한다.

우리의 번영이 "안전문화의 터전 위에서 이루어진다"는 것은 틀림없다. 그러나 이것이 "새로운 가치관을 정립하고 성실한 실천을 다짐"하는 것으로 이루어질 수 있을까? 이렇게 결의를 다지지 않고도 할 수밖에 없으며, 잘할 수 있도록 해야 하는 것이 아닐까? 우리는 여기서

1994년을 '부실공사 추방 원년의 해'로 정하고 공사장마다 현수막을 내걸었다가 성수대교가 붕괴해서 국제적인 망신거리가 되었던 사실을 다시 떠올리지 않을 수 없다. 이런 점에서 보자면, 정부는 문제를 제대로 인식하지 못하고 있으며 잘못된 행정의 관성에서 그다지 벗어나지 않은 것으로 보인다.

안전을 비용으로 여기는 천민자본주의와 관련제도를 제대로 운용하지 못하도록 하는 부패와 부실의 먹이사슬을 타파해야 비로소 새로운 안전문화가 자라나게 될 것이다. 이처럼 문화적 과제는 구조적 과제, 제도적 과제와 밀접한 연관을 맺고 있다. 위험과 안전에 관한 교육은 중요하지만, 그것도 이러한 관점에서 행해져야 할 것이다. 시민의 의식을 바꿔야 한다며 정부가 시민을 가르치려고 하는 낡은 계도적 캠페인은 이제 그만두어야 한다. 이런 캠페인은 삼풍백화점 붕괴사고와 같은 '구조적 사고'에 관해서는 아무런 말도 하지 않으면서 사실상 시민을 모든 사고의 원인제공자로 몰아간다는 점에서도 대단히 심각한 문제를 안고 있다.

삼풍 붕괴사고의 과제

삼풍백화점 붕괴사고의 원인은 건축학적으로는 부실공사이지만, 우리는 부실공사의 사회적 원인에 대해 더욱 큰 주의를 기울여야 한다. 부실공사를 막기 위한 제도적 장치들은 다 있었지만, 단 하나도 제대로 작동하지 않았기 때문에 삼풍백화점 붕괴사고라는 처참한 사건이 일

2. 하부구조의 위험

어났던 것이다. 이런 점에서 삼풍백화점 붕괴사고는 한국사회의 문제를 적나라하게 드러내 보여준 사건이었다. 이 사고가 제기한 과제는 크게 세 가지 차원으로 나누어 살펴볼 수 있다.

구조적 과제

사회구조는 사회의 구성과 운영을 규정하는 기초와 뼈대를 뜻한다. 삼풍백화점 붕괴사고는 한국사회의 구조가 대단히 취약하다는 것을 명확하게 보여주었다. 겉으로는 거대하고 화려한 현대사회의 모습을 띠고 있으나 속으로는 곪을 대로 곪아 있었기 때문에 삼풍백화점 붕괴사고라는 끔찍한 사건이 일어나게 되었던 것이다.

삼풍백화점 붕괴사고를 낳은 문제인 '총체적 부실'은 단지 건축의 차원에만 한정되는 것이 아니라 한국사회 전반으로 확대되어야 한다. '총체적 부실'의 산물이라는 점에서 보았을 때, 삼풍백화점의 붕괴는

〈그림 1〉 부패와 부실의 먹이사슬과 거시 사회구조

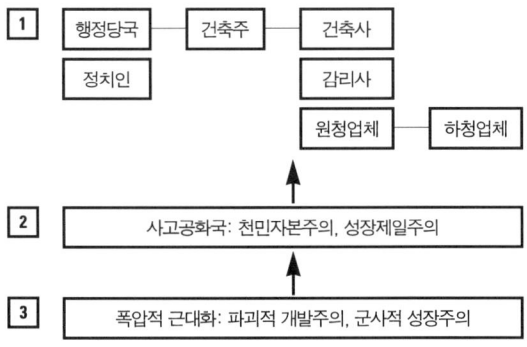

사실상 '예고된 붕괴'였다.

무엇보다 중요한 것은 부패와 부실의 먹이사슬을 개혁하는 것이다. 그러나 그 개혁은 먹이사슬을 넘어서 먹이사슬이 형성되고 작동되는 사고공화국의 거시구조로 나아가야 한다. 이것은 예컨대 〈그림 1〉 같은 방식으로 작동한다.

〈그림 1〉에서 1은 직접적인 부패와 부실의 먹이사슬을 뜻한다. 이것은 제도의 개혁만으로 개혁되지 않는다. 2로 표시한 제도의 운영과 개혁을 가로막는 사고공화국의 거시구조가 작동하고 있기 때문이다. 또한 그 뿌리에는 3으로 표시한 폭압적 근대화의 역사가 자리 잡고 있다. 이것은 부패와 부실의 먹이사슬을 바로잡는 것이 대단히 어려운 구조적 과제라는 사실을 보여준다. 그러나 이 과제는 우리의 생존과 관련된 절실한 것이므로 결코 미루어서는 안 된다. 생태적 복지사회 또는 생태적 문화사회와 같은 이 사회의 장기적 발전전망을 세우고 흔들리지 않고 추진해야 하는 과제인 것이다.

여기서 우리가 다시금 확인해야 하는 것은 삼풍백화점 붕괴사고가 결코 일어날 수 없는 사고였다는 사실이다. 안전성이 입증되지 않은 새로운 공법을 사용한 건물도 아니었고, 안전한 설계와 시공과 감리를 보장하는 제도가 없었던 것도 아니었다. 문제는 제도가 결코 작동하지 않았다는 데 있다. 따라서 제도가 제대로 작동하도록 구조를 개혁하는 것이야말로 삼풍백화점 붕괴사고가 우리에게 제기한 가장 중요한 과제라고 할 수 있다.

2. 하부구조의 위험

제도적 과제

이것은 크게 건설행정과 재난행정을 바로잡는 것과 관련된다. 먼저, 건설행정은 설계·시공·감리에 관한 미비한 제도를 보완하는 것이다. 재난행정은 다시 방재행정과 구난행정으로 크게 나뉜다.

앞에서 보았듯이, 제도의 개혁은 삼풍백화점 붕괴사고 이후 지속적으로 이루어졌다. 그러나 이른바 '따로국밥 현상'이 여전히 나타나고 있다. 요컨대 제도는 그럴싸하게 만들었어도 현실은 그것과 따로 노는 것이다. 다음의 인용문에서 지적하고 있는 위험천만한 '손바닥으로 하늘 가리기'의 현실을 보자.

포스코건설이 부산 해운대구 재송동 센텀시티 내 시공중인 '포스코 더 샵 센텀파크'(센텀파크)의 '발코니 확장 직접계약'의 파문이 확산되고 있다. 시공회사가 수요자에게 불법적 발코니 확장을 권유, 계약했다는 데 문제의 심각성을 더한다. 확장되는 공간이 실제 아파트 공간인 것처럼 수요자를 현혹시켜 분양을 촉진하려는 시공업체의 공개적이고 교묘한 상술에 아연실색하지 않을 수 없다는 여론이 지배적이다.

…지난 1968년 5월 16일 영국 런던 로난 포인트에서는 내력벽 부재에 따른 23층 규모의 주상복합건물 붕괴사고가 발생했다. 18층에 입주해 있던 한 가정에서 가스폭발로 바깥 내력벽이 무너졌다. 아래 위층이 하중을 견디지 못해 2층에서 23층까지 연쇄적으로 붕괴된 참사였다. 95년 삼풍백화점 붕괴사고의 한 원인도 불법 구조변

경이었다는 사실은 지금도 화석처럼 기억에 생생하다.[11]

이것이 비단 부산만의 일이 아니라는 것은 잘 알려져 있다. '아파트공화국 한국'에서 가장 흔하게 벌어지는 일이 바로 '불법 구조변경'이다. 부패와 부실의 먹이사슬을 통하지 않고 이런 불법 구조변경이 이루어질 수 없는 것도 잘 알려져 있는 사실이다.[12]

우리는 여전히 '사고공화국'에서 살고 있다. 다음에는 아마도 초고층 호화아파트가 무너질 것 같은 불길한 예감마저 든다. 이 세상에 완전한 기술이란 없다. 이에 비해 기술의 위험성은 갈수록 커지고 있으며, 또한 지진과 같은 자연조건도 갈수록 악화되고 있다. 이낙연(민주) 의원이 건설교통부와 지하철건설본부의 자료를 분석한 결과를 보자.

> 30일 국회 건교위 이낙연(민주) 의원이 건설교통부와 전국지하철건설본부의 자료를 종합분석한 결과에 따르면 작년 말 현재 전국의 건물 총 635만 7125개 중 내진설계가 돼 있는 건물은 2.2%인 14만 2442개에 불과했다. 특히 할인점, 백화점, 지하철과 전철 등 다중이용시설도 95%가 지진에 무방비로 노출돼 있어 자칫 대형참사로 이어질 수 있는 것으로 조사됐다. 현재 운행되고 있는 지하철 및 전철의 경우 총연장 648.36km 가운데 당산철교와 청담대교 구간, 광주지하철 1호선 구간을 제외하고는 내진설계가 돼 있지 않은 것으로 파악됐다. 할인점, 백화점 등 판매영업시설도 5.8%만이 내진설계를 채택하고 있는 것으로 조사됐다.[13]

2. 하부구조의 위험

우리는 부패와 부실의 먹이사슬도 바로잡지 못하고 있고, 악화되는 자연조건에도 제대로 대응하지 못하고 있다. 그저 더 많은 돈을 위해 더 크고 더 높은 건물을 짓는 데만 골몰하고 있는 실정이다. 한반도도 지진의 안전지대가 아니라는 최근의 각종 연구결과에 따른다면, 더욱더 적극적인 제도의 개혁과 실행이 극히 절실한 과제라고 하지 않을 수 없다. 무엇보다 전문가가 전문가로서 제 구실을 다할 수 있도록 하고, 시민이 문제를 명확하게 이해할 수 있도록 해야 한다.

이를 위해 '비밀주의'의 혁파가 대단히 중요하다. 한국은 비밀기록물의 현황조차 비밀로 다루는 '비밀공화국'이다.[14] 이러한 비밀주의가 부패와 부실의 먹이사슬을 지키는 강력한 보호막이라는 것은 다시 말할 필요가 없다. 오늘날 우리는 정보기술을 활용해서 아주 손쉽게 '투명행정'을 이룰 수 있다. 입찰, 설계, 시공, 감리, 관리의 모든 과정을 인터넷으로 생중계할 수 있다. 부패와 부실의 먹이사슬을 크게 약화할 좋은 기술적 방도가 바로 우리 곁에 있다. 이러한 방향으로 제도의 개혁이 이루어진다면, 그것은 구조의 개혁을 이끌어내고 문화의 개혁을 이룰 수 있을 것이다.

문화적 과제

한국사회에는 이른바 '안전 불감증'이 만연해 있다. 2003년 3월 26일에 천안초등학교의 축구부 합숙소에서 불이 나서 8명의 어린 선수들이 죽었다.[15] 씨랜드 화재사고로 어린 생명들이 세상을 떠나고 4년 만에 비슷한 사고가 또 발생했던 것이다. '국가재난관리시스템기획단'이 출범하고 9일 만의 일이었다. 이 사고에 관해 교육인적자원부는 2003년 4월에 보고서를 작성했다. 이 보고서에서는 다음과 같이 안전 불감증의 문제를 지적하고 있다.

- 사회 전반에 안전 불감증 만연
  - 삼풍백화점 사고, 최근의 대구지하철 참사의 교훈에도 불구하고 사회전반에 안전 불감증 팽배
- 관리책임자들의 안전책임 의식 결여
  - 시설물의 방화관리자, 화기단속 책임자의 안전 경각심 미흡
  - 안전상 취약하고 열악한 시설물에 대한 방화점검 소홀[16]

한국사회에 안전 불감증의 문제가 있다는 것은 분명하다. 이른바 '인정주의'가 그 알리바이로 활용되고 있다는 것도 분명하다. 그러나 이 문제를 해결하기 위해서는 역사-구조적 접근이 필요하다. 문화는 그 자체로 나타나는 것이 아니라 역사-구조적 조건 속에서 형성되고 변화하는 것이기 때문이다.

먼저 지적할 것은 군사주의의 영향이다. 한국사회에서 안전에 대해 원칙적으로 대응하려는 사람은 심지어 '겁쟁이' 취급을 받기도 한다. 이러한 뒤집힌 생각은 문화적으로 군사주의와 밀접한 연관을 맺고 있다. 군사주의는 용기와 만용을 구분하지 않는다. 군사주의가 만연한 사회에서는 무조건 위험을 감수하는 자가 용감한 자이다. 이런 식으로 군사주의는 무조건 위험을 감수하도록 하는 사회적 분위기를 조장한

다. 한국은 이런 군사주의가 사회 전체에 공기처럼 스며 있는 사회이다. 한국사회에서 군사주의의 만연은 남북대치를 배경으로 한 군부독재와 징병제도의 역사적 산물이라는 성격을 크게 갖고 있다. 모진 역사를 지나면서 군대는 무조건 위험을 감수하는 '폭력적 용기'의 온상과도 같은 성격을 갖게 되었다. 안전 불감증의 문제를 해결하기 위해서는 군대의 개혁[17]이라는 과제에도 힘을 쏟아야 한다.

또한 군사적 성장주의는 군사주의가 경제운영 원리로까지 확장된 것이다. 군사적 성장주의가 지배하는 사회에서 무조건 위험을 감수하는 것은 필수적인 생존의 원리가 되고 만다. 이런 사회에서 안전에 대한 투자는 '생명에 대한 투자'라기보다는 '불필요한 비용'에 가까운 것으로 여겨진다. 한국의 자본주의는 흔히 천민자본주의로 불리지만, 이것은 군사적 성장주의의 역사적 산물이기도 하다. 요컨대 무조건 위험을 감수하고 목표를 달성할 것을 강요하는 군사적 성장주의가 인명을 경시하는 천민자본주의를 만들어낸 것이다. 이런 천민자본주의에서 안전 불감증은 당연한 문화적 현상일 수밖에 없다. 더 이상 안전을 불필요한 비용으로 여기지 못하도록 제도와 구조의 개혁을 이루어야 비로소 안전 불감증이라는 문화적 현상은 사라질 것이다.

세 영역 여섯 주체

삼풍백화점 붕괴사고가 우리에게 던지는 여러 과제들을 제대로 이루기 위해서는 여러 주체들의 적극적인 실천이 필요하다. 이른바 '안전사회'를 이루기 위해서는 다각적인 노력이 필요한 것이다. 시민사회론을 참조해서 다음과 같이 주요 주체들을 제시하고 그 주요 과제를 대략적으로 정리해 보고자 한다. 시민사회론에서는 사회를 국가·시장·시민사회의 세 영역으로 크게 나누어 파악한다. 국가는 시민으로부터 위임받은 권력을 행사해서 사회의 안녕을 꾀하며, 시장은 개인과 기업이 사유재산권에 바탕을 두고 생산과 유통의 경제활동을 펼치는 영역이며, 시민사회는 시민이 국가와 시장을 감시하고 견인할 뿐만 아니라 적극적으로 대안을 제시해서 사회의 안녕과 발전을 꾀하는 자구적 활동을 펼치는 영역을 뜻한다.

전체적으로 여섯 주체를 망라하게 되었는데, 이중에서 당연히 국가의 책임이 가장 크다. 국민의 건강과 생명과 재산을 지키는 것이 국가의 존재이유이기 때문이다. 이런 점에서 국가가 부패와 부실의 먹이사슬의 핵심적 주체라는 것은 위험천만한 일이 아닐 수 없다. 사실 제도의 운용이라는 점에서 보자면, 삼풍백화점 붕괴사고의 주범은 바로 부패한 관리들이었다. 이윤을 추구하는 기업가들은 더 많은 이윤을 위해 그야말로 별짓을 다한다. 그들이 그렇게 하지 못하도록 하는 것이 바

〈그림 2〉 '안전사회'의 주체들

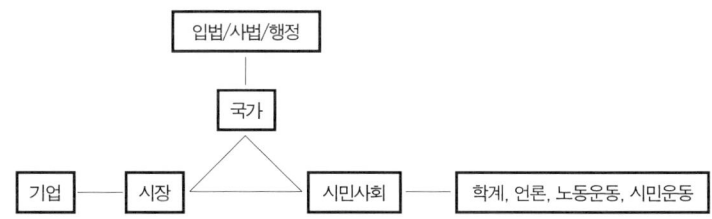

로 국가의 가장 큰 책임이다. 이런 점에서 부패한 관리들이 별다른 처벌을 받지 않았다는 사실은 경악스러운 일이 아닐 수 없다. 국회와 정부가 제 구실을 다할 수 있도록 철저한 개혁이 이루어져야 한다. 정보기술을 활용한 '실시간 투명 의정/행정의 구현과 포청천식 엄벌주의'는 이러한 개혁의 양대 목표이다. 안전에 관해 정부가 발표한 숱한 대책들은 제대로 실천되지 못했다. 많은 일을 하겠다고 외치는 것이 중요한 것이 아니라 올바른 일을 제대로 하는 것이 중요하다.

부패와 부실의 먹이사슬에서 업계는 국회 및 정부와 함께 가장 중요한 주체이다. 정경유착에 관한 비난에 몰리면 기업가들은 정치인과 관리들이 돈을 요구하기 때문에 어쩔 수 없이 돈을 준다고 주장하기도 한다. 그러나 특혜를 바라고 업계에서 먼저 밀어붙이는 '적극적 뇌물'의 경우가 얼마나 많은가? 독재시대와 달리 오늘날 정경유착은 정치권과 경제계의 합의로 이루어지지, 결코 정치권의 강요만으로 이루어지지 않는다. 민주화와 함께 정치권력의 힘은 약해진 반면, 경제권력의 힘은 갈수록 강해지고 있다. 그만큼 정경유착에서 경제계의 책임이 커지고 있다. 이런 상황에서 기업은 '사회적 책임'을 제대로 다하는 것이 경쟁력의 핵심적 요소라는 사실을 올바로 이해하고 투명경영과 안전경영을 위해 최선을 다해야 한다. 사회적 책임을 망각한 기업은 사회적 주체가 되기를 거부한 것으로 인식될 것이다.

시민사회는 국가와 시장이 사회적 책임을 다하도록 하기 위한 시민의 자구적 노력으로 이루어진다. 따라서 시민사회를 구성하는 요소들은 대단히 다양하다. 여기서는 학계, 언론, 노동운동, 시민운동 등의 구실을 특히 강조하고자 한다.

학계는 문제와 과제를 객관적으로 연구하고 인력을 양성하는 책임을 지닌다. 그런 만큼 '안전사회'를 위한 학계의 책임은 막중하다. 그러나 안전에 대한 학계의 관심은 대단히 제한되어 있으며, 인력의 양성이라는 점에서도 역시 그렇다. 심지어 일부 학자들은 적극적으로 정경유착의 도구로 활용되기도 한다. 환경영향평가를 비롯한 각종 영향평가를 발주자의 요구에 따라 엉터리로 작성해서 제출하는 것이 그 대표적인 예이다. 이런 해악을 극복하고 학계가 그야말로 학문의 양심에 따라 운영될 수 있도록 해야 한다. 이렇게 하기 위해서는 역시 투명한 감시장치가 작동해야 한다. 예컨대 엉터리 환경영향 평가서를 작성한 학자는 후손의 이익까지 포함한 사회의 공익을 심각하게 저해한 '공공의 적'으로 여기고 학계에서 영구히 추방해야 한다. 이런 자들이 학자로 행세하는 사회에서는 사고공화국의 문제를 바로잡는 것은 고사하고 제대로 인식하는 것조차 어렵다.

언론은 '정보사회'의 핵심적 기초이다. 우리는 언론을 통해 이 세상을 접하고 알게 된다. 정보사회는 상당한 정도로 '언론사회'이다. 그러나 대다수 언론사가 단순히 하나의 기업으로 운영되면서 위험문제와 같은 중대한 사안에서도 선정적 보도를 하는 폐해가 흔히 나타나고 있다.[18] 예컨대 삼풍백화점과 같은 구조적 사고의 경우에 그 구조의 문제를 정확히 알리고 바로잡기 위해 최선을 다해야 하지만, 참혹한 죽음이나 천우신조의 생환과 같은 사안에 초점을 맞춰 '눈길끌기 경쟁'을 벌이는 데 힘을 쏟곤 하는 것이다. 이런 보도는 그 자체로 '안전 불감

2. 하부구조의 위험

증'을 낳는 중요한 요인이 될 수도 있다. 참혹한 사고가 되풀이되지만 그 원인은 개선되지 않는다는 인식을 퍼트릴 수 있기 때문이다. 그러나 언론의 심층보도는 문제를 제대로 알리고 개혁을 촉구하는 기폭제가 되기도 한다.[19] 개혁의 기폭제로서 언론의 구실이 강화될 때, 아마도 우리는 '선진 한국'에 더욱 가까이 다가갈 수 있게 될 것이다.

아직까지 한국의 노동운동은 위험과 안전의 문제에 큰 관심을 가지고 있지 않은 것으로 보인다. 물론 산업재해에 대한 대응은 한국의 노동운동이 오래 전부터 큰 관심을 기울여온 분야이지만, 그것을 사회의 위험과 안전에 관한 대응으로까지 확대하지는 못하고 있다. 그러나 이런 상황은 대단히 잘못된 것이다. 삼풍백화점 붕괴사고에서 가장 큰 피해를 입은 사람들은 다름 아닌 삼풍백화점의 노동자들이었다. 정식 직원 47명, 파견직원 221명, 아르바이트 38명으로 모두 306명의 노동자들이 죽었다. 전체 사망자 502명 중에서 61%가 노동자였던 것이다. '안전사회'는 누구보다 노동자를 위한 것이라고 할 수 있다. 또한 노동자는 위험문제를 누구보다 먼저 알 수 있는 위치에 있기도 하다. 삼풍백화점 붕괴사고의 경우에도 붕괴의 조짐을 가장 먼저 알아차린 것은 노동자들이었다.[20] 위험을 가능한 줄이기 위해서는 외부의 감시와 내부의 고발이 활성화되어야 한다. 이렇듯 '안전사회'를 위한 실천은 노동운동의 사회적 책임에서 핵심적 요소이다.

시민운동은 시민사회의 가장 중요한 주체이다. 1990년대 이후 활발히 펼쳐지고 있는 한국의 시민운동은 세계적으로 중요한 사례로 여겨지고 있다. 그런데 한국의 시민운동에서 안전에 대한 관심은 상당히 제한적인 상태에 머물러 있다. 이것은 한국의 시민운동이 구체적인 사안을 중심으로 제도의 개혁을 추구하며, 한국의 위험문제가 대체로 부패문제의 산물로 나타나기 때문이다. 그러나 '안전사회'의 과제는 사실 시민사회가 추구하는 복지사회와 같은 한국사회의 거시적 발전전망과 깊은 연관을 맺고 있다. 따라서 낡은 사회체계의 개혁이라는 관점에서 위험이나 안전을 주제로 다루는 시민운동이 적극적으로 펼쳐질 필요가 있다. 이렇게 해서 특정 분야를 넘어서 위험이나 안전에 관한 사회적 인식을 크게 강화해야 한다. '안전운동'은 한국의 시민운동이 추구해야 할 새로운 핵심적 영역이다.

〈부표〉해방 이후의 주요 대형사고

다대포 창경호 침몰	1953년 1월 9일	사망 362명
태풍 사라호	1959년 9월 17일	사망 929명
순천 폭우 참사	1962년 8월 27일	사망 131명
와우아파트 붕괴	1970년 4월 8일	사망 33명
남영호 침몰사고	1970년 12월 15일	사망 326명
대연각호텔 화재	1971년 12월 25일	사망 166명
서울시민회관 화재	1972년 12월 2일	사망 52명
해군 YTL호 침몰	1974년 2월	사망 157명
대왕코너 화재	1974년 11월 3일	사망 88명
이리역 폭발사고	1977년 11월 11일	사망 59명
현저동 지하철공사장 붕괴	1981년 4월 8일	사망 10명
창녕 경찰관 총기난사	1982년 4월 26일	사망 57명
온산병 발생	1983년	
대한항공기 격추	1983년 9월 1일	사망 269명
대한항공기 폭파	1987년 11월 29일	사망 115명
낙동강 페놀오염	1991년 3월 14일	

2. 하부구조의 위험

신행주대교 붕괴	1992년 7월 31일	
우암상가 아파트 붕괴	1993년 1월 7일	사망 27명
구포역 열차 전복	1993년 3월 28일	사망 78명
아시아나항공기 추락	1993년 7월 26일	사망 66명
서해훼리호 침몰	1993년 10월 10일	사망 292명
성수대교 붕괴	1994년 10월 21일	사망 32명
아현동 도시가스폭발	1994년 12월 7일	사망 12명
대구 지하철 가스폭발	1995년 4월 28일	사망 101명
삼풍백화점 붕괴	1995년 6월 29일	사망 502명
씨 프린스 호 침몰	1995년 7월 23일	
고성 산불	1996년 4월 23일	
시화호 오염사건	1996년 5월	
영광 핵발전 2호기 파손	1997년 11월	
씨랜드 수련원 화재	1999년 6월 30일	사망 23명
인천 호프집 화재	1999년 10월 30일	사망 56명
파주·홍성 돼지 구제역	2000년 4월 2일	
전봇대 감전사고	2000년 7월 14일	사망 19명
태풍 루사	2002년 9월 13일	사망 246명
인터넷 대란	2003년 1월 25일	
대구 지하철 화재	2003년 2월 18일	사망 192명
천안초교 화재	2003년 3월 26일	사망 8명
태풍 매미	2003년 9월 12일	사망 117명
조류독감	2003년 12월	
폭설 대란	2004년 3월 5일	
전화 대란	2005년 2월 28일	
낙산사 산불	2005년 4월 5일	
종로구 지상개폐기 폭발	2005년 4월 8일	사망 1명
이천 GS 물류센터 붕괴	2005년 10월 6일	사망 9명
의왕, 과천 고압선 화재	2006년 9월 26일	
서울 소방훈련 사고	2007년 5월 17일	사망 2명
의왕 공장 화재사고	2007년 8월 9일	사망 8명
부산 놀이공원 사고	2007년 8월 13일	사망 5명

주

1) 물론 시대의 변화에 따라 사고의 유형도 변한다. 예컨대 1980년대에는 환경의 오염이 심해진 결과 '온산병'과 같은 공해병이 발생했으며, 2000년대에는 정보화의 진척에 따라 인터넷 대란이나 전화 대란과 같은 새로운 사고가 일어나게 되었다. 이런 점에서 보자면, 사고는 시대의 변화를 보여주는 '거울'이기도 하다.
2) 김대환 교수는 2004년 2월에 참여정부의 노동부장관이 되었으며, 노동계에 대해 강공을 펼쳐서 노동계는 물론이고 학계에서도 강력한 비판을 받았다. 그는 1995년 2월의 발언으로부터 채 10년도 지나지 않아서 그가 말한 '한국형 경제개발'의 문제가 다 해결되었다고 생각했던 것일까? 800만 명의 비정규직으로 대변되는 '사회양극화' 문제는 '한국형 경제개발'과 전혀 무관한 것일까? 김대환 장관이 되면서 김대환 교수는 어디론가 사라져 버린 것이었을까?
3) 이광윤,「꽃다운 청춘을 앗아간 7년 전 삼풍백화점 붕괴」,『오마이뉴스』 2002. 6. 27.
4) 박태웅,「'삼풍'은 어떤 곳인가」,『한겨레신문』 1995. 6. 30.
5) 로린마젤,「죽거나 혹은 나쁘거나」, http://neo.urimodu.com 2001.
6) 김덕재,「삼풍 붕괴와 부실시공」,『브리타니커 백과사전 2000년판』, 2000.
7) 이 법은 2004년에 '재난 및 안전 관리기본법'으로 개정되었다. 그 목적은 "각종 재난으로부터 국토를 보존하고 국민의 생명·신체 및 재산을 보호하기 위하여 국가 및 지방자치단체의 재난 및 안전 관리체제를 확립하고, 재난의 예방·대비·대응·복구, 그 밖에 재난 및 안전 관리에 관하여 필요한 사항을 규정"하는 것이다. 이처럼 새로운 기본법에서는 '예방'이 강조되었으며, 또한 태풍과 같은 자연재해에 대한 대응도 규정되었다. 본래 자연재해에 대해서는 '자연재해대책법'에서 다루는 이원적 체계였다. 개념부터 명확히 달라서 자연적 사고는 '재해'로, 인공적 사고는 '재난'으로 구별했다. 이런 이원적 체계는 새로운 기본법의 제정으로 다소 해결되었으나 근본적으로는 바뀌지 않았다고 할 수 있다.
8) 국정브리핑 2004. 12. 14.
9) 선대인,「해답 알면서도 실천 않는 정부」, 미디어다음 2004. 7. 10.
10) 홍성태 엮음,『개발공사와 토건국가』, 한울 2005; 김수삼 외,『한국의 건설산업, 그 미래를 건설하자』, 삼성경제연구원 2003.
11) 최봉진,「손바닥으로 하늘 가리기」,『부산일보』 2005. 5. 2.
12) 2005년 10월에 건설교통부는 고질적인 불법을 양성화하기로 결정했다. 아파트 베란다의 변경을 합법화하기로 한 것이다. 이로써 베란다의 의미 자체가 완전히 사라지게 되었으며, 아파트의 위험성이 한층 더 높아지게 되었다.

2. 하부구조의 위험

13) 손세호·김은정,「전국 건물 98% 지진 무방비」,『매일경제』 2005. 3. 30.
14) 황상철,「비밀공화국① 한국정부 비밀은 몇 건? 절대 몰라!」,『한겨레신문』 2005. 6. 9.
15) 야구선수 이승엽이 삼성에서 뛰던 2003년 가을에 그의 헬멧에는 '20.9'라는 숫자가 씌어 있었다. 20은 2000년 4월에 그라운드에서 쓰러져 응급조치가 늦은 바람에 식물인간이 된 투수 임수혁의 등번호이고, 9는 2003년 3월에 천안초교 화재로 죽은 8명의 어린이와 코치를 뜻했다.
16) 교육인전자원부,「천안초교 화재참사 관련 제도적 문제점 및 개선방안」, 2003.
17) 똥까지 먹이는 불법적 체벌마저 은밀히 행해지는 것이 군대의 비참한 실상이다. 군대가 그 존재이유를 지키기 위해서도 이런 문제는 절대로 일어나서는 안 될 것이다. 또한 군에서 위궤양 판정을 받았으나 사실은 위암이어서 제대 후 보름 만에 세상을 떠난 노충국 씨의 안타까운 죽음도 군대의 비참한 실상을 다시금 확인해 주었다. 2005년 봄과 가을에 처절하게 드러난 한국 군대의 무서운 상태는 하루빨리 철저히 개혁되어야 한다.
18) 민언련,「대형참사 보도 선정주의 여전하다」, http://www.ccdm.or.kr/ 2003.
19) 원용진,「위험사회와 커뮤니케이션」,『문화과학』 35호, 2003.
20) 서울시,『삼풍백화점 붕괴사고 백서』, 1996, 63~67쪽.

태풍, 수재, 위험사회

무서운 태풍

자연의 위력 앞에서 사람은 얼마나 무력한 존재인가? 그러나 문명의 일상 속에서 우리는 자연의 위력을 잊고 지낸다. 나아가 문명을 이룩하여 우리는 자연의 위력을 이기게 되었다고 생각한다. 그러나 사실은 그렇지 않다. 문명은 우리를 '만성건망증 환자'로 만들어주었을 뿐이다.

엄청난 문명을 이룩하기는 했지만, 그 결과 이 세상에서 가장 강한 존재가 되기는 했지만, 그러나 우리는 자연의 위력 앞에서 여전히 약한 존재이다. 우리가 만성건망증 환자라는 것을 일깨워주기 위해, 문명을 자랑하기 좋아하는 우리의 잘못된 오만을 꾸짖기 위해 태풍은 우리를 찾아오는 것인지도 모른다.

태풍은 무섭다. 태풍이 올라올 때마다 우리는 마음을 졸이며 자연의 위력을 다시금 깨닫게 된다. 아무쪼록 우리를 비켜가기를, 구태여 찾아오더라도 큰 피해를 주지 않고 떠나가기를 간절히 빌게 된다. 오래

2. 하부구조의 위험

전에 죽여버린 신을 되살리고 싶은 심정이 되기도 한다. 휘몰아치는 거센 바람, 내리퍼붓는 굵은 빗줄기, 시커먼 밤하늘을 찢어발기는 번갯불. 태풍이 찾아들면 세상은 문득 아수라장이 되고 만다.

    태풍은 자연을 만만하게 여기던, 아니 아예 우습게 여기던 심사를 자연스레 반성하게 만든다. 태풍은 하나님을 떠올리게 만들고 삼라만상의 조화를 다시금 무서워하게 만든다. 성장의 이름으로, 과학의 이름으로, 자연을 허수아비로 여기던 우리의 자신감은 아주 잘못된 것이었다. 우리는 지구라는 커다란 생태계를 이루는 한 요소일 뿐이다. 우리의 문명은 지구생태계의 한 변형일 뿐이다. 분명히 우리는 엄청난 힘을 가지고 있다. 그러나 그 힘은 자연의 힘을 이길 수 없다. 우리가 문명의 이름으로 자연을 이기려 할수록, 그런 식으로 우리가 이기적인 태도를 강화할수록, 자연의 위력은 더욱더 강력해진다. 태풍은 거센 바람으로, 굵은 빗줄기로, 섬찍한 번갯불로 우리를 가르친다.

    어려서 읽은 소년잡지에서는 언젠가 우리가 태풍을 이길 것이라고, 나아가 엄청난 에너지원으로 이용할 수 있을 것이라고 가르쳤다. 마치 늑대를 길들여 개로 만들었듯이, 태풍의 눈에 폭탄을 던져넣어 태풍을 죽이거나, 그런 식으로 길들인 태풍을 풍력발전에 이용할 수 있다는 주장이었다. 한때 과학자들은 핵폭탄이 터져도 몸을 웅크리고 책상 밑이나 벽 밑으로 숨으면 괜찮다고 가르쳤다. '후진' 한국의 과학자들이 아니라 '선진' 영국의 과학자들이었다. 돌이켜보건대, 소년잡지에서 읽었던 태풍에 관한 주장은 허무맹랑하기만 한 핵폭탄에 관한 주장과 엇비슷한 성질의 것인 듯하다. 둘 다 과학의 탈을 쓴 거짓일 뿐이다.

태풍은 결코 '허풍'으로 막을 수 없다. 아니 이 세상의 그 어떤 것도 태풍을 막을 수 없다. 하물며 죽이는 것은 더욱더 있을 수 없는 일이다. 오직 슈퍼맨만이 그런 일을 할 수 있을 것이다. 저 먼 우주 어딘가에 있는 별나라에서 우주선을 타고 날아왔다는 그. 어린이들의 가슴속에 근거 없는 낙관주의를 심어준 것이 과학의 탈을 쓴 허풍이 빚어낸 가장 나쁜 결과는 아니었다. 그보다 더 나쁜 것은 자연을 우습게 여기고 아무렇게나 다루어도 좋은 것으로 여기는 반자연적 태도를 길러준 것이었다.

루사의 힘

지구는 동쪽으로 돈다. 이 때문에 적도 부근에서는 서쪽으로 큰 바람이 불게 된다. 무역풍이라고 불리는 이 바람이 동쪽의 공기를 서쪽으로 몰아온다. 태평양을 지나며 잔뜩 습기를 머금게 되는 이 공기가 동남아시아에 이르러 커다란 비구름으로 피어오르게 된다. 아시아의 몬순기후는 이렇게 해서 형성되는 것이다. 이 비구름 중에서도 큰 것이 태풍이다. 그러니 지구를 멈추기 전에는 태풍을 멈출 수 없다.

2002년 8월 31일 오후 태풍 루사가 전남 고흥에 발을 디뎠다. 본래 이 태풍은 중심 기압이 950hPa(헥토파스칼), 중심 부근의 최대풍속이 초속 41m, 중심 반경이 550km인 '대형'급 태풍이었다. 그런데 여수에서 잰 루사의 크기는 970hPa로 다소 줄어들었다. 그러나 이만해도 1959년 9월 15일에 쳐들어온 사라에 이어 두번째로 큰 것이었다. 사라는 952hPa이었다. 849명의 사람이 죽었고, 2400억 원이 넘는 재산 피해를 입혔다.

　루사는 풍속에서도 역대 2위를 기록했다. 2002년 8월 31일 제주도 고산지역에서 루사의 순간 최대풍속은 초속 56.7m를 기록했다. 이것은 2000년 8월 31일 흑산도에서 기록된 프라피룬의 순간 최대풍속 58.3m에 이어 두번째로 빠른 것이다. 이 정도 바람이면 어떤 일이 일어날까? 바람의 속도가 초속 15m에 이르면, 간판이 날아가고 사람이 제대로 걸을 수 없게 된다고 한다. 다시 초속 50m를 넘으면, 가로수가 뿌리째 뽑히고 거대한 송전탑이 맥없이 휘어버리게 된다고 한다. 이렇게 무서운 바람이 불어왔던 것이다.

　기압과 풍속에서는 2위를 차지했지만, 퍼부은 비에서는 루사가 1위를 차지했다. 2002년 8월 31일 강릉지방에는 무려 870.5mm의 비가 내렸다. 이것은 지난 1904년 기상관측이 시작된 이래 최대 강우량이었다. 이전의 최대기록은 1981년 9월 2일 장흥에서 기록된 547.4mm이다. 강릉에서 연중 가장 많은 비가 내리는 때는 바로 8월이다. 그 평년값은 288.2mm이다. 한 달 동안 내리는 비의 3.3배에 이르는 비가 8월 31일 단 하루 동안에 쏟아진 것이다. 하늘에 구멍이 뚫렸고, 강릉은 물에 잠기고 말았다.

　재산피해에서도 루사는 이전 기록을 크게 넘어서 새로운 기록을 세웠다. 2002년 9월 13일 오전 6시에 발표된 중앙재해대책본부의 자료에 따르면, 루사가 입힌 재산피해는 모두 5조 1479억 원에 이르렀다. 이전에 가장 큰 재산피해를 입혔던 태풍은 1999년 7월에 몰려왔던 올가로 당시에 입은 재산피해는 1조 490억 원이었다. 사람도 많이 죽었다. 213명이 죽었고, 33명이 사라졌다. 사라 때보다는 훨씬 적은 수이지만, 그러나 참으로 커다란 인명피해라고 하지 않을 수 없다. 전쟁터에서도 병사들이 죽을 걱정을 하지 않아도 되는 '스마트전쟁'을 떠드는 시대에 언제나 변함없이 때가 되어 우리를 찾아온 태풍으로 이렇게 많은 사람들이 죽은 것이다. 다른 피해를 보자. 침수피해 건물이 2만 7562동, 주택파손이 9086동, 도로파손이 1820개소, 교량파손이 5887개소, 하천파손이 4981개소로 나타났다. 가장 큰 피해를 입은 곳은 강원도였다. 복구에 필요한 금액으로 이런 사실을 쉽게 확인할 수 있다. 복구비는 강원 3조 1233억 원, 경남 1조 2347억 원, 경북 1조 1811억 원, 전남 6624억 원, 전북 4171억 원, 충북 2927억 원, 제주 856억 원, 경기 255억 원, 부산 247억 원의 순으로 나타났다. 루사가 지나간 길을 따라 피해가 크게 나타난 것이다.

찻길이고 철길이고 모두 끊겨서 복구는 더욱더 어려웠다. 주민들을 대피시키거나 복구에 매달리다가 순직하는 공무원들도 나타났다. 루사는 무시무시한 태풍이었다.

수재의 아픔

많은 사람들이 큰 피해를 입었다. 어느 곳보다 강원도의 피해가 컸다. 강원도의 수해지역을 다녀온 경남의 늙은 농민은 강원도의 수해주민들을 걱정하며 눈시울을 붉혔다. 그러나 그렇게 눈시울을 붉힌 경남의

2. 하부구조의 위험

늙은 농민의 처지도 딱하기는 마찬가지였다. 이 땅의 곳곳을 무참히 짓밟은 태풍은 동해 저쪽에서 결국 최후를 맞고, 여기서는 수재민 돕기 운동이 전국적으로 펼쳐지기 시작했으며, 이어서 자연재해대책법에 따른 수재민 돕기 행정이 펼쳐지기 시작했다.

수재민 돕기 운동[1]은 누구라도 할 수 있는 것이지만, 대중사회의 조직자인 언론을 통한 모금은 '전국재해대책협의회'만 할 수 있다. 2002년 가을에는 기부금품모집규제법에 따라 9월 30일까지 모금활동을 벌였으며, 각 언론사에 모금된 금액은 모두 1296억 원으로 사상 최고의 성금액을 기록했다. 모금에 참여한 사람들은 일반국민과 학생 등 총 780만 명이었고, 30대 대기업의 모금은 성금 전체의 20%를 차지했다.

전국재해대책협의회는 1961년에 언론기관을 중심으로 꾸려진 '민간구호단체'이다. 언론사들마다 독자적으로 수재민 돕기 운동을 펼칠 경우에 나타날 수 있는 중복이나 누락 등의 문제들을 해결하기 위해 이 협의회를 만들었다. 언론사들이 모은 성금은 모두 이 협의회로 모인 다음에 피해를 입은 사람들에게 전달된다. 이 협의회는 행정자치부 장관의 허가를 얻어 모금을 시작하며, 모금의 분배는 보건복지부 장관의 요청에 따라 이뤄진다. 행정자치부 산하의 중앙재해대책본부가 각 지역의 피해액을 조사하고 복구계획을 세워서 전국재해대책협의회에 알리고, 이어서 전국재해대책협의회는 모금기관에 송금을 요청해서 중앙재해대책본부의 복구계획에 따라 각 시도로 돈을 보낸다. 이 돈은 전체 수재복구비 중 이재민 위로금으로만 사용된다.

재해가 발생하고 15일 이내에 수재의연금은 정식으로 집행되기 시작한다. 이재민에게 지원되는 돈은 사망자위로금, 생계보조비, 장기생계구호비, 세입주자보조비 등인데, 각 시·도에서 적립하고 있는 재해구호기금에서 먼저 집행하고 뒤에 국고 및 수재의연금으로 정산한다. 모금 직후부터 이재민에게 전달되기까지 걸리는 기간은 한 달에서 한 달 반 정도이다. 이 과정에서 거액의 돈이 여러 기관에 머물게 되면서 이자가 생기게 되는데, 이 이자도 역시 모두 수재의연금에 포함된다. 전국재해대책협의회는 수재의연금 모금 및 지원 실적을 매년 외부 공인회계사의 감사를 거쳐 일반인에게 공고를 하고 있으며 매년 보건복지부의 정기감사를 받는다. 모집경비는 모집액의 2% 범위 내에서만 사용할 수 있도록 법제화되어 있다.

민간 차원에서 수재민 돕기 운동이 대대적으로 펼쳐진 한편, 정부 차원에서는 법에 따라 재해대책을 세우고 실행에 옮기기 시작했다. 그 핵심은 자연재해대책법에 따라 '특별재해지역'을 선정하는 일이었다. 이를 둘러싸고 논란이 거듭되다가 9월 13일에 재해대책위원회에서 특별재해지역이 선정되었고, 같은 날 김대중 대통령은 재해대책위원회의 건의를 받아서 특별재해지역을 선포했다. 루사의 피해지역은 모두 특별재해지역에 포함됐으며, 2002년 8월 초의 폭우로 말미암아 오랫동안 물에 잠겼던 김해를 비롯한 경남의 3개 지역도 특별재해지역이 되었다. 이렇게 해서 전체적으로 전국 203개 시·군·구, 1917개 읍·면·동이 특별재해지역으로 선정되어 지원을 받게 되었다.

특별재해지역으로 선정되면 '특별지원'을 받게 된다. 이 때문에 특별재해지역의 선정과 관련된 논란이 빚어졌던 것이다. 그런데 벌써부터 앞으로 특별재해지역 선정을 요구하는 목소리가 커질 우려가 제기되고 있기도 하다. 나아가 피해를 입은 자치단체들이 피해규모를 부풀리거나, 정치권의 압력이 작용할 가능성도 예상되고 있다. 특별재해지역의 선정을 둘러싼 논란은 끝난 것이 아니다.

수재의 아픔에 대해 누구나 공감하고 쉽게 말할 수 있지만, 그 아픔을 이길 수 있도록 돕는 일은 그렇게 쉽지 않다. 이런 점에서 여기서 좀더 주목하고 싶은 것은 특별재해지역을 둘러싼 논란보다는 수재민 돕기 운동이다. 그것은 수재의 아픔을 매개로 민족이라는 '상상된 공동체'를 자발적으로 재생산하는 중요한 기제이기 때문이다.

해마다 태풍은 찾아오고, 따라서 수재는 되풀이된다. 이 땅에서 살고 있는 사람이라면 누구나 이런 사실을 잘 알고 있다. 그리고 정도의 차이는 있지만 누구나 이재민이 될 수 있다는 사실도 우리는 잘 알고 있다. 바로 이 점에서 우리는 태풍의 사회적 구실에 대해 생각해 볼 필요가 있다. 해마다 수백만 명의 사람들이 이재민을 돕기 위한 대열에 참여한다. 마지못해 이 대열에 참여하는 사람들도 있기는 하지만, 대다수는 순전히 자발적으로 이 대열에 참여한다. 아마도 이보다 더 순정한 인간적 드라마는 보기 어려울 것이다. 지역으로 나뉘고 계급으로 찢겨서 서로 무시하고 질투하고 미워하던 사람들이 갑자기 힘을 합쳐 어려움에 빠진 사람들을 돕기 위한 대열에 기꺼이 참여하는 것이다.

아마도 이 인간적 드라마의 뿌리는 서로 도와서 어렵기만 한 삶을 이어갈 수 있도록 했던 '민중의 지혜'에 닿아 있을 것이다. 초근목피로 목숨을 이어가면서도 설상가상으로 가렴주구에 시달려야 했던 시절에서로 돕는 것보다 더 귀중한 '민중의 지혜'는 따로 없었을 것이다. 사람은 서로 도우며 살아가는 존재라는 생각은 삶 자체가 경각에 처했던 시절이 낳은 참으로 절박한 '민중의 지혜'였을 것이다. 세상은 사뭇 달라졌어도 때만 되면 어김없이 찾아오는 태풍은 이 지혜를 주기적으로 되새기게 해준다. 언론은 이 과정을 거대한 드라마로 만들어준다. 이 사분오열된 사회를 하나의 '공동체'로 다시금 묶어주는 데 태풍은 정말로 지대한 공헌을 하고 있는 것이다. 그러므로 수재민 돕기 운동은 단순히 우리 사회에 '인정'이 메마르지 않았음을 보여주는 증거인 것만이 아니다.

위험사회의 현실

태풍이 동해 저쪽에서 홀연히 사라지고, 여기서는 책임을 둘러싼 공방이 치열하게 펼쳐진다. 그렇다. 태풍은 늘 똑같은 공연을 연출한다. 무조건 도와야 한다는 '인정'의 물결이 넘실거리게 만들고, 그렇게 해서 '우리는 하나'라는 '사실'을 다시금 확인하게 하고, 마지막으로 누가 무엇을 잘못했는가를 따지게 만드는 것이다.

아마도 오랜 옛날부터 태풍은 똑같은 공연을 연출했을 것이다. 그리고 아마도 오랜 옛날부터 사람들은 이 똑같은 공연에 신물을 냈을 것이다. 그럼에도 불구하고 도무지 새로운 공연이라곤 연출하지 못하는 태풍에 공연히 화를 냈을 것이다. 그러나 화만 내고 있는 것은 사람의 타고난 성품에 어울리지 않는다. 사람은 언제 어디서고 '왜'를 따지고,

2. 하부구조의 위험

나름대로 답을 찾기 위해 최선을 다하며, 나아가 대책을 세우기 위해 노력한다. 더 나은 삶을 위해 최선을 다하는 것은 '파우스트'라는 인물만의 성품이 아니라 우리 모두의 유전자에 새겨져 있는 보편적인 성품이다.

아주 오랫동안 사람들은 이른바 '초자연적 존재'에게 잘못을 빌었다. 그렇게 해서 악독한 태풍이 사람들을 괴롭히지 않을 것이라고 믿었다. 물론 이러한 믿음은 언제나 배신당했다. 사람들이 문제의 근원을 잘못 이해했으며, 따라서 잘못된 답을 올바른 답으로 여기고 있었다는 것을 깨달은 것은 그렇게 오래되지 않았다. 인류사의 견지에서 문제의 근원을 제대로 이해하고, 따라서 올바른 답을 찾은 것은 기껏해야 백년 정도밖에 되지 않는다. 그러나 과연 우리가 올바른 답을 찾았을까?

오늘날 우리는 태풍이 어떤 것인가에 대해서는 잘 알고 있다. 그러나 그렇다고 해서 올바른 답을 찾았다고 말하기는 어려울 것 같다. 나아가 올바른 대책을 세우고 있다고는 더욱더 말하기 어려울 것 같다. 특히 중요한 것은 피해를 줄이기 위한 올바른 대책을 세우는 일이다. 태풍은 바람과 물로 세상을 휩감아버린다. 대책은 당연히 바람과 물의 영향에 초점을 맞추게 된다. 특히 순간적으로 휩쓸고 지나가는 바람보다는 좀더 오랜 시간에 걸쳐 피해를 입히는 물의 영향에 우리는 더욱 큰 주의를 기울이게 된다. 루사는 이 점에서 우리가 옛날과 마찬가지로 배신당할 수밖에 없는 믿음에 사로잡혀 있다는 것을 보여주었다.

근대화는 '초자연적 존재'를 죽이고 대신에 우리의 타고난 능력을 극대화하는 '과학'으로 우리가 살기에 더 나은 세상을 만드는 과정이었다. 그러나 우리는 불완전한 존재이고, 우리가 만든 '과학'은 더욱더 그럴 수밖에 없다. 과학으로 우리는 커다란 성공을 거두었지만, 그 뒤란에는 또 다른 실패의 그림자가 드리워져 있었다. 마치 온통 붉은색으로 물든 주식시장의 전광판에 열광하는 사람처럼, 과학의 성공에 도취된 사람은 그 실패의 그림자에 눈길조차 주지 않는다.

이른바 '따라잡기 식 근대화'에서 이런 상황은 더욱더 강렬하게 나타난다. 따라잡아야 할 목표로 설정된 그 대상은 이미 실패의 그림자에 대해 주의하기 시작했는데, 그것을 따라잡기로 마음먹은 주체는 그 대상이 주의를 기울이기 시작한 실패의 그림자에 대해서는 조금도 관심을 기울이지 않고 오직 성공의 광휘만을 좇는다. 박정희(다카키 마사오)의 '조국 근대화'가 추구한 것이 바로 이런 식의 '근대화'였을 것이다. 그것은 이 세상이 지독하게 복잡한 체계를 이루고 있으며, 자연의 위력이란 바로 이러한 복잡한 체계의 소산이라는 것을 몰랐다. 나아가 알아도 애써 무시하며 부정했다.

루사가 지나가고 좀처럼 믿기 어려운 일들이 곳곳에서 벌어졌음을 우리는 알게 되었다. 몇 가지 예들을 보자. 강원도의 산골에서 칠십이 넘는 세월 동안 홍수를 모르고 살던 한 노인이 졸지에 홍수로 집을 잃어버리는 일이 일어났다. 넘친 물이 집의 한복판을 휩쓸고 지나가서 집이 무너져 버린 것이다. 곤히 자는 한밤중에 갑자기 물이 벽을 뚫고 안방으로 몰려들었다고 한다. 날이 밝고 나서 까닭을 따져보니 홍수를 막기 위해 물길을 멋대로 바꿔놓았기 때문이었다. 많은 물이 빠르게

2. 하부구조의 위험

흘려 내려가도록 집 앞의 냇물을 '직강화'했는데, 정작 많은 물이 쏟아져 내리게 되자 예전의 물길이 되살아나게 되었고, 그렇게 해서 거센 물길이 그 노인의 집을 덮쳤던 것이다. 물론 그 노인의 집은 원래의 물길에서는 벗어나 있었다. 그런데 직강화하는 바람에 쌓은 시멘트 둑을 넘은 물이 옛 물길을 찾아가는 중에 그 노인의 집으로 몰려들었던 것이다.

곳곳에서 이상한 산사태가 나기도 했다. 산사태라고는 한번도 겪은 일이 없는 마을에 산사태가 나서 집이 묻히고 사람이 다치는 일이 벌어졌던 것이다. 두려움과 괴로움으로 무서운 밤을 보내고 난 사람들이 까닭을 살펴보니 문제의 근원은 태풍 자체가 아니라 사뭇 엉뚱한 곳에 있었다. 마을과 한몸을 이루고 있는 산등성이에 커다란 송전탑을 세우거나 임도를 닦으면서 산을 마구잡이로 까뭉갠 것이 원인이었던 것이다. 현대문명의 꽃인 전기를 사용하기 위해 세운 송전탑이 산사태를 부르고, 벌채나 산불방지를 위해 닦은 임도가 산사태를 불렀던 것이다. 더 나은 삶을 위한 노력이 삶 자체를 송두리째 망가뜨리는 희한한 일들이 곳곳에서 벌어졌던 셈이다.

물론 '직강화'도, '송전탑'도, '임도'도 제멋대로 이루어지거나 들어선 것은 아니다. 그것들은 모두 '과학'의 이름으로 이루어지거나 들어섰다. 물론 그것들이 과학을 충실히 따르지는 않았다. 이 사회의 고질병인 비리와 부실이 여기서도 큰 구실을 했다. 그러나 오직 그 때문에 루사의 위력이 더욱 돋보이게 된 것은 아니다. 더 큰 문제는 우리가 올바른 것으로 믿고 있는 과학 자체가 큰 문제와 한계를 지니고 있다는 사실에 있다. 요컨대 자연의 복잡성을 우습게 여기는 단순한 과학이 루사의 위력을 더욱 두드러지게 했던 것이다. 그러므로 우리가 고쳐야 할 것은 비리와 부실만이 아니다. 우리를 둘러싸고 있는 자연과 그 안에서 한몸이 되어 살아가는 우리의 삶을 올바로 보지 못하는 과학이 안고 있는 문제와 한계를 올바로 이해해야 하는 것이다.

전근대가 '신의 시대'였다면, 근대는 '과학의 시대'이다. 과학을 통해 우리는 정말로 많은 것을 이루었다. 그러나 그 과학은 많은 문제와 한계를 안고 있는 것이기도 했다. 흔히 '풍요사회'로 칭송되는 근대사회가 '위험사회'라는 우울한 이름을 얻게 된 것은 이 때문이다. 자연의 위력을 어느 정도 이기게 되었을지는 몰라도, 그와 함께 우리는 '과학의 위험'을 안고 살아가게 되었고, 나아가 그것은 자연의 위력을 더욱 강화하는 역설적 결과를 빚어낸 것이다. 우리는 이러한 사실을 바로 그 과학을 통해 잘 알게 되었다. 과학의 문제와 한계를 지적하는 것이 과학 자체를 부정하는 것은 아니다. 정말로 중요한 것은 과학이 보여주는 '과학'의 문제와 한계를 과학적으로 이해하고 대처하는 것이다.

겸손한 문명을 찾아서

해마다 태풍은 찾아오고, 해마다 그로 말미암은 막대한 피해를 입고, 그리고 해마다 '천재'(天災)인가 '인재'(人災)인가를 둘러싸고 꽤나 치열한 논란이 벌어진다. 오는 태풍을 막을 수 없고, 따라서 그로 말미암은 피해를 막을 수도 없으니, 우리가 할 수 있는 일은 결국 피해를 가

2. 하부구조의 위험

능한 한 줄이는 것밖에는 없다. 이런 점에서 천재인가 인재인가를 따지는 것은 대단히 중요하다. 천재야 우리의 능력으로는 어쩔 수 없는 것이라고 하지만, 비리와 부실은 피해를 더욱 크게 만드는 중대한 인재이기 때문이다.

그러나 이런 뜻에서 '인재'를 따지는 것만으로는, 다시 말해서 비리와 부실을 따지는 것만으로는 모자란다. 여기서 한걸음 더 나아가 '과학'의 문제와 한계에 대해 깊은 관심을 기울이고 따져볼 필요가 있다. 이 점에서 우리는 이미 '두 과학'의 대립 속에서 살아가고 있다. 그것은 50년 전에 스노우가 말한 인문과학과 자연과학의 대립이 아니다. 내가 말하는 두 과학은 오히려 자연과학 안에서의 대립을 뜻하는 것으로, 그것을 나는 '오만한 과학'과 '겸손한 과학'으로 부를 수 있다고 생각한다.

오만한 과학은 자연을 인간의 욕망을 채우기 위한 대상으로 여기는데, 그 바탕에는 자연의 복잡성에 대한 무지와 무시가 자리 잡고 있다. 그렇다고 오만한 과학이 영 잘못된 것은 아니다. 우리는 오만한 과학을 통해 엄청난 문명을 이룩했기 때문이다. 그러나 그 대가로 우리는 이른바 '생태위기'를 맞게 되었다. 겸손한 과학은 무엇보다 오만한 과학이 빚은 이러한 양가적 결과에 주목한다. 그것은 자연을 인간의 욕망을 채우기 위한 대상으로 여기는 것은 대단히 잘못된 것으로 본다. 그 까닭은 바로 우리 자신을 포함한 자연이 무한한 복잡성의 세계를 이루고 있기 때문이다.

'과학'은 이성의 위대한 소산이다. 하나의 자연적 존재로서 우리는 약하디약하다. 그러나 과학을 통해 우리는 이 세상의 그 무엇보다도 강한 존재가 될 수 있었다. 그러나 그 과학은 자연의 복잡성을 무시하는 '오만한 과학'이었다. 태풍을 길들이겠노라고 하면서 사실은 태풍을 더욱 강하게 만드는 과학이었다. 이러한 역설적 상황에 대한 과학적 인식을 통해 '겸손한 과학'이 나타나게 되었다. '오만'과 '겸손'은 단순한 도덕적 태도가 아니라 과학적 인식과 실천의 양상이다. 자연을 무시하는 '오만한 문명'은 자연을 존중하는 '겸손한 문명'으로 바뀌어야 한다. 이것은 오만한 과학의 문제와 한계를 바로 보게 된 겸손한 과학의 과학적 요청이다.

물론 모든 문제가 '과학'의 문제와 한계로 풀이될 수 있는 것은 아니다. 우리는 여전히 불평등한 사회에서 살고 있고, 고통과 위험이라고 해서 이러한 불평등의 문제에서 벗어나서 나타나는 것은 아니다. 자연을 존중하는 '겸손한 문명'을 이루기 위해서는 불평등한 현실의 문제를 해결하려는 오랜 노력이 그치지 않고 이어질 필요가 있다. 한쪽에서는 비만으로 죽어가는 소수의 사람들이 있고, 다른 한쪽에서는 기아로 죽어가는 다수의 사람들이 있다. 누가 보더라도 모순적인 이런 상황을 그대로 두고 겸손한 문명은 이루어질 수 없다.

태풍의 피해를 둘러싼 논란은 과학을 둘러싼 논란으로 커져야 한다. 나아가 그것은 과학으로 이룬 우리의 문명에 대한 논란으로 이어져야 한다. 태풍의 사회적 구실은 여기에도 있다. 그리고 어쩌면 이것이야말로 무엇보다 중요한 태풍의 사회적 구실인지도 모른다. 내년에도 태풍은 온다.

2. 하부구조의 위험

계속 커지는 위험

2003년 9월 11일에 중형급 태풍 매미가 왔다. 규모는 중형급이었지만 그 피해는 막대했다. 130명이 죽었고, 4조 7천여억 원의 재산피해가 발생했다. 서울과 인천을 제외한 부산 등 전국 14개 시·도의 156개 시·군·구, 1657개 읍·면·동이 태풍 매미로 피해를 입은 특별재해지역으로 선포됐다.

중형급 태풍인데도 이렇게 피해가 컸던 이유로 마산만과 낙동강 유역의 난개발을 들지 않을 수 없다. 수재를 입을 것이 명확히 예측되는 상황인데도 개발이익을 노려서 시멘트 둑을 쌓고 해안가와 하천가를 병적으로 난개발하기 때문에 인명피해는 물론이고 재산피해가 막대하게 커지는 것이다. 억지로 100원짜리 땅을 10만 원짜리 땅으로 만들어 놓으니 인명피해에 비해 재산피해가 훨씬 더 크게 늘어난다.

이런 문제에 대처하기 위해 홍수지도, 수해흔적지도, 사태지도, 대피지도 등의 각종 위험지도를 만들도록 했으나 잘 만들고 있지도 않고 어렵게 만든 것조차 잘 공개하지도 않는다. 개발업자·투기꾼·지주 들의 격렬한 반대 때문이다. 이른바 한국형 위험사회의 핵심에는 토건국가와 투기사회라는 한국형 사회문제가 자리 잡고 있는 것이다.

토건국가와 투기사회의 문제를 해결하려는 노력이 제대로 취해지지 않는다면, 재난행정의 개선은 별 효과를 거두기 어렵다. 피해에 대한 보상을 강화하는 방식은 정치인이 세금을 써서 생색을 내기는 아주 좋지만, 시민들의 적극적 대응을 올바로 촉구하지 못하고, 심지어 보상을 노린 난개발의 악화라는 문제마저 낳는다.

이런 마당에 지구온난화는 수재의 위험을 더욱더 키우고 있다. 조만간 '슈퍼태풍'이 몰아닥칠 것이라는 불길한 예측마저 제기되고 있다. 하루빨리 난개발을 막고 녹색 댐과 유수지를 충분히 확보하는 생태적 치수대책을 크게 강화해야 한다. 다음의 기사는 우리의 위험한 현실을 잘 보여준다.[2] 우선 한국에서는 지구평균의 2배를 넘는 속도로 지구온난화가 이루어지고 있다는 사실에 주목할 필요가 있다.

지난 2월 발표된 UN 정부간기후변화위원회(IPPC) 4차 보고서 WGI 요약보고서에 따르면 1906년 이후 100년간의 지구 평균기온은 0.74℃ 상승하고 최근 12년 중 11년이 최고기온을 기록해 지구온난화는 논란의 여지가 없을 정도로 명백하다고 밝혔다.

우리나라 역시 지난 94년간 1.5℃가 상승해 지구평균의 2배를 상회하는 기온 상승추이를 보이고 있으며 기온뿐만 아니라 강수량 역시 변동폭이 크기는 하나 장기적으로 증가하고 있는 것으로 나타났다.

이처럼 평균보다 훨씬 빠르게 진행되는 지구온난화는 엄청난 피해를 입히고 있다. 기상청은 매년 수조 원의 경제적 손실이 발생하고 있다는 사실을 밝혀주었다. 지구온난화와 난개발에 적극 대응해야 하는 경제적 이유도 명확한 것이다. 이런 상황에서 '경부운하'와 같은 대규모 개발사업이 추진되는 것은 그야말로 무서운 일이 아닐 수 없다.

2. 하부구조의 위험

　기상청 산하 국립기상연구소 권원태·부경온 박사 등이 '최근 10년 간(1996~2005년) 우리나라 기후변화 특성' 연구결과에 따르면 우리나라는 평균기온이 과거 30년(1971~2000년) 대비 0.6℃ 상승한 것으로 밝혀졌다. 계절별로 봄은 평년 대비 0.7℃, 여름은 0.4℃, 가을은 0.6℃, 겨울은 0.7℃ 상승해 봄과 겨울의 상승폭이 가장 크게 나타났다. 연강수량은 30년 평균 대비 최근 10년 강수량은 11% 증가했고 특히 여름은 증가폭이 커 18% 정도 증가했다. …또한 기온상승으로 인한 태풍·집중호우의 발생이 증가하고 있어 이로 인한 경제적인 피해규모가 1960년대 매년 1천억 원에서 1990년대에는 6천억 원이었으나 2000년 이후에는 2조 7천억 원으로 확대됐다….

　지난해 기상청이 발표한 '최근 10년간(1996~2005년) 자연재해 피해현황'에 따르면 태풍 및 집중호우 등 자연재해로 인한 경제적 손실이 46조 원(피해액 18조 1천700억 원, 복구비 27조 8천600억 원)에 달했고 인명피해도 사망 1천309명, 이재민 28만 4천963명이나 되는 것으로 나타났다. 이는 연평균 131명의 사망자와 2만 8천여 명의 이재민, 4조 6천억 원의 경제적 손실이 발생한 수치이다. 원인별 피해액을 보면 10년 동안 태풍으로 인한 피해가 10조 4천억 원으로 가장 많았고, 집중호우 피해 4조 800억 원, 호우 피해 1조 9천억 원, 폭풍설(雪) 9천100억 원, 대설 6천700억 원, 폭풍 394억 원 순이었다.

　소방방재청 등의 조사도 지구온난화와 난개발로 말미암아 피해가 갈수록 커지고 있다는 사실을 밝혀주었다. 전체 자연재해 피해액의 90%가 사실상 도시화에 따른 것이며, 그 크기는 지난 30년 동안 10년마다 무려 3.2배씩 증가했다. 자연을 가능한 그대로 유지하는 생태적 치수대책의 강화는 이미 우리의 절박한 생존조건이 되었다.

또 소방방재청이 발표한 '최근 10년간 여름철(5~10월) 재난발생 현황'에 따르면 15회의 태풍과 50회의 집중호우가 발생했으며, 연평균 강수량(1천283mm, 세계평균 1.3배) 대비 여름철 우기가 2/3를 차지해 풍수해 피해가 여름에 집중 발생하는 것으로 나타났다. 또한 남부지역 등에 259~379mm의 많은 비가 내리는 6~7월 장마기간보다는 오히려 8~10월 초순 사이 국지성 집중호우 및 태풍으로 인한 피해가 막대한 것으로 드러났다….

또한 한 조사보고서에 따르면 우리나라는 대부분 도서지역 저지대에 인구 및 자산이 집중되어 있고 하천주변의 도시화 집중으로 인해 침수면적당 피해액이 1970~1980년대에 비해 약 7배나 높고 2003년을 기준으로 과거 30년간 재해로 인한 연평균 재산피해액이 10년마다 3.2배씩 증가하고 있는 것으로 나타났다.

1995~2004년까지 최근 10년간 도시지역의 집중호우 및 홍수 등 자연재해로 인한 피해액은 총 19조 5천652억 원으로 도시규모별로 보면 군(郡)급 도시가 10조 2천100억 원으로 가장 컸고, 시(市)급 도시 8조 3천300억 원, 광역시 자치구 876억 원, 특별시 자치구 149억 원 순이었다. 도시 수를 고려한 도시당 연평균 피해액을 살펴

2. 하부구조의 위험

보면 군 지역이 약 120억 원, 시 지역이 약 110억 원, 특광역시 자치구가 약 15억 원의 피해를 입은 것으로 나타났다. 또한 특광역시 및 시급 이상의 도시에서 10년간 발생한 풍수해 총액은 17조 5천 455억 원으로 전체 자연재해 피해액의 90%를 차지한 것으로 나타났다.

주

1) 이 부분은 임지희, 「수해의연금, 모금에서 전달까지」(www.applebook.co.kr/true/200211/true_sub02.htm 2002)를 참조.
2) 배철민, 「최근 5년간 수해피해 현황」, 『워터저널』 2007/6, www.waterjournal.co.kr.

위험한 아파트공화국

아파트공화국

한국은 '아파트공화국'이다. 아예 이 제목으로 책이 출간되었을 정도이다. 도시는 말할 것도 없고 산에도 들에도 강가에도 해안에도 고층아파트가 불쑥불쑥 들어서 있다. 수많은 아파트들이 들어서면서 도시 전체가 '아파트 숲'으로 바뀌고, 도시의 산동네는 '아파트 산'으로 바뀌고 있다. 그리고 2005년에 전국의 주택에서 아파트의 비중이 50%를 넘어섰다는 사실이 밝혀졌다.

전체 주택에서 아파트가 차지하는 비중이 사상 처음 50%를 넘어섰다. 반면 단독주택 비중은 최근 15년 새 절반으로 뚝 떨어져 주거문화의 중심이 아파트로 빠르게 바뀌고 있는 것으로 분석됐다.

'인구·주택 총조사 잠정집계 결과'에 따르면 전국의 주택 수는 5년 전에 비해 14.9%(163만 3000호) 늘어난 1259만 2000호. 이 가운데 아파트는 661만 6000호로 전체의 52.5%에 달했다.

　1980년 7.0%에 불과했던 아파트 비중은 △1985년 13.4% △1990년 22.6% △1995년 37.5% △2000년 47.7% 등으로 가파른 오름세를 보였다.

　아파트에 연립 및 다세대 주택을 합친 '공동주택' 비중은 66.1%로 5년 전(60.0%)에 비해 6%포인트 이상 높아졌다.

　전국에서 아파트가 제일 많은 곳은 경기지역으로 전체 아파트의 4분의 1 가량이 몰려 있는 것으로 조사됐다. 그 다음으로는 서울(18.4%), 부산(7.8%) 등의 순이었다.

　최근 들어 아파트가 가장 많이 증가한 곳은 제주로 5년 전인 2000년에 비해 아파트가 37.1% 늘어났고 경기(29.5% 증가), 충남(26.5%) 등도 증가율이 높았다.

　반면 단독주택이 차지하는 비중은 5년 전인 2000년(37.1%)에 비해 5.0%포인트 낮은 32.1%를 기록했다. 15년 전인 1990년(65.6%)에 비해 절반 이하로 비중이 줄어든 것이다.[1]

한국에서 아파트가 건설되기 시작한 것은 1960년대 초였다. 1963년에 개봉한 〈로맨스그레이〉나 1964년에 개봉된 〈맨발의 청춘〉 같은 영화에서 당시 아파트의 모습을 엿볼 수 있다. 이 무렵부터 아파트는 새로운 서구적 주거로 서서히 관심을 끌기 시작했던 것이다. 그러나 사실 이 무렵에 아파트는 별로 인기를 끌지 못했으며, 70년대에 들어오면서 아파트는 큰 인기를 끌게 되었다. 고도성장에 따라 하나의 사회

계층을 형성하게 된 중산층이 편리하고 안전한 주거양식으로서 아파트를 선택했던 것이다.

그러나 아파트공화국의 형성에서 더욱 중요한 것은 '조국 근대화'의 이름으로 사회변화를 사실상 결정한 개발독재의 주택정책이었다. 박정희정권은 인구의 서울집중을 촉진하는 경제개발정책을 펼쳤다. 그 결과 그렇지 않아도 주택난에 시달리던 서울은 더욱 극심한 주택난에 시달리게 되었다. 이에 대해 박정희정권은 서울의 주택난을 해결할 유일한 방도로 아파트 건설을 채택했다. 박정희정권은 서울 곳곳에 '시민아파트'를 건설했고, 투기를 조장하면서 강남개발을 촉진했다. 그 결과 아파트는 가장 효과적인 '재테크' 수단이 되었다. 이미 1970년에 '복부인'이라는 말이 만들어질 정도였다.

어려서 눈사람을 만들어본 사람은 잘 알 것이다. 처음에 눈덩이의 속을 만들기가 어렵지 일단 눈덩이의 속을 만들면 커다란 눈덩이를 만들기는 쉽다. 물론 적당한 눈이 많이 있다는 전제 위에서 그렇다. '아파트공화국'도 똑같은 방식으로 형성되었다. 서울집중은 곧 수도권집중으로 확대되었고, 따라서 서울에 이어 수도권에 아파트가 대규모로 건설되었다. 노태우정권의 '5개 신도시 주택 200만호 건설정책'은 그 결정판이었다. 이것은 김영삼정권의 준농림지 규제완화, 김대중정권의 그린벨트 해제 그리고 노무현정권의 전국적 신도시 건설정책으로 이어졌다.

본래 서구에서 아파트는 노동자를 위한 주거양식으로 개발되었다. 중산층의 주거양식은 마당이 있는 단독주택에서 정원을 가꾸며 사는

2. 하부구조의 위험

것이다. 이제 한국에서 이런 주택은 그야말로 희귀한 것이 되었다. 한국의 공간문화는 너무도 척박해지고 말았다. '성냥갑'으로 불리는 높다란 '시멘트 절벽'들이 곳곳에 들어서 있기 때문이다. 2007년 8월 현재, 그 시가총액은 무려 1500조 원에 이른다. 그런데 이렇듯 한국인의 보편적 주거양식이 된 아파트가 여러 위험을 안고 있다는 사실이 밝혀져서 많은 사람들을 놀라게 했다.

아파트와 건강

2004년 첫 주말, 서울방송(SBS)에서 방영한 '환경의 역습'이라는 프로그램을 보고 많은 사람들이 자기가 살고 있는 아파트의 문제에 대해 깜짝 놀랐던 모양이다. 많은 사람들이 속히 문제를 바로잡을 수 있기를 바랐을 것이다. 많은 사람들이 문제를 깨닫게 되었으니, 문제를 바로잡을 수 있는 길도 더 크게 열렸을 것이다. 그런데 무슨 문제였는가?

그 문제는 다름 아니라 우리가 살고 있는 아파트가 우리의 건강을 크게 해칠 수 있다는 것이다. 사실 1990년대 중반을 지나면서 이 나라는 이미 '아파트공화국'이 되었다.

한때는 '닭장'으로 불리기도 했던 아파트가 본격적으로 건설되기 시작한 지 30년 만에 이렇듯 패권을 차지하게 된 까닭은 무엇보다도 '편리성' 때문일 것이다. 모든 것을 '안'에서 해결할 수 있고, 다른 사람을 의식하지 않고 자유롭게 살 수 있으며, 자동차 생활에도 가장 잘 들어맞는 점이 바로 그런 편리성의 주요한 내용이다. 그런데 이렇게 편리한 아파트가 우리의 건강을 크게 해칠 수 있다니, 사람들의 눈과 귀가 쏠리는 것은 당연한 일이었다.

  90년대 중반을 지나며 아파트공화국이 되면서 어떤 변화가 나타나기 시작했다. 무엇보다 두드러진 것은 건설회사들의 '호화롭게 꾸미기 경쟁'이었다. 그런데 흥미롭게도 이와 함께 건설회사들은 '친환경 경쟁'을 벌이게 되었다. 너도나도 자기네 아파트가 더 '친환경적'이라고 우긴다. 환경을 중시하는 세태를 반영한 이런 친환경 경쟁에서 가장 두드러지는 것은 사진을 조작해서 숲으로 뒤덮인 멋진 아파트 모습을 만들어놓은 광고이다. 종종 모든 신문을 도배하곤 하는 이런 광고의 아래쪽에는 언제나 눈에 보일락 말락 하는 작은 글씨로 "이 사진은 실제와 다를 수 있다"는 친절한 설명이 붙어 있다. '친환경적'이라는 주장이 거짓말이라는 것을 아파트 건설회사들이 스스로 입증하는 셈이다.

  또 한 가지 주목할 것은 이런 거짓말 광고에 유명 연예인이 대거 등장하게 되었다는 사실이다. 주로 의류나 화장품 그리고 가전제품의 이미지 광고에 등장하던 유명 연예인들이 21세기에 들어오면서 아파트 광고에 대거 등장하기 시작했다. 사실 아파트가 화장품이나 가전제품처럼 본격적으로 광고되기 시작한 것도 이때부터이다. 여기서 문제는 대부분의 아파트 광고가 사실상 거짓말 광고라는 점 그리고 그것을 유명 연예인들이 자기의 이미지로 은폐해 주고 있다는 점이다. 여자 연예인들의 경우 예전에 가장 큰 광고는 화장품 광고였다. 그러나 90년대 후반부터 최고급 가전제품의 광고로 바뀌더니, 21세기에 들어와서는 아파트 광고로 바뀌었다. 그 대부분은 '친환경적' 이미지를 전면에

2. 하부구조의 위험

내걸고 있다. 이런 거짓말 광고에 출연하는 대가로 유명 연예인들은 수십억 원의 돈을 받는다. 이 자체가 법적으로 '불법'은 아니지만 '사회적 책임'의 면에서는 큰 문제라고 하지 않을 수 없다.

　연예인에 대한 혐오나 비난이 줄어들지 않는 것은 사회적 책임을 도외시하는 연예인의 태도 때문이기도 하다. 광고를 믿고 아파트를 샀는데, 살고 보니 광고의 내용이 거짓이라면 연예인을 대상으로 소송을 제기할 수도 있을 것이다. 연예인의 이미지는 강력한 힘을 지니고 있기 때문이다. 연예인은 자기의 이미지를 단순히 돈벌이의 수단으로만 여겨서는 안 된다. 그 사회적 영향력에 걸맞은 사회적 책임을 올바로 이해하고 실천하려고 최선을 다해야 한다. 그렇다고 연예인에게 정치인이나 지식인처럼 행동하라는 것은 아니다. 오늘날 연예인은 커다란 사회적 영향력을 가지게 되었으니 사회의 구성원으로서 사회의 발전을 위해 커다란 사회적 영향력을 제대로 사용할 수 있어야 한다는 것이다. 스크린 쿼터를 지키는 것은 '공익'을 위한 것이라고 주장하면서 거짓말 광고로 하룻밤에 수십억 원의 '사익'을 챙기는 연예인을 시민들이 신뢰하기는 어렵다.

　그런데 '친환경적' 이미지를 선전하는 거짓말 광고는 사실 큰 문제가 아닐 수도 있다. 숲이 우거진 아파트를 기대하는 입주자는 사실 없기 때문이다. 있던 숲도 없애고 들어서는 것이 아파트라는 사실을 모르는 입주자가 어디 있는가? 2004~2005년에 한 건설회사는 최고의 인기와 신뢰를 자랑하는 연예인을 내세워서 울창한 숲이 우거진 모습의 아파트를 건설하고 있노라고 선전했다. 그중에는 내가 아는 아파트

단지도 있었다. 그 건설회사는 그곳에 10만 그루의 나무를 심었다고 광고했다. 그러나 그 단지를 몇 번 가본 적이 있는 나는 그 광고를 보면서 나무는 물론이고 풀포기까지 모두 헤아리더라도 10만은 되지 않을 것이라고 생각했다. 그리고 나무를 심었다고 해도 심은 땅의 폭이 너무 좁아서 100년의 세월이 흘러도 광고에서처럼 울창한 나무로 자랄 수는 없을 것이라고 생각했다. 오늘날 컴퓨터 그래픽을 이용해서 교묘하게 구성된 광고를 그대로 믿는 입주자가 있다면, 아마 그 사람은 '순진하다'는 말을 듣기 십상일 것이다.

사실 친환경적 이미지를 내세운 광고보다 더 큰 문제는 '호화롭게 꾸미기 경쟁'에 있다. 언제부터인가 아파트의 내부를 비싸게 꾸미는 것이 무조건 좋은 것처럼 되었다. 이러한 졸부적 꾸미기 경쟁으로 말미암아 아파트 내부는 갈수록 휘황해지고 있다. 값비싼 내장재로 꾸민 호화로운 내부와 마찬가지로 값비싼 정원수로 꾸민 호화로운 외부, 이런 '호화롭게 꾸미기 경쟁'을 하면서 '친환경적 아파트'를 짓고 있다고 건설사들마다 너도나도 떠들어댄다. 그러나 그 실상은 분양가를 터무니없이 올려서 이윤을 가능한 더 높이려고 하는 것이다. 졸부적 꾸미기 경쟁에 내몰린 사람들은 불필요한, 심지어 잘못된 꾸미기의 대가로 건설사의 배를 불려주고 있다. 건설사가 큰 문제를 안고 있는 '때 빼고 광내기' 식의 경쟁을 '친환경 경쟁'으로 호도하는 와중에 아파트의 환경은 심각하게 망가지고 있다. 도무지 사람이 살 수 없는 지경에까지 이르고 있다.

2. 하부구조의 위험

위험한 아파트

오늘날 우리는 대단히 많은 인공 화학물질들을 이용하며 살고 있다. 그 유독성이 제대로 확인되지 않은 상태에서 사용되는 새로운 인공 화학물질들도 매년 늘어나고 있다. 오늘날 우리는 모두 사실상 이런 화학물질들의 안전성을 시험하는 '실험동물'로 이용되고 있다고 할 수도 있다. 그런데 오늘날 우리가 이용하는 인공 화학물질들은 모두 위험성을 안고 있다. 그중에는 암을 유발하는 물질들도 대단히 많다. 이런 인공 화학물질들은 고기를 불에 굽는 과정에서도 생기고, 담배를 피우는 과정에서도 생긴다. 그리고 불행하게도 우리의 아파트들 중에는 이런 인공 화학물질들로 뒤덮여 있는 곳이 많다. '환경의 역습'에서 초점을 맞춘 것은 아파트 건설에 사용되는 각종 인공 화학물질이었다. 바닥재를 붙이기 위해 본드를 양동이로 퍼부어 바르는 장면은 정말이지 끔찍했다. 우리가 과연 저런 바닥에서 살고 있단 말인가?

환경오염으로 말미암아 생긴 '공해병'이라고 하면 사람들은 보통 1957년에 보고된 일본의 '미나마타병'을 떠올린다. 이 병은 바다로 배출된 폐수 속에 들어 있는 수은이 먹이사슬을 통해 인체에 유입되어 생긴 '수은 중독증'으로서 심한 신경마비 증세로 몸을 가눌 수 없다가 죽음에 이르게 된다. 이 병으로 많은 사람들이 죽었다. 일본정부는 1997년에 이 병의 공식적 종료를 선언했지만 그 영향은 10년이 지난 지금도 지속되고 있다.

그런데 미나마타병만큼이나 끔찍한 사건이 미국에서 1970년대에 일어난 '러브 커낼 사건'이다. 러브 커낼(love canal)은 윌리엄 러브라는 사업가가 19세기 말에서 20세기 초에 걸쳐 나이아가라 폭포 위에 만들다가 중단한 운하이다. 그런데 1940년대에 후커 캐미널이라는 화학회사가 이 운하, 아니 웅덩이를 무려 2만 톤에 이르는 각종 화학물질로 메우게 된다. 1953년에 이 땅은 나이아가라 시교육위원회에 기증되었고, 이 땅에는 초등학교와 주택들이 들어서게 된다. 이로부터 엄청난 비극이 비롯되었다. 건강하던 어린이들이 암과 같은 여러 질병에 시달리게 되었다. 더욱이 1976년의 홍수로 러브 커낼에 매립되어 있던 각종 인공 화학물질 쓰레기가 떠올라 이 일대가 온통 만신창이가 되었다. 주민들이 힘든 싸움을 벌이기 시작했다. 이로부터 산업폐기물의 문제가 대단히 중대한 사회문제로 떠오르게 되었다. 카터 대통령은 사태의 심각성을 깨닫고 '슈퍼펀드 법'이라고 불리는 특별기금법을 제정했다.

발암물질까지도 함유하고 있는 본드를 양동이로 퍼부어 바닥재를 붙인 아파트는 이를테면 작은 러브 커낼이라고 할 수 있다. 아파트단지의 환경이 좋지 않아 창을 열어 환기를 제대로 할 수 없는 아파트일수록 물론 문제가 더욱 심각하다. 그런데 창을 열어 환기를 하기 어려운 밀집형 초고층 아파트가 갈수록 크게 늘어나고 있다. 또한 바닥을 기어다니는 아기일수록 당연히 피해가 더욱 심각하다. 아기들이 아토피, 천식, 화학물질 과민증에 시달리는 것은 물론이고 심지어 암에 걸릴 수 있다.

그러나 문제는 바닥재를 붙이기 위해 마구 쏟아붓는 본드만이 아니

2. 하부구조의 위험

다. '호화롭게 꾸미기 경쟁'으로 말미암아 아파트의 내부는 갈수록 각종 무늬목들로 채워지고 있다. 무늬목은 나무에 무늬비닐을 입힌 것이다. 그런데 이 비닐이 잘 떨어지지 않도록 하기 위해 발암물질인 포름알데히드를 마구 사용하고 있다. 무늬목은 그야말로 포름알데히드 덩어리인 셈이다. 그러니 이런 무늬목이 많을수록 많은 포름알데히드가 퍼져 나오게 된다. 잘못된 경쟁이 무서운 아파트를 만들어내고 있는 것이다. 그런데도 이런 아파트를 '친환경적'이라고 버젓이 선전하고 있다. 이 얼마나 무서운 세상인가?

'환경의 역습'에서는 다루지 않았지만, 아파트는 이런 화학물질을 사용하지 않더라도 무서운 주거공간이다. 아파트를 포함한 모든 시멘트 건물에서는 라돈이라는 방사선이 나오기 때문이다. 다른 방사선과 마찬가지로 라돈도 역시 암을 일으킬 수 있다. 방사선은 시간이 지나면서 서서히 줄어들게 된다. 따라서 새로 지은 아파트일수록 많은 양의 라돈이 방출된다. 새로 지은 아파트가 좋은 아파트라고 할 수 없는 확실한 이유가 여기에 있다.

새로 지은 아파트일수록 본드, 무늬목, 도배지에 포함된 인공 화학물질의 양이 많다는 점에서도 새로 지은 아파트가 좋은 아파트라고 할 수 없다는 것은 분명하다. '아는 만큼 보인다'는 말은 우리 문화유산에만 해당하는 것이 아니다. 우리가 몸을 누이고 살아가는 우리의 주거공간이야말로 더욱더 그렇다. 내가 정말 좋은 아파트에서 살고 있는지 공부하고 따져보아야 한다.

더욱 심각한 것은 이른바 '중금속 시멘트' 문제에서 찾을 수 있다.

우리나라에서는 시멘트를 만들 때 각종 산업폐기물을 함께 태워서 만들고 있다. 이 때문에 인체에 유해한 6가크롬이 발생해서 시멘트공장의 노동자, 그 부근의 지역주민 그리고 시멘트로 작업하는 노동자와 시멘트 건축물에서 살아가는 사람들에게 치명적 영향을 미칠 수 있다. 사실 이 나라는 '시멘트공화국'이다. 아파트는 물론이고 도로, 수로, 둑 등 시멘트는 너무나 많은 곳에서 사용되고 있다. 그런데 그 시멘트의 상당량이 중금속에 크게 오염되어 있는 것이다. 그런데도 업계는 '2009년'에나 '자율기준'을 만들어 규제하겠다고 한다. 정말 경악할 상황이 아닐 수 없다.

국내산시멘트 주 부원료 중 총크롬 함량	(단위:mg/kg)
석회석	10~35
폐주물사	20~350
슬래그	0~3420
소각분진	0~310
슬러지	10~955
석고	0~20
유연탄(연료)	34~70

제조공정 중 6가크롬 전환 원인
폐기물 함유 크롬양 조절 소홀
산화억제 공정관리 소홀

시험법에 따른 국내산 시멘트 6가크롬 용출량

시료 번호	한국폐기물용출 시험법 (기준치:1.5, 단위: mg/l)	일본 시멘트협회 시험법 (기준치:20, 단위:mg/kg)
1	2.17	28.2
2	2.65	15.6
3	2.33	35.8
4	0.97	8.5
5	2.98	35.66
6	2.76	28
7	4.44	51.2
8	0.58	7.1
9	1.04	9.0
10	1.03	36.3

자료: 요업기술원

↓

아토피 등 피부질환·폐암·위암 등 원인
시멘트공장 노동자, 주변 주민, 공사장 노동자 직접피해
시멘트 구조물 파손·분진 등으로 국민 모두 잠재적 피해

2. 하부구조의 위험

국내산 시멘트의 상당량은 유해·발암 물질인 6가크롬을 다량 함유한 것으로 드러났다. 6가크롬은 사람의 피부에 닿거나 몸에 들어가 쌓이면 가려움증을 수반하는 알레르기성 피부질환(아토피 등)은 물론 각종 암까지 일으키는 유해 중금속이다.

- 특수처리 필요한 폐기물 수준: 이 사실은 한국양회공업협회가 지난해 6월부터 1년 동안 요업기술원에 맡겨 진행한 '시멘트 중 중금속 함량 조사연구'를 통해 밝혀졌다. 시멘트업계 스스로 중금속 함유실태를 조사한 결과가 공개되기는 이번이 처음이다….

- 왜 유해한가?: 시멘트 속 6가크롬은 콘크리트로 굳어진 뒤에는 쉽게 빠져 나오지 않아, 시멘트 구조물 속에서 생활하는 사람의 건강에 직접적 위협이 되지는 않는 것으로 알려져 있다. 그러나 임종한 인하대 산업의학과 교수는 "구조물의 파손·노화로 발생하는 먼지를 통해 6가크롬에 노출될 가능성은 얼마든지 있다"고 말했다. 우리나라의 시멘트 소비량은 연간 5천만t 규모로, 세계 5위권이다….

- 원인과 대책: 시멘트 안 6가크롬은 시멘트 주원료인 석회석과 부원료·보조연료로 쓰이는 제철 슬래그·폐주물사·소각재 등 산업부산물·폐기물에 함유된 크롬이 제조공정을 거치면서 생긴다고 연구보고서는 설명했다. 이런 결론은 "유해물질들이 섭씨 1450도의 초고온 소성로에서 완전 연소되기 때문에 유해가스는 99.999% 파괴되고, 중금속도 토양의 함유량 정도밖에 남지 않는다"는 시멘트업계의 지금까지 설명을 뒤집는 것이다.

국내산 시멘트의 6가크롬 함량이 일본 시멘트에 비해 크게 높은 것은, 일본은 1998년부터 시멘트 속 6가크롬 함유량을 관리해 온 반면, 우리나라는 관리기준조차 없어 업체들이 6가크롬에 무관심했기 때문으로 보인다. 이런 지적에 한종선 한국양회공업협회 상무는 "업계에서는 일본과 같은 자율기준을 2009년부터 시행해 6가크롬 함량을 줄일 계획"이라고 말했다.[2)]

또한 중금속으로 오염된 부지에 아파트가 건설될 우려도 있다. '중금속 시멘트 아파트'만이 아니라 '중금속 오염부지 아파트'도 나타날 수 있는 것이다. 2006년에 마산에서 이에 관한 논란이 크게 일어났다. 논란의 당사자는 공장부지를 사들인 건설업체인 (주)부영과 공장부지를 매각한 한국철강이다.

아파트가 들어설 예정인 경남 마산시 옛 한국철강 마산공장 부지가 중금속에 오염된 것으로 나타났다. 특히 이 중금속들은 암이나 '이타이이타이병' 등 희귀병을 유발하는 인체유해 물질로 밝혀졌다. 27일 경희대학교 부설 지구환경연구소에 따르면 연구소가 옛 한국철강 마산공장 부지에 아파트 건설을 준비중인 (주)부영의 의뢰를 받아 지난해 8월 16일부터 10월 12일까지 시행한 부지 토양환경 평가 결과, 이 부지의 전체 면적 22만 2천321㎡ 가운데 14만 4천246㎡가 각종 중금속에 오염됐다…. (주)부영은 오는 9월부터 2009년 2월까지 사업비 9942억여 원을 들여 이 부지에 21~38층짜리 아파트

2. 하부구조의 위험

25개동, 3152가구를 건설할 예정이다.[3]

(주)부영은 이런 오염문제에 올바로 대응하려고 하기보다는 "대학측이 마산시에 등기로 제출한 보고서도 회수해 간 것으로 밝혀져 토양오염 사실을 조직적으로 은폐한 의혹이 제기"되었다.[4] 2007년 6월에 (주)부영은 한국철강을 상대로 실제 측량한 땅면적이 다르고, 토양오염 원인자로서 정화비용을 부담해야 하며, 아파트를 예정대로 짓지 못한 사실 등을 이유로 280억 원대의 손배소송을 제기했다.

(주)부영은 1990년대 중반 이후 아파트 건설업에서 두각을 나타낸 건설업체이다. 특히 (주)부영은 공해로 악명을 떨친 원진레이온 공장의 부지를 사서 대규모 아파트단지를 건설해서 큰돈을 벌었다.[5] 이와 관련해서 경기도의회에서는 다음과 같은 도정질의와 답변이 이루어졌다.[6]

문 한일합섬, 원진레이온공장 등에 조성된 아파트단지는 거의 10년이 다 되어가고 있어 토양오염 등의 정밀조사와 더불어 주민건강 모니터링 등으로 환경오염 저감대책을 추진할 필요가 있다고 보는데, 지사께서는 이와 관련된 대책을 어떻게 추진할 것인지 견해를 밝혀주시기 바랍니다.

답 토양환경보전에 관한 법령이 지난 '96년부터 시행된 까닭에 그 이전에 진행되었던 공장이전 부지에 택지를 조성하는 등 타용도로 전환한 토지에 대해서는 오염실태 관리가 다소 미흡했던 것이 사실

입니다. ···의원님께서 말씀하신 수원시 한일합섬과 남양주시 원진레이온은 화학사 또는 화학섬유 등을 생산하던 산업장이었으나, 지난 '93년과 '96년도에 각각 공장이 폐쇄되었고, 현재는 아파트단지로 개발·입주한 상태로, 그동안 환경정책기본법에 의한 평가대상 규모에 해당되지 않아 환경영향평가를 받지 않았습니다. 이에 따라 도에서는 이들 지역과 같이 공장이전 지역을 주거지역으로 조성한 곳에 대해서는 2004년부터 토양오염 실태 조사지역에 우선 포함하여 실태를 조사할 계획입니다.

한편 2004년의 대선자금 수사에서 (주)부영의 이중근 회장은 정대철 전 의원에게 6억 원의 정치자금을 전하고 비자금 270억 원을 조성한 혐의로 구속 기소되었고, 봉태열 전 서울지방국세청장이 부영으로부터 억대의 뇌물을 받은 혐의로 구속되었으며, 김영희 전 남양주 시장도 같은 혐의로 기소 중지되었다.[7]

이미 재벌기업들이 적나라하게 보여준 정경유착의 문제가 중견기업에서도 고스란히 나타난 것이다. 아니, 한국을 대표하는 기업인 재벌기업들이 정경유착을 주도하고 있는 상황에서 중견기업들이 정경유착의 잘못을 저지르는 것은 어쩌면 당연한 일인지도 모른다. 중요한 것은 이러한 부패가 엄청난 위험과 폭리의 원천이 된다는 사실이다. '위험한 아파트'의 문제는 단순히 아파트라는 주거공간의 문제에 그치지 않고, 이렇듯 후진적 사회체계의 문제를 드러내 보여주는 사회적 계기가 된다.

2. 하부구조의 위험

친환경적 아파트

분양가를 자율화해 놓고도 그 내역은 공개하지 않는 엉터리 건축법 때문에 입주자들은 큰 피해를 입고 건설회사들은 떼돈을 번 세상이다. 이런 엉터리 건축법이 개정되지 않는 이유는 물론 '정경유착' 때문이다. 건설업계는 막대한 '비자금'을 조성해서 '정치자금'으로 활용한다. 망국적 정경유착을 막고 건축법을 개정해야 한다.

그러나 분양가 내역을 공개하도록 하는 것에 그쳐서는 안 된다. 어떤 화학물질을 어떻게 사용하고 있는지, 내열과 단열은 어떤 재료를 써서 어떻게 하고 있는지, 모두 소상히 밝히도록 해야 한다. 더 많은 돈을 벌기 위해 '정경유착'을 추구하고 가능한 값싼 자재를 쓰고자 하는 건설업자들을 어떻게 믿을 수 있는가? 각종 유독물질이 가득 들어 있는 본드를 쏟아부어 일을 후딱 해치우고 돈을 받아 떠나는 것을 좋은 것으로 알고 있는 바닥업자며 도배업자들을 어떻게 믿을 수 있는가? 발암물질인 포름알데히드를 쏟아부어야 무늬목이 견고해진다고 알고 있는 무늬목업자들을 어떻게 믿을 수 있는가?

내가 친환경적으로 사는 수밖에는 없다. 그런데 친환경적으로 살기 위해서는 무엇보다도 먼저 아파트를 '재테크'의 수단으로 여기는 태도를 고쳐야 한다. 그런데 이런 태도는 부동산 투기를 부추기는 부동산 정책의 역사적 산물이다. 따라서 이런 태도를 고치기 위해서는 무엇보다 잘못된 부동산 정책을 바로잡아야 한다. 부동산 투기를 뿌리 뽑는 것은 잘못된 부동산 정책을 바로잡는 것일 뿐만 아니라 우리가 진정

친환경적으로 건강하게 살기 위한 것이기도 하다. 부동산 투기는 환경을 파괴하고 우리의 건강마저 해치는 주범이다. 투기사회는 반인간적이다.

그러나 부동산 투기를 막고 유독물질 본드나 포름알데히드 무늬목을 쓰지 않는다고 해서 친환경적 아파트가 만들어지는 것은 아니다. 사실 아파트는, 특히 고층 아파트는 모두 반환경적 주거공간이다. 그것은 산을 부수고, 들을 메우고, 바람 길을 막고, 햇빛을 가리고 들어서기 때문이다. 초고층 아파트는 더욱더 반환경적일 수밖에 없다. 이런 점에서 친환경적 아파트는 사실 궁극적으로 불가능하다고 할 수 있다. 그렇기는 해도 우리는 확실히 문제를 줄일 수는 있다. 예컨대 포름알데히드로 중무장을 한 무늬목을 쓰지 않는 것만으로도 문제는 크게 줄어들 것이다.

하지만 이것만으로는 부족하다. 예컨대 차량통행이 빈번한 곳에 들어선 아파트는 아무리 친환경적 내장을 하더라도 반환경적 주거공간이 될 수밖에 없다. 차량이 뱉어내는 유독물질들이 아파트 안으로 들어오고, 거주자는 그것을 고스란히 마실 수밖에 없기 때문이다. 그러므로 친환경적 내장도 중요하지만, 더 중요한 것은 살아 있는 환경 자체이다. 우리가 건강하게 살아가기 위해서는 환경 자체를 살아 있는 것으로 만들어야 한다. 언제 어디서나 싱싱한 공기를 마시고 맑은 하늘과 햇살을 즐길 수 있어야 한다. 지리산에서도 공기청정기가 필요한 세상은 이미 죽은 세상이다.

아파트는 가능한 짓지 말아야 한다. 짓더라도 가능한 저층으로 지어야 한다. 독일에서는 고층 아파트를 철거하고 저층 아파트나 빌라를 짓고 있다. 또한 아파트 주변의 환경을 잘 살려야 한다. 숲은 물론이고 아예 산을 없애고 들어서는 아파트는 정말 큰 문제가 아닐 수 없다. 나아가 버려져 있는 옥상공간을 옥상정원으로 만들어 그곳에서 아이와 함께 반딧불을 보고 별자리를 찾는 삶도 불가능한 것은 아니다. 아마도 버려져 있는 아파트 옥상의 크기는 전국적으로 수천만 평에 이르지 않을까?

무엇보다 '친환경적'이라는 것의 뜻이 좀더 명확하게 규정될 필요가 있다. 그것은 아파트 자체의 건축만이 아니라 그것이 환경과 맺고 있는 관계 속에서 규정되어야 한다. 아파트를 둘러싼 환경이 싱싱하게 살아 있어야 할 뿐만 아니라 아파트가 환경에 미치는 영향이 '친환경적'이어야 한다. 여기서 아주 중요한 것이 물과 전기의 사용이다. 중수시스템을 도입하고, 하수를 정화처리해서 배출하며, 옥상이나 벽면을 이용해서 햇빛/햇볕발전을 해야 한다. 이미 독일에는 이러한 친환경적 아파트가 많다.[8] 독일에서 하고 있는 것을 우리라고 못할 이유는 없을 것이다. 더욱이 그렇게 하는 것이 시대의 절박한 요청이기도 하니.

주

1) 『한국경제신문』 2005. 12. 27.
2) 『한국경제신문』 2006. 9. 11.
3) 〈연합뉴스〉 2006. 7. 27.
4) 〈mbn〉 2006. 7. 27.

5) 박인도,「산재투쟁의 산 역사, 원진 10년 투쟁의 결산」, http://kilsp.jinbo.net/publish
   /97/9706-08.htm 1997.
6) 제6대 제187회 제3차 본회의에서 박현옥 도의원 질의, 2003. 11. 6(목요일).
7) 『한국경제신문』 2004. 5. 9.
8) 이필렬, 『에너지 전환의 현장을 찾아서』, 궁리 1999.

3. 과학기술의 위험

욕망과 과학기술의 위험
위험사회와 생명
고속사회와 그 그늘
전기와 위험사회

욕망과 과학기술의 위험

욕망의 문제

인간의 욕망은 끝이 없다, 고 한다. 과연 그런 것 같다. 끝없이 올라가는 마천루며 거리에 넘치는 각종 물자를 보노라면, 인간의 욕망은 참으로 끝이 없다는 생각이 든다. 인간의 욕망이 과학기술의 발달을 낳았으며, 다시 과학기술은 인간의 욕망을 더욱더 키웠다. 그 결과 오늘날 우리는 문명의 급격한 몰락으로 이어질 수 있는 생태위기를 맞게 되었다. 그러니 우리는 묻지 않을 수 없다. 대체 욕망이란 무엇인가?

동양의 철학은 고대로부터 욕망의 문제를 중심적 화두로 삼아서 굴렸다. 불교에서는 '오욕론'으로 이 문제를 정리했다. 오욕(五慾)이란 다섯 가지 욕망을 뜻한다. 이것은 오근(五根)이라고 불리는 눈·귀·코·혀·몸의 다섯 가지 감각기관이 오경(五境)이라고 불리는 색(色)·성(聲)·향(香)·미(味)·촉(觸)의 다섯 가지 감각대상에 집착하여 일어나는 다섯 가지 욕망이다. 이런 오욕은 감각기관과 감각대상을 기준으로

3. 과학기술의 위험

한 것으로서 대단히 추상적이라고 할 수 있다. 이 때문에 불교에서는 재욕(財慾)·성욕(性慾)·식욕(食慾)·명예욕(名譽慾)·수면욕(睡眠慾)의 다섯 가지 욕망을 오욕으로 가르치고 있기도 하다. 이것은 더 많은 재물을 소유하고자 하는 욕심, 더 많은 성행위를 즐기고자 하는 욕심, 더 많은 음식을 먹고자 하는 욕심, 더 많은 명예를 누리고자 하는 욕심, 더 많이 자고자 하는 욕심으로서 극히 세속적이고 구체적인 욕망이다. 불교에서 이렇게 욕망을 추상적으로 또한 구체적으로 고민하고 중생들에게 가르친 까닭은 욕망에서 벗어나야 해탈이 이루어질 수 있다고 보기 때문이다. 욕망은 이를테면 중생의 본질이다. 욕망에서 벗어나지 못하는 한, 중생은 영원히 번뇌의 불길에서 벗어날 수 없다. 그러나 욕망에서 벗어날 때, 누구나 부처가 될 수 있다.

유교에서는 사단칠정론으로 욕망에 대해 고민했다. 맹자는 인의예지(仁義禮智)를 사람이 지켜야 할 네 가지 기본 덕목인 사덕(四德)으로 가르쳤다. 사단(四端)은 사덕이 나타난 것으로 불쌍히 여기는 마음〔惻隱之心〕, 자신의 불의(不義)를 부끄러워하고 남의 불의를 미워하는 마음〔羞惡之心〕, 양보하는 마음〔辭讓之心〕, 잘잘못을 분별하여 가리는 마음〔是非之心〕을 가리킨다. 이와 달리 칠정(七情)은 『예기』(禮記)의 「예운」(禮運)에 나오는 말로서 기쁨〔喜〕·노여움〔怒〕·슬픔〔哀〕·두려움〔懼〕·사랑〔愛〕·미움〔惡〕·욕망〔欲〕의 일곱 가지 인간의 자연적 감정을 가리킨다.[1] 이처럼 본래 사단은 도덕적 능력을, 칠정은 자연적 감정을 가리켰다. 그러나 주희의 유학인 주자학, 즉 성리학의 발흥과 함께 사단은 인간심성의 도덕적 면을, 칠정은 비도덕적 면을 가리키는 것으로 변질되었다.

그렇기는 해도 중국에서는 이와 관련해서 그다지 큰 논란이 빚어지지 않았다. 그러나 한국에서는 달랐다. 16세기 말의 이황과 기대승의 논쟁을 시작으로 사단칠정론은 조선의 성리학을 휘어잡았다. 사단칠정론 논쟁은 조선유학의 비현실적 성격을 가장 명확하게 보여준 사변적 논쟁이었다. 세상은 빠르게 개명하고 있는데 대다수 지식인들이 수백 년 동안이나 이런 사변적 논쟁에 빠져 있었으니 사단칠정론 논쟁과 함께 조선의 위기는 갈수록 깊어질 수밖에 없었다.[2]

불교나 유교의 공통점은 욕망을 인간의 본성에 속하는 것으로 본다는 것과 적극적으로 제어해야 할 대상으로 본다는 것으로 줄일 수 있다. 요컨대 천박한 본성의 요구를 넘어서거나 스스로 제어할 수 있게 되어야 고상한 부처나 선비가 될 수 있다는 것이다. 그러나 부처나 선비가 되는 것은 사실 지극히 어려운 일이다. 더군다나 공업주의와 자본주의의 성장과 함께 인간은 욕망을 적극적으로 추구할 강력한 힘을 갖게 되었다. 그로 말미암아 이윽고 '생태위기'가 초래되었다. 따라서 욕망이 어떻게 생성되고 추구되는가에 대해 적극적으로 연구해야 할 필요가 커졌다.

근대화와 욕망

근대화는 무엇보다 물질적 변화로 이해될 필요가 있다. 이런 점에서 우리는 무엇보다 먼저 공업화에 주목해야 한다. 공업화는 화석연료를

3. 과학기술의 위험

이용해서 대규모 기계를 가동하여 인간이 필요로 하는 각종 물품을 대량으로 생산하는 것을 뜻한다. 여기서 핵심적인 것은 각종 물품을 대량으로 생산하기 위해 자연의 대대적인 가공과 변형이 필요하다는 사실이다. 과학의 발달로 인간은 자연의 비밀을 더욱 잘 알 수 있게 되었고, 이에 따라 인간의 필요를 충족하기 위해 자연을 가공하고 변형할 수 있게 되었다. 과학기술의 발달은 공업화를 낳았고, 다시 공업화는 과학기술의 발달을 촉진했다. 이렇게 해서 현대 공업문명의 거대한 체계가 수립되었다.

근대화는 욕망의 시대로 나아가는 길을 닦았다. 전근대시대에는 꿈도 꿀 수 없었던 생산력의 비약적 성장이 이루어지면서 더 많은 사람들이 더 많은 물품을 이용하며 살 수 있게 되었다. 욕망은 제어해야 할 대상이 아니라 적극적으로 추구해야 할 대상이 되었다. 욕망을 적극적으로 추구하는 결과로 생산력의 발달이 이루어질 수 있기 때문이었다. 이것은 근대화의 정치적 핵심인 민주화와도 밀접하게 결합되어 있었다. 요컨대 민주화는 한 줌의 귀족이 아니라 모든 사람이 주권자가 되는 역사적 변화를 뜻한다. 그런데 주권자가 된다는 것은 단지 정치적 주체에 그치는 것이 아니라 경제적 주체가 되는 것을 뜻하며, 또한 자신의 욕망을 적극적으로 추구할 수 있는 욕망의 주체가 된다는 것을 뜻한다. 전근대시대에는 한 줌의 귀족만이 욕망의 주체일 수 있었다. 민주화는 원칙적으로 이런 상황의 종식을 뜻한다. 민주화는 욕망의 민주화이기도 한 것이다. 따라서 민주화는 공업화를 부추기는 강력한 정치적 계기가 된다.

그러나 현실에서는 누구나 욕망의 주체가 될 수 없었다. 우리가 살아가는 세계는 명백한 한계를 지니고 있으며, 따라서 지금도 누구나 욕망의 주체가 될 수는 없다. 또한 설령 우리가 살아가는 세계가 무한하다고 해도, 불평등한 세계에서는 욕망의 주체가 될 수 없는 사람들이 많다. 공업화와 민주화는 새로운 세계, 곧 근대적 세계를 만들었다. 이 세계에서는 누구나 욕망의 주체로 살 수 있다. 그러나 이것은 원칙일 뿐이다. 이 세계의 유한성과 자본주의의 불평등성이 결합되면서 실제로 욕망의 주체로 살 수 있는 사람은 소수에 그치고 말았다. 귀족을 제치고 새로운 지배세력으로 떠오른 부르주아가 그들이었다. 부르주아는 공업화와 민주화의 성과를 만끽하며 새로운 시대를 '아름다운 시대'로 축복했다. 그러나 자본주의는 경쟁을 통해 작동한다. 언제 어디서나 부르주아 사이의, 부르주아와 프롤레타리아 사이의 그리고 프롤레타리아 사이의 경쟁이 벌어진다. 더 많은 욕망의 실현을 위해서는 누구나 더 많은 경쟁에서 이겨야 한다.

그러나 생산력의 발달과 함께 더 많은 사람이 더 많은 욕망을 실현할 수 있는 가능성이 커진다. 경쟁에서 이겨야 한다는 원리는 물론 여전히 살아 있다. 사실 1990년대 이래의 신자유주의는 이 원리를 더욱 강화하고 있다. 그러나 이와 함께 사회의 물질적 기반이 크게 변했다는 것에 우리는 주목하지 않으면 안 된다. 이 변화는 이른바 '포드주의'의 이름으로 이루어졌다. 포드주의란 미국의 헨리 포드가 1920년대 미국에서 실시한 새로운 생산방식에서 유래했다. 헨리 포드는 기계식 운반대로 노동자들을 순서대로 이어놓은 연속생산 방식을 고안해서

3. 과학기술의 위험

생산력을 크게 높였다. 그러나 대량생산된 생산물은 반드시 대량소비되지 않으면 안 된다. 소수의 자본가만으로는 크게 모자랐다. 새로운 소비의 주체를 찾아야 했다. 포드는 노동자를 착취의 대상에서 소비의 주체로 만들었다. 이로써 '대량생산-대량소비'의 현대사회가 만들어졌다.

여기서 우리는 근대사회와 현대사회를 구분할 필요가 있다.[3] 둘 사이에 본질적 차이는 없다고 할 수 있다. 그러나 포드주의는 둘 사이에 중대한 실질적 차이를 가져왔다. 본질만을 강조하며 실질적 변화를 부정하는 것은 분명히 잘못이다. 예컨대 노동자가 소비의 주체가 되었다는 것은 더 이상 노동자를 마르크스가 정립한 19세기의 눈으로만 볼 수는 없게 되었다는 것을 뜻했다. 포드주의가 공업주의와 자본주의의 문제를 없앤 것은 결코 아니었지만, 19세기의 방식으로 이 문제에 대처할 수 없게 되었다는 것은 분명하다.[4]

포드주의로 거대한 부를 쌓은 미국은 곧 현대사회의 모델이 되었다. 특히 2차대전 이후 50년대에 들어와서 미국은 경제적으로뿐만 아니라 정치적으로·문화적으로 현대사회의 모델로 떠오르게 되었다. 이런 미국을 가리키기 위해 '풍요사회' '소비사회'라는 말이 만들어졌다. 풍요사회라는 말에는 빈곤에서 벗어난 정도가 아니라 풍요를 만끽하는 사회가 되었다는 뜻이 담겨 있었다. 또한 소비사회라는 말에는 이제 무엇을 얼마나 생산할 것인가보다는 더 좋은 것을 더 많이 소비하는 것이 사람들의 관심사가 되었다는 뜻이 담겨 있었다. 자동차, 컬러텔레비전, 에어컨은 풍요사회를 상징하는 세 가지 발명품으로 떠올랐다. 그리고 과시적 소비를 넘어선 기호적 소비라는 현상이 소비사회의 특징으로 파악되었다.

　바로 이런 물질적 변화를 배경으로 미국은 '근대화론'이라는 이론을 고안해서 사회주의로 이끌리는 경향을 보였던 제3세계의 탈식민국가들을 미국이 주도하는 자본주의 세계체계로 끌어들이려고 했다. 미국의 뜻을 거부하는 국가들에 대해서는 잔혹한 응징이 가해졌다. 근대화론은 미국의 국가테러보다는 포드주의의 성과에 더욱 크게 힘입어 강력한 힘을 과시했다.

　60년대로 접어들면서 포드주의는 유럽 전역으로 확산되었다. 50년대 미국에서 갤브레이드가 소비사회를 비판했다면, 60년대 프랑스에서는 보드리야르가 소비사회를 비판하는 작업에 매진했다. 이런 작업은 모두 단순히 이론적 탐구의 산물이 아니라 포드주의의 확산에 따른 물질적 기반의 변화에 의한 것이었다. 우리는 90년대에 접어들면서 60년대 서구가 겪은 것과 비슷한 변화를 겪게 되었다. 90년대에 접어들면서 각종 포스트주의가 널리 퍼지게 되었다. 60년대 서구에서 나타나기 시작한 새로운 철학과 사회이론들이 급속히 수입되어 퍼졌던 것이다. 그 무렵 '신세대'가 "풍요를 즐겨라"고 외치고 나섰다. 60년대 서구에서 나타난 새로운 철학과 사회이론이 90년대 한국에서 급속히 유행한 것과 신세대가 "풍요를 즐겨라"고 외치고 나선 것은 모두 70~80년대에 이루어진 고성장과 민주화라는 구조적 변화의 산물이라는 성격을 강하게 지니고 있었다.

　여러 문제를 안고 있는 것은 사실이지만 우리도 서구와 비슷하게 포드주의의 확산에서 성공을 거두었다. 이 때문에 우리도 '욕망의 시대'

를 살아가게 되었다. 욕망은 욕구와 관련해서 규정될 수 있다. 욕구가 생존의 필요를 뜻한다면, 욕망은 그것을 넘어서 나타나는 것이다. 불교나 유교의 가르침을 따르자면, 욕구도 사실 욕망에 속한다. 그러나 우리는 욕구와 욕망을 구분해서 볼 필요가 있다. 욕구는 그 자체로 쉽게 충족되지만, 욕망은 그 역치를 끝없이 높일 수 있다. 이 점은 자본주의에서 대단히 중요하다. 무한성장을 추구하는 자본주의의 본성은 무한욕망을 추구하는 인간의 본성을 강력하게 자극한다. 포드주의는 욕구의 시대에 종지부를 찍는 동시에 욕망의 시대로 향한 문을 활짝 열었다. 자본주의는 인간의 욕망을 끝없이 자극하여 무한성장을 추구하는 '욕망 자본주의'가 되었다. 80년대 이래의 이른바 '포스트포드주의'는 이런 변화를 더욱 확장했다.

과학기술의 이데올로기

그것이 포드주의이건 포스트포드주의이건 모든 근대화의 바탕에는 공업화가 자리 잡고 있다. 또한 그것이 자본주의이건 사회주의이건 모든 공업화의 바탕에는 과학기술이 자리 잡고 있다. 현대를 '과학의 시대' 또는 '과학기술의 시대'라고 부르는 것은 이 때문이다. 자연의 비밀을 파헤치는 과학과 그것을 이용할 수 있는 기술이 없었다면, 근대화는 이루어지지 않았을 것이며, 현대사회는 존재하지 않았을 것이다. 따라서 과학기술이야말로 근대성의 물질적 원천이다.

과학은 크게 세 영역으로 나누어 살펴볼 수 있다. 하나는 물질의 궁극적인 조성과 원리를 탐구하는 물리학이고, 다른 하나는 물질을 이루는 원소들의 상태와 변화를 탐구하는 화학이며, 나머지 하나는 물질의 특별한 상태인 생물의 특성을 탐구하는 생물학이다. 결국 과학은 물질을 탐구하는 것이고, 기술은 그것을 가공하는 것이라고 할 수 있다. 과학의 발달에 의해 우리는 미몽에서 깨어나게 되었다. 과학의 발달이 이루어지지 않았다면 계몽은 불가능했다. 자연은 더 이상 신비로운 주체가 아니라 이해할 수 있는 대상으로 바뀌었다. 기술의 발달에 따라 자연은 두려운 존재에서 유용한 존재로 바뀌었다. 신의 죽음을 초래한 것은 철학이 아니라 과학이었다. 사실 과학의 발달과 함께 철학 자체가 크게 변하지 않을 수 없었다.[5] 과학의 가르침을 따라 기술은 새로운 기계를 만들고, 나아가 아예 새로운 세계를 만들었다. 그러나 종교산업의 번성에서 잘 알 수 있듯이, 사실 신은 죽지 않았다. 다만 절대자의 자리에서 쫓겨났을 뿐이었다. 그 자리는 과학의 차지가 되었다.

과학은 우리가 모든 것을 합리적으로 이해할 수 있으며, 합리적으로 이해할 수 있는 것은 합리적으로 이용할 수 있다고 주장한다. 기술의 발달은 이런 과학의 주장을 사실로 입증해 주는 것 같다. 과학의 세 영역을 따라 기술의 영역을 구분해 보자면, 하나는 기계를 만들고 이용하는 기계공학이고, 다른 하나는 여러 원소들을 섞어서 새로운 화합물을 만들어내는 화학공학이며, 나머지 하나는 생명체를 조작해서 새로운 생명체를 만들어내는 생명공학이다. 여기서 우리가 더욱 주목해야 하는 것은 생명공학이다. 그것은 우리 자신이 생명체이기 때문이다. 생명공학은 우리 자신을 포함해서 모든 생명체를 과학기술의 대상으

3. 과학기술의 위험

로 만들어버렸다. 우리는 생명공학의 주체이자 대상이다. 기계공학이 주체인 우리가 대상인 기계를 다루는 것이라면, 생명공학은 주체인 우리가 우리 자신을 대상으로 다루는 것이다.

바로 이 때문에 생명공학은 첨예한 논쟁의 대상이 될 수밖에 없다. 단순히 과학기술의 논리로 보자면, 생명공학은 과학기술의 금자탑이라고 할 수 있다. 생명에 대한 이해는 물리학자들도 어려워했던 과학의 난제였기 때문이다.[6] 생명은 특수한 물질적 현상이기 때문에 물리학과 화학의 발달이 이루어지고서야 비로소 생명에 대한 이해가 한층 깊어질 수 있었던 것이다. 1953년에 왓슨과 크릭이 이중나선을 발견하면서 생물학은 생명공학으로 나아갈 수 있게 되었다. 다윈의 진화론에 필적하는 과학적 업적으로 평가되는 이 대발견이 20세기 중반에야 이루어질 수 있었던 것은 그만큼 생명에 대한 이해가 어렵다는 것을 보여준다.[7] 공학은 자연을 가공하는 것이다. 생명공학은 생명을 가공하는 것이다. 여기서 가공은 표면적인 것이 아니라 근본적인 것이다. 요컨대 수십억 년의 공진화를 통해 이루어진 자연의 상태를 근본적으로 바꾸는 것이다.

생명공학에서 그 정점에 이르기는 했지만 기계공학과 화학공학도 자연의 상태를 근본적으로 바꾸고자 한다는 점에서는 마찬가지이다. 기계공학은 기계인간이라는 반자연적 피조물의 제조를 꿈꾸고, 화학공학은 각종 환경호르몬으로 자연의 질서를 이미 크게 교란하고 있으며, 생명공학은 생명 자체의 인공적 생산이라는 반자연적 상태를 꿈꾸고 있다. 이런 모든 과학기술은 자연의 교란과 파괴라는 극히 위험한 문제를 안고 있다.

　이 문제는 두 차원으로 나누어볼 수 있다. 첫째, 인간 외부의 자연이 파괴되는 것이다. 지구온난화나 오존층 파괴와 같은 지구적 환경 문제가 대표적인 예이다. 우리는 자연에서 가장 강한 존재이다. 그러나 또한 우리는 자연을 벗어나서 살 수 없는 자연 속의 존재이다. 급격한 기후변화는 우리의 문명을 파괴하고 우리 자신을 절박한 생존의 위험으로 몰아넣는다. 오존층 파괴는 우리를 포함해서 지구에 존재하는 모든 생명체의 급격한 멸종으로 이어질 수 있다. 안정된 자연은 우리의 생존을 위한 기본 조건이다. 세계 곳곳에서 태풍·홍수·지진·해일 등의 커다란 자연재해가 쉬지 않고 일어난다면, 우리는 생존에 급급해서 어떤 문명도 이룰 수 없을 것이다.

　둘째, 자연 속의 존재인 우리 자신이 파괴되는 것이다. 환경호르몬은 그 대표적인 예이다. 우리 몸속으로 들어온 화학물질은 우리 몸속에서 마치 호르몬처럼 기능한다. 그 결과 우리의 내분비체계가 교란되어 여러 심각한 문제들이 나타나게 된다. 아토피나 각종 암은 물론이고 번식에도 문제가 생긴다. 정자나 난자에 영향을 미쳐서 불임이 되거나 기형아를 낳을 가능성이 커지는 것이다. 이 문제가 확산되면 머지않아 인류의 생물학적 멸종이 이루어질 수도 있다.[8] 생물의 진화는 사실 환경과 영향을 주고받는 '공진화'(coevolution)이다. 우리가 환경을 파괴하면, 우리도 파괴되지 않을 수 없다. 자연을 돌보는 것은 자연 속의 존재인 우리 자신을 돌보는 것이다. 이것은 윤리가 아닌 과학의 요구이다.

3. 과학기술의 위험

과학기술은 인류에게 엄청난 풍요와 복지를 가져다주었을 뿐만 아니라 자연의 파괴와 생존의 위험을 안겨주기도 했다. 이런 이중성은 과학기술이 안고 있는 본질적 특징이다. 그럼에도 불구하고 이에 대한 우려는 종종 체계적으로 무시되고 있다. 과학은 결국 모든 문제를 극복하고 인류에게 풍요와 복지를 가져다줄 것이라는 낙관적 전망과 예언의 목소리를 이 세상 어디서나 쉽게 들을 수 있다. 과학기술에 대한 이런 낙관적 목소리를 우리는 '과학주의'라고 부른다. 이것이야말로 현대 과학기술에 관한 우려를 불식하고 그것을 일방적으로 정당화하는 과학기술의 이데올로기이다. 우리에게 잘 알려진 미국의 미래학자 또는 미래상인 토플러는 그 대표적인 이데올로그이다. 과학주의는 과학의 실패마저 과학을 통해서만 극복할 수 있다고 주장한다. 이렇게 해서 과학의 실패도 왕왕 과학주의의 강화로 귀결되어 버린다. 과학주의의 힘은 무엇보다 과학의 실제적 힘에서 비롯된다. 따라서 과학주의라는 이데올로기를 극복하는 것은 극히 어려운 과제일 수밖에 없다. 과학기술의 발달로 엄청난 풍요와 복지를 이룬 것은 틀림없는 사실이기 때문이다.

과학기술의 양면성이라는 점에서 보자면, 과학기술의 성과를 일방적으로 선전하는 과학주의의 비과학성과 반인간성은 명확하다. 그럼에도 불구하고 이 문제가 제대로 극복되지 못하는 근원적 이유는 우리의 욕망, 그것도 가장 오래된 욕망에서 찾을 수 있다. '무병장수의 꿈'이 바로 그것이다. 인구증가나 평균수명 연장에서 잘 알 수 있듯이 과학기술은 무병장수의 꿈을 상당 정도로 실현했다. 그 덕에 세계는 대단히 빠르게 노령화하고 있다. 그중에서도 한국은 세계에서 가장 빠른 속도로 노령화하고 있다. 바로 이런 역사적 현실에서 과학주의의 힘이 비롯되는 것이다. 따라서 과학주의는 결코 쉽게 논박되지 않는다.

  과학주의는 개발주의와 성장주의의 원천이기도 하다. 과학기술의 힘이 아니라면 개발주의와 성장주의가 실제로 위세를 부릴 수는 없기 때문이다. 따라서 과학주의는 무병장수를 바라는 사람들의 지지를 받고, 무한성장을 추구하는 경제의 지지를 받게 된다. 과학기술의 양면성을 직시하기 위해서는 이런 과학주의의 문제와 직면해야 한다. 생태위기는 무엇보다 과학기술의 산물이다. 현대사회가 없었다면, 생태위기는 없었다. 과학기술이 아니었다면, 현대사회는 없었다. 과학주의의 두터운 장막을 넘어서 과학기술이 문제의 원천이라는 사실을 정확히 알리려는 노력은 생태위기의 상황에서 이미 절실한 과제이다.

시민의 과학을 위하여

과학기술이 욕망의 시대를 창출한 동력이라는 점에서 욕망의 문제에 대한 관심은 반드시 과학기술의 문제에 대한 관심으로 이어져야 한다. 모든 것을 자본주의의 문제로 여기는 것은 낡은 것일 뿐만 아니라 잘못된 것이다. 자본주의가 문제를 악화시키는 것은 사실이지만 문제의 원천은 아니다. 문제의 원천은 과학기술 자체이다. 과학기술은 그대로 두고 자본주의만 척결하면 된다는 얼치기 마르크스주의자의 주장은 뒤집힌 스탈린주의일 뿐이다.

이런 점에서 '황우석 신드롬'은 분명히 문제적 현상이었다. 황우석의 연구성과는 생명공학의 개가로 널리 알려졌다. 아니, 단순히 널리 알려진 정도를 넘어서 인류적 위업으로 대대적으로 선전되었다. 국내의 모든 언론들이 그를 '과학자'를 넘어선 '구원자'로 묘사했다. 심지어 〈문화방송〉은 2005년의 광복절을 맞아서 다시 그의 연구실을 찾았다. 해방 60주년의 의미를 황우석의 연구와 연결하는 비약적 보도를 한 것이다. 황우석은 과연 '구원자'인가? 그렇다고 하더라도 과연 어떤 구원자인가?

황우석은 2005년 7월에 개 복제에 성공함으로써 인간복제에 한걸음 더 다가갔다는 평가를 받았다. 그는 인간복제는 하지 않을 것이며, 연구성과를 상업적으로 이용하지도 않겠다는 뜻을 밝혔다. 그러나 인간 배아줄기 세포의 복제는 사실상 인간복제로 간주될 수 있으며, 의료의 목적으로 이용하는 것도 상업적 이용에 포함될 수 있다. 황우석은 굉장히 위험한 윤리적 줄타기를 하고 있었다.

한국에서 황우석의 실험이 가능한 과학 외적 이유로 보통 두 가지를 꼽았다. 첫째, 실험실이 강력한 도제문화와 군사문화로 운영되고 있어서 극히 적은 비용으로 굉장히 어려운 실험을 강행할 수 있다는 것이다. '조교'로 불리는 많은 연구원들이 실험실에서 고통스럽게 숙식하면서 지내고 있다. 둘째, 생명윤리에 관한 관심이 아직 극히 낮은 상태에서 생명공학이 '황금알을 낳는 거위'로 열렬히 선전되었다. 윤리적으로 황우석의 실험이 얼마나 위험한 것인가에 대해서는 언론에서 거의 볼 수 없었다. 반면에 황우석의 실험으로 한국이 얼마나 많은 돈을 벌 수 있을 것인가에 대해서 언론은 과도하게 부풀린 온갖 추측을 남발했다.

이런 문제에 관해 황우석이 발언한 적이 없다는 점에서 황우석은 이런 상황을 사실상 즐기고 있는 것 같기도 했다. 우리는 황우석 신드롬에서 '731부대의 먹구름'을 함께 읽어야 했다. 731부대는 히로히토 일왕의 특명으로 만주에 설치되었던 일본 제국주의의 특수부대였다.[9] 부대장의 이름을 따서 '이시이(石井) 부대'로도 불리는 이 부대는 살아 있는 사람의 장기를 떼어내거나, 살아 있는 사람의 몸에 공기나 세균을 주입해서 죽이거나, 매독균 등을 임산부의 몸에 주입해서 임산부와 태아의 변화를 관찰하는 등, 인간으로서 도저히 할 수 없는 온갖 잔악한 생체실험을 자행했던 '악마의 부대'였다. 그러나 이시이는 전후(戰後)에 어떤 처벌도 받지 않았으며, 오히려 동경대에서 학장까지 지냈다. 과학기술은 본질적으로 맹목이다. 이 점에서 과학기술의 윤리문제는 과학기술의 본질적인 문제이다. 황우석의 연구성과가 언젠가 또 다른 731부대를 위해 사용될 가능성은 분명히 있다.[10]

과학기술은 그 자체로 커다란 한계를 갖고 있다. 이것이 과학기술의 본원적 위험을 이룬다. 예컨대 생명공학은 생명체를 위험하게 하고 생태계를 위험하게 할 수 있다. 이 위험은 생명을 완전하게 다룰 수 없는 생명공학의 내적 한계에서 비롯되는 것으로 결코 원천 봉쇄될 수 없다. 또한 과학기술을 생산하고 이용하는 사회도 자신을 완전하게 규율할 수 없다는 커다란 한계를 갖고 있다. 이것이 과학기술의 사회적 위험을 이룬다. 핵폭탄의 예에서 잘 알 수 있듯이, 과학자의 선의는 정치

3. 과학기술의 위험

인이나 기업가에 의해 아주 쉽게 배신당할 수 있다. 핵폭탄의 원리를 발견한 아인슈타인이 핵무기 반대운동에 나선 것도 이 때문이었다. 위험성의 면에서 핵무기의 제조처럼 애초부터 추구해서는 안 되는 절대적 위험의 과학기술이 있다. 사실 생명공학도 그런 성격을 강하게 갖는다. 그것은 언제나 생명을 육성하고 보호하는 것처럼 선전되고 있지만, 핵무기와 마찬가지로 이 세상의 모든 생명을 절멸의 위험으로 몰아넣을 수 있다.

이렇듯 모든 과학기술은 커다란 한계와 위험을 지니고 있기 때문에 전문가의 장벽을 벗어나 투명하게 공개되고 감시되어야 한다. 위험성이 강한 것일수록 더욱더 그렇다. 과학기술은 우리 모두에게 영향을 미치는 공공재이다. 전문가일수록 이런 사실을 잘 알고 있어야 한다. 전문가는 자신의 부담을 덜기 위해서도 과학기술의 민주화에 적극 나서야 한다. 시민은 과학기술의 민주화를 적극 요구해야 한다. '황우석 사태'에서 잘 드러났듯이 전문가는 자신의 이익을 위해 시민과 국가를 상대로 위험천만한 사기를 벌일 수도 있다. 전문가의 담장을 부수고 시민의 과학을 추구하는 것은 민주화의 심화를 이루기 위한 핵심적 과제이다.

욕망을 초월하거나 제어하는 것은 대단히 어려운 일이다. 그러나 불교나 유교와 같은 오래된 지혜에서 잘 배울 수 있듯이, 욕망에 휘둘리는 것은 대단히 위험한 일이다. 인간복제를 향해 치달리는 생명공학은 지선한 '구원자'의 모습을 하고 있는 것으로 보이지만, 욕망에 사로잡힌 야차의 모습도 우리는 분명히 볼 수 있다. 오래된 지혜에 귀를 기울이며 과학기술의 양면성을 놓치지 말자. 핵무기의 교훈은 모든 과학기술에 똑같이 적용되는 것이다.

주

1) 주희는 '희로애락'이 나타나기 전의 마음이 '성'(性)이며, 이것을 잘 다스려 '중'(中)을 지켜야 한다고 가르쳤다. 그러나 원래 『예기』의 칠정에는 '즐거움'이 빠져 있다. 유교는 본래 '즐거움'을 멀리하고 '두려움'의 학문으로 시작되었던 것일까?
2) 선조·광해군·인조 대에 벼슬을 했던 조선의 문장대가 계곡 장유는 일찍이 다음과 같이 질타했다. "중국의 학술은 갈래가 많아서 정학과 선학, 단학이 있으며, 정·주를 배우는 자가 있고, 육씨를 배우는 자도 있어서 문로가 하나만이 아니다. 그런데 우리나라는 유식·무식을 논할 것 없이 책을 끼고 글을 읽는 자라면 모두 정·주의 학문을 욀 뿐이고 딴 학문이 있다는 것은 듣지 못한다. 어찌 우리나라 선비의 풍습이 중국보다 나은 것이리오. 말하자면 그런 것이 아니다. 중국에는 학자가 있으나 우리나라에는 학자가 없다. 대개 중국사람은 재주와 뜻이 녹록하지 않으므로 시대마다 뜻이 있는 선비가 성실한 마음으로써 학문을 닦는다. 까닭에 각자 좋아하는 바를 따라서 학문하는 것이 동일하지 않았다. 그러나 가끔 충실한 공부가 있었다. 그런데 우리나라는 그렇지 않아서 생각하는 것이 옹졸하고 도무지 뜻과 기개가 없다. 다만 정·주의 학문을 세상에서 귀중하게 여긴다는 것을 들어서 입으로 말하고 겉으로 높일 뿐이다. 소위 잡학이란 것조차 없으니, 어찌 정학엔들 얻은 것이 있으리오. 비유하면, 토지를 개간하고 씨를 뿌림과 같이, 자라고 열매가 있은 다음이라야 오곡과 강아지풀을 분별할 수 있다. 텅 빈 맨땅에 무엇이 오곡이며 무엇이 강아지풀이 되겠는가."(장유, 『계곡만필』(1632), 김철희 옮김, 을유문화사 1974, 71쪽). 지금도 사정은 크게 다르지 않다. 미국의 외국유학생 중에서 한국인은 인도, 중국에 이어 3위이다. 한국의 대학은 미국박사들이 점령하고 있다고 해도 과언이 아니다. 한편 미국의 이론에 맞선다며 프랑스의 이론을 가장 적극적으로 수입해서 퍼트리는 것도 한국의 지식인들이다. 학문의 내용으로나 학계의 구성으로나 한국의 학계를 대표할 수 있는 말은 바로 '식민성'이다.
3) 見田宗介, 『現代社會の理論』, 岩波文庫 1996, 2~18쪽.
4) 장기적으로 공업주의는 쇠퇴할 수밖에 없다. 지구의 자원에는 한계가 있기 때문이다. 사회적 약자일수록 공업주의의 쇠퇴에 따른 영향을 더 크게 받기 쉽다. 따라서 사회적 약자일수록 이 문제에 더욱 깊은 관심을 기울이고 적극적으로 대처해야 할 것이다(홍성태,

3. 과학기술의 위험

『개발주의를 비판한다』, 당대 2007).
5) 한스 라이헨바하, 『새로운 철학이 열리다』, 새길 1994.
6) 슈뢰딩어, 『생명이란 무엇인가』, 한울 2000.
7) 제임스 왓슨, 『이중나선』, 전파과학사 2001; 앤르루 베리/제임스 왓슨, 『DNA: 생명의 비밀』, 까치 2003.
8) 테오 콜본, 『도둑맞은 미래』, 사이언스북스 2000.
9) 常石敬一, 『七三一部隊: 生物兵器犯罪の眞實』, 講談社 1995.
10) 이 글은 본래 2005년 8월에 작성되었다. 2005년 12월에 황우석의 '정체'는 드러나고 말았다. 이에 관해서는 김세균·최갑수·홍성태 엮음, 『황우석 사태와 한국 사회』(나남 2006) 참조.

위험사회와 생명

위험사회와 생명

이 세상의 모든 생명은 태어나서 죽을 때까지 온갖 위험을 이겨야 한다. 하루살이조차도 그렇다. 어떤 위험은 상처를 입힐 뿐이지만, 어떤 위험은 때 이른 죽음을 가져온다. 자연에서 '천수'를 누리는 생명은 사실 아주 드물다. 백수의 왕이라는 사자조차도 그렇다. 우리의 마음을 편안하게 해주는 자연의 소리도 가만히 귀를 기울여 들어보면, 사실은 때 이른 죽음을 피하려는 온갖 생명의 안타까운 비명소리로 가득 차 있다.

사람의 일생이라고 다른 것은 아니다. 왕자였던 싯다르타를 출가하게 만든 저 생로병사의 순환은 오늘도 계속되고 있다. 이전보다 훨씬 더 많은 사람들이 조금 더 풍족하고, 조금 더 안락하고, 조금 더 안전하게 살게 되었지만, 그렇다고 해서 싯다르타를 괴롭혔던 윤회의 고통이 끝난 것은 아니다. 싯다르타가 이 시대에 다시 태어난다면, 그는 여

3. 과학기술의 위험

전혀 출가하지 않을 수 없을 것이다. 고통에 시달리며 죽어가는 사람들이 이 세상에는 여전히 많기만 하다.

그러나 싯다르타의 시대와 우리의 시대가 같은 것은 아니다. 우리는 정말로 그때와는 크게 다른 시대에서 살고 있다. 이 점에 우리는 주의해야 한다. 무엇이 그렇게 달라졌는가? 싯다르타의 시대는 자연적 위험이 주요한 문제였다면, 우리의 시대는 우리가 만들어낸 인공적 위험이 주요한 문제가 되었다는 것이다. 자연적 위험에서 벗어나기 위해 우리가 애써서 만든 문명이 우리는 물론이고 이 세상의 모든 생명, 아니 이 세상 자체를 송두리째 파괴할 수 있는 위험을 낳았다. 이 위험한 문명을 어찌해야 할 것인가?

오늘날 우리를 괴롭히는 것은 우리가 오랜 세월 애써서 만들어낸 '문명 자체의 위험'이다. 그러므로 이 위험을 피하기 위해서는 우리의 문명 자체가 안고 있는 문제와 한계에 대해 깊은 관심을 기울여야 한다. 우리가 무서워해야 할 것은 사자의 무서운 어금니와 발톱이 아니라, 저 높은 곳에서 우리를 늘 지켜보고 있다는 신의 노여움이 아니라, 이 세상을 말 그대로 끝장내 버릴 수 있는 힘을 가지게 된 우리 자신이다. 불행하게도 우리에게는 이 무서운 힘을 잘 사용할 수 있는 슬기가 모자라기 때문이다.

우리의 문명은 '판도라의 상자'인지도 모른다. 너무나 크고 무서운 해악들이 그 안에 담겨 있었다. 그렇다고 뚜껑을 서둘러 닫아야 하는가? 그렇게 할 수도 없거니와, 그렇게 하는 것은 오히려 더욱 큰 문제를 낳고 말 것이다. 마치 판도라의 상자에 남아 있던 '희망'이 우리에게 문명을 이룩할 힘을 주었던 것처럼, 우리가 이룩한 문명 안에 이 문명의 문제와 한계를 짚어보고 바로잡을 힘이 자리 잡고 있는지 모른다.

죽음 곁의 생명

위험사회는 이른바 문명의 기준으로 보았을 때, 결코 뒤떨어진 사회가 아니라 오히려 가장 발달한 사회이다. 그런 만큼 이 사회는 죽음의 공포로부터 가장 멀리 떨어진 사회여야 한다. '죽음과의 전쟁'은 모든 문명에서 볼 수 있는 가장 보편적인 특징이기도 하다. 우리는 죽음과의 전쟁을 통해 오늘날과 같은 엄청난 문명을 이루었다. 그러나 과연 우리의 위험사회가 죽음의 공포로부터 가장 멀리 떨어진 사회인가?

 죽음은 한 생명의 끝이지만, 새 생명의 시작이기도 하다. 죽음은 탄생과 마찬가지로 자연스러운 것이고 성스러운 것이다. 그러나 죽음에 대한 두려움은 생명의 본능이다. 달관한 사람이 아니고는 이 본능으로부터 결코 자유로울 수 없다. 불로장수나 무병장수가 인류의 가장 오랜 꿈이었던 것도 이런 본능의 발로일 것이다. 이집트의 피라미드와 미라가 잘 보여주듯이, 이 꿈을 이루기 위한 인류의 노력은 굉장한 것이었다.

 지금도 여전히 죽음은 한 생명의 끝이지만, 사람들은 대체로 이전보다 조금 더 오래 살게 되었다. 사실 우리는 지난 200년 동안에 죽음과의 전쟁에서 놀라운 성과를 거두었다. 무엇보다 거의 주기적으로 인류의 수를 크게 줄여주었던 질병들을 인류는 거의 모두 정복했다. 예컨대 흑사병은 이미 오래 전에 '죽음의 상징'이라는 지위를 잃어버렸다. 천연두나 독감도 더 이상 인류를 위협할 수 없게 되었다. 나아가 영유아의 사망률이 크게 떨어졌고, 많은 나라들이 고령화 사회가 되었다. 불로와 무병은 여전히 이루어지지 않았지만, 적어도 장수는 이루어졌다. 이것만으로도 인류는 대성공을 거두었다고 할 수 있을 것이다.

그러나 새로운 문제가 나타나게 되었다. 오랫동안 우리를 괴롭혀왔던 자연의 적들은 패퇴하였으나, 새로운 자연의 적들이 나타나서 우리를 괴롭히기 시작했다. 예전에는 누구도 알지 못했던 새로운 병균이 나타났으며, 적은 사람들만이 앓던 질병이 가장 대표적인 질병이 되었다. 이로부터 우리의 문명 자체가 우리의 가장 큰 적이 되었다는 진단까지 나오게 되었다. 두 차례에 걸친 세계전쟁은 말할 것도 없고, 우리의 문명은 우리에게 새로운 죽음의 공포를 안겨다 주었다. 우리가 우리의 생명을 이어나가기 위해, 심지어 지키기 위해 만든 것들이 우리의 생명을 죽음으로 몰아가게 되었기 때문이다. 이런 상황이 우리가 위험사회에서 살아가고 있다는 인식을 낳게 되었다. 위험사회는 우리의 불안한 문명을 부르는 다른 이름이다.

이 사회에서 우리는 도무지 위험하다고 느끼지도 못하는 사이에, 아니 아주 안전하다고 느끼며 일상의 행복을 누리다가, 갑작스레 죽음을 맞이할 수 있다. 체르노빌의 핵발전소가 폭발한 것은 그 대표적인 예이다. 1986년 4월 26일, 전기를 생산하기 위해 건설된 거대한 핵발전소가 폭발해 버렸다. 그곳에서 생산된 전기를 이용해서 문명을 즐기던 많은 사람들이 삽시간에 죽었고, 그로 말미암은 죽음은 지금도 계속 이어지고 있다. 핵발전소는 현대문명의 피라미드이다. 그것은 현대문명의 위대한 힘을 과시하는 가장 강력한 상징물이다. 그러나 그것은 우리가 감당할 수 없는 위험을 안고 있는 상징물이다. 핵에 담겨 있는 엄청난 자연력을 우리는 완전히 안전하게 통제할 수 없다. 그러므로 핵발전소를 세우고 이용하는 것은 우리가 감당할 수 없는 엄청난 위험을 감수하고 살아가는 것과 같다. 이런 시설을 이용해서 우리는 장수와 풍요의 꿈을 이룰 수 있게 되었지만, 그러나 그 꿈은 한낱 백일몽이 될 수도 있는 것이다. 체르노빌은 이러한 사실을 여지없이 증명해 보였다.

핵발전소는 이 세상의 곳곳에 들어서 있다. 특히 이 나라에는 면적당 가장 많은 수의 핵발전소가 들어서 있다. 우리가 감당할 수 없는 위험이 지금도 곳곳에서 정상적으로 생산되고 관리되고 있는 것이다. 한 순간도 방심할 수 없는, 그럼에도 불구하고 위험 자체를 없앨 수 없는 기가 막힌 상황에서 우리는 살아가고 있는 것이다. 이런 위험의 생산과 관리에 기대어 우리의 문명 자체가 작동되고 있기 때문이다. 장수와 풍요의 꿈에 한껏 도취되어 한 순간이라도 마음을 놓는다면, 우리는 걷잡을 수 없는 나락으로 떨어질 수밖에 없다. 팽팽하게 당겨진 활시위를 언제까지고 잡고 있어야 하는 상황 속에서 우리는 살아가게 된 것이다. 페스트의 자리를 핵발전소가 차지하고 들어앉은 셈이다. 마치 중세인이 페스트의 창궐로 말미암은 갑작스러운 죽음의 공포에 짓눌려 있었듯이, 우리도 핵발전소의 폭발로 말미암은 갑작스러운 죽음을 늘 염두에 두고 살아가야 한다.

그러나 우리가 마주하고 있는 것은 갑작스러운 죽음의 공포만이 아니다. 모든 삶은 결국 천천히 죽어가는 것이라고, 모든 삶의 궁극적 목적지는 결국 죽음이라고 하지만, 잘살기 위한 우리의 노력이 우리를 천천히 죽이는 결과를 빚게 되었다는 것은 우리의 문명이 안고 있는 '정상적인 위험'의 문제를 보여주는 또 다른 중요한 예이다. 병을 고치기 위해 찾아간 병원이 더 큰 병을 안겨주기도 한다. "병원이 병을 만든다"는 이반 일리치의 주장이 허튼소리가 아니라는 것을 현대의학의 힘을 확신하는 의사들도 인정하게 되었다. 좀더 건강하게 살기 위해 먹는 건강식품이 오히려 우리에게 병을 안겨주고 죽음으로 가는 길을 열어준다. 쉽게 이해할 수 없는 과학적 기준치들이 '안전도'라는 이름으로 책정되고 공고되지만, 그것은 사실 '위험도'라고 해야 옳을 것이다. 정도의 차이는 있지만 결국 우리의 생명을 위협하기는 마찬가지인 여러 물질들을 우리는 일상적으로 먹고 쓰며 살아간다. 우리는 죽음의 공포로부터 벗어나지 못했을 뿐만 아니라 더 많은 공포 속에서 더 오랫동안 시달리며 살아가야 하는 처지가 되었다. 이 때문에 우리의 문명은 불안하다.

인류의 문명이 인류에게 가장 큰 위험의 원천이 되었을 때, 이 세상에서 우리와 함께 살아가고 있는 다른 생물들에게는 어떤 일이 일어났을까? 인류의 문명이 승승장구하는 과정은 다른 생물들에게는 끔찍한 재앙의 연속이었다. 이미 엄청나게 많은 생물들이 아예 멸종되었으며, 여전히 엄청나게 많은 생물들이 멸종되고 있다.

생물다양성에 관한 지식은 그 편차가 심하나 분명한 것은 생태계, 생물종 그리고 유전자가 서로 합쳐 지구상의 삶을 유쾌하고 가능하게 해주는 생물다양성이 상당한 속도로 붕괴되고 있다는 사실이다. 우리가 받아들이기 어렵겠으나 대규모 멸종이 이미 시작되었고 현재 세계는 더욱더 많은 종을 잃을 수밖에 없는 상황에 놓여 있다. 하버드대학의 생물학자인 윌슨은 최소한 1년에 50,000종 약 하루에 140종의 무척추동물이 열대우림 서식처의 파괴로 인해 멸종하고 있다고 추정한다. 작은 생물체는 물론, 큰 생물체도 사라지고 있다. 삼림벌목으로 매일 적어도 1종의 조류, 포유류 또는 식물이 멸종선고를 받고 있다.[1]

다른 생물의 견지에서 보자면, 현대사회는 그냥 위험사회가 아니라 종의 유전적 존속 자체가 백척간두에 선 멸종의 위험사회이다. 다시 다른 생물의 견지에서 보자면, 위험사회는 죽음의 공포가 더할 수 없이 커진 사회이다. 이 문명을 위해 그들은 숱한 희생을 치러야 했으나, 그 대가로 마침내 멸종당해야 하는 처지로까지 내몰린 것이다. 더욱이 인류의 일부는 다른 생물과 똑같이 멸종되었으며, 지금도 그런 처지에 놓여 있다. 그러므로 현대사회는 죽음의 공포로부터 가장 멀리 떨어진 사회가 아니다. 오히려 죽음의 공포가 훨씬 더 커지고 널리 퍼져 있으며, 그런 사실이 정상적인 것으로 여겨지는 이상한 사회이다. 그러므로 이런 사회를 위험사회라고 부르는 것은 조금도 잘못이 아니다. 오히려 잘못은 우리가 감당할 수 없는 위험을 정상적인 것으로 여기고 계속 생산하고 관리하는 것이다.

겉보기에 위험사회는 죽음을 가장 멀리 밀어낸 사회인 것처럼 보인다. 그러나 사실 위험사회는 멸종조차, 다른 생명뿐만 아니라 일부 인류의 멸종조차 정상적인 것으로 여기는 사회이다. 이 사회에서 죽음은 '유혹'이나 '위협'이 아니라 그저 정상적인 요청일 뿐이다. 그러므로 위험사회는 죽음을 가장 가까이 두고 있는 사회이다. 그것은 언젠가는 찾아오고야 마는 자연적인 죽음이 아니라 더 잘살고 싶어하는 우리의 욕망이 체계적으로 생산한 인공적인 죽음이다. 그러므로 위험사회는 생명의 사회가 아니라 생명을 죽이는 '죽임의 사회'이다. 문명의 불꽃이 화려하게 타오를수록 그 제단에는 더욱더 많은 생명이 바쳐진다.

변형되는 생명

공업사회는 무엇보다 공업력을 이용해서 구성되고 운영되는 사회이다. 그리고 공업력이란 무엇보다 자연을 인간의 목적에 맞게 변형할 수 있는 힘을 뜻한다. 저 땅 깊이 감추어져 있던 석유를 파 올리고, 돌 속에 파묻혀 있는 각종 광물을 캐내며, 우리의 풍요로운 삶을 위해 자연을 멋대로 가공할 수 있는 능력이 공업력이다. 이런 공업력이 고도로 발달했을 때, 공업사회는 위험사회로 바뀌게 된다. 다시 말해서 위험사회는 고도로 발달한 공업사회이다.

사실 자연의 변형은 문명의 형성과 함께 시작된 현상이다. 농업사회에서도 급격한 자연의 변형이 이루어지고, 이로 말미암아 문명 자체가 퇴락하기도 했다. 그러나 지구적인 차원에서 자연의 변형이 이루어진 것은 인류가 공업력을 이용하면서부터, 다시 말해서 공업사회가 지구적 차원에서 형성되면서부터이다. 메소포타미아 문명이 자연의 급격한 변형을 가져오는 데 천년의 시간이 걸렸다면, 스탈린의 자연대개조 계획은 불과 10년 만에 훨씬 더 심각한 결과를 가져왔다. 공업력은 무서운 파괴력이다. 그것은 아주 빠른 시간에 지구적인 차원에서 자연의 파괴와 변형을 가져왔다.

위험사회에서 공업력은 생명의 파괴뿐만 아니라 그 변형에까지 이르게 된다. 이것은 인류가 생명체를 물리적으로 파괴하는 것을 넘어서 유전적으로 조작할 수 있게 되었다는 것을 뜻한다. 이로써 생명체의 물리적 형태가 아니라 그 신성성 자체가 파괴되기 시작했다. 원래 그런 것으로 여겨졌던 많은 것들이 언제라도 변형될 수 있는 것으로 여겨지게 되었다. 그러나 그 결과로 나타나는 새로운 문제들은 단순히 부차적인 문제로, 진보와 발전의 과정에서 일어날 수밖에 없는 부수적인 결과로 여겨지고 있다. 이런 식으로 우리는 이 세계의 근원적 변형이라는 위험을 낳고 있다.

생명을 우리가 자의적으로 변형할 수 있게 되면 위험사회의 병은 더욱더 깊어진다. 고도로 발달한 공업력을 이용한 생명의 변형은 두 가지로 나누어볼 수 있다. 첫째, 생명의 의도적 변형이다. 사실 이것은 '생명의 생산'이라고 해도 좋을 현상이다. 이러한 생명의 변형은 무엇보다 식량의 생산을 늘리고 질병의 퇴치를 이룬다는 명분으로 이루어져 왔다. 이런 노력이 많은 성과를 거둔 것도 사실이다. 그러나 생명의

3. 과학기술의 위험

변형이 갖는 위험의 성격에 비추어보자면, 이런 노력이 낳을 문제에 대한 관심은 너무나 미미했다. 생명의 변형을 통해 우리가 무엇을 얻게 될 것인가에 관한 논의가 무엇을 잃게 될 것인가에 대한 논의를 압도했다. 진지한 논의가 이루어지더라도 그 논의의 결과가 실제로 이런 노력에 대한 사회적 통제에 이르지는 못했다. 모든 것이 결국은 이루어지고 말았다. 비판은 불평이나 불만으로 여겨지기 일쑤였다.

가장 먼저 이루어진 대대적인 생명의 변형은 '녹색혁명'이라는 이름을 내세웠다. 만성적인 식량부족으로 허덕이는 가난한 제3세계 나라들의 사람들을 먹여 살린다는 명분으로 이루어진 이 혁명은 제3세계 나라들의 생물종 다양성을 크게 훼손했다. 화학비료와 농약에 의지해야 하는 녹색혁명의 품종들은 해당 지역의 자연적 조건 자체를 크게 망가뜨려 버렸다. 토착민들의 능력은 갈수록 약해진 반면에 종자와 비료와 농약을 생산하는 초국적기업들의 권력은 갈수록 강해졌다. 사실 녹색혁명은 제3세계를 자본주의 세계체계 속으로 끌어들이기 위한 '제3세계 근대화'의 중요한 길이었다. 2차대전 이후 식민지에서 해방된 제3세계 나라들이 사회주의 세계체계로 들어가는 것을 막기 위해 미국이 지구적으로 전개한 것이 제3세계 근대화였다. 이것은 무엇보다 서구가 중심이 되어서 제3세계를 서구식으로 '발전'하게 한다는 구상[2]이었는데, 녹색혁명은 식량이라는 삶의 일차적인 요건을 충족해 주는 것이자 이러한 근대화를 이룰 수 있는 출발점으로 선전되었다. '통일벼'에 대한 박정희정권의 대대적인 선전이 그 좋은 예이다.

녹색혁명은 대대적인 생명의 변형을 향한 길을 활짝 열어주었다. 전통적인 '종자개량'의 방법을 개선하는 차원을 넘어서 '유전공학'을 통한 유전자 조작이 주요한 수단으로 떠오르게 되었다. 고도로 발달한 우리의 공업력은 결국 생명의 씨앗을 조작해서 새로운 생명을 만들어 내는 경지에까지 이르게 된 것이다. 녹색혁명에서 잘 드러났듯이 많은 식물들이 이런 식으로 변형되었다. 예컨대 '쇠고기가 열리는 토마토'가 이상한 것으로 여겨지기는커녕 우리가 추구해야 할 멋진 미래의 모습으로 대대적으로 선전되었다. 식물의 변형은 곧바로 동물의 변형으로 이어졌다. 보통 소보다 세 배나 많은 우유나 고기를 생산하는 소가 무섭게 여겨지기는커녕 인류의 위대한 능력을 보여주는 것으로 널리 선전되었다. 모든 생명이 이런 식으로 변형되고, 공장에서 생산될 수 있는 것으로 여겨지게 되었다.

　의도적인 생명의 변형, 다시 말해서 '생명의 생산'을 인류의 진보로 여기도록 해준 또 하나의 버팀목은 인류를 질병으로부터 구한다는 명분이었다. 인류를 병마로부터 구하기 위해서는 모든 생명에 대한 과학적 이해가 필수적이었다. 이 '과학'은 물론 근대의 서구에서 크게 발전한 것이고, 그런 만큼 많은 한계와 문제를 안고 있는 것이었지만, 이런 것은 어디까지나 부차적인 것으로 여겨졌을 뿐이다. 병의 원인을 찾아내고 치유책을 마련하기 위해 생명을 까발리고 조작하는 것은 당연한 것으로 여겨졌다. 그렇게 할 수 있는 것은 '발전'이고 그렇게 할 수 없는 것은 '낙후'였다. 서구의 승리라는 역사를 통해 형성된 명백한 편견을 담고 있는 '문명의 이분법'이 '과학'의 이름으로 정당화되었다.

　의도적인 생명의 변형은 주체와 대상의 뚜렷한 구분이라는 반생태학적 이분법에 바탕을 두고 있기도 하다. 모든 생명이 같은 대상으로 다루어지는 것이 아니라 주체는 어디까지나 인간이고 대상은 인간을 뺀 다른 생명들이다. 인간의 무병장수를 위해 수많은 다른 생명들이 실험되고 이용되고 있다. 인간의 내장을 뱃속에 담고 기르는 돼지가 생산되는가 하면, 인간의 귀를 등에 단 쥐가 생산되기도 한다. 이런 식으로 생명의 자연적 독자성과 전일성은 훼손되어 버렸다. 자연은 갈수록 '인공적 자연'이 되고 있다. 자연은 갈수록 '생명의 원천'이라는 성격을 잃어버리고 있다.

그리고 마침내 다른 생명을 향한 칼날이 인류 자신을 노리게 되었다. 이것은 인류도 자연의 한 산물이라는 점에서 피할 수 없는 결과이다. 다른 생명에게 할 수 있는 것은 인류에 대해서도 할 수 있다. 자연이 갈수록 인공적 자연이 되는 한, 우리도 갈수록 인공의 산물이 되지 않을 수 없다. '인간복제'는 그 궁극적인 귀결이다. 이미 '과학에 의한 영원한 생명'을 내걸고 맹렬히 인간복제를 추구하는 종교집단이 나타난 상태이다. 이것은 우주인에 대한 광신이 빚은 한 결과이지만, 그 바탕에는 과학에 대한 맹신이 있다는 점을 놓쳐서는 안 된다. '멋진 신세계'는 이제 멀리 있지 않다. 우리는 이미 그 세계 속에 발을 들여놓았다. 여기서 더 나아가서는 안 된다는 우려의 목소리도 크지만, 그러나 우리는 더 나아갈 수 있는 기술적 능력을 갖췄고, 우리의 사회는 이 기술을 통제하기에는 너무나 취약하다.

'생명의 생산'을 주도하는 세력은 이른바 '종자 제국주의'와 '의료 제국주의' 현상을 갈수록 강화하고 있는 초국적기업들이다. 이들은 인류의 복지를 내걸고 있지만, 실제로 이들을 이끄는 힘은 더 많은 이윤을 향한 욕망이다. 생명은 단지 이 욕망을 실현하기 위한 대상일 뿐이다. 인류조차도 이러한 대상에서 벗어날 수 없다. 그러나 변화를 주도하는 세력이 있는 것처럼, 모든 인류가 똑같은 영향을 받는 것은 아니다. '생명의 생산'이 강화될수록 인류 안에서 주체와 대상의 구분이 더욱더 강화된다. 생명의 생산이 또 다른 사회적 불평등의 원천이 되고 있는 것이다.

비의도적인 생명의 변형은 의도적인 생명의 변형보다 훨씬 더 광범위하게 나타나고 있다. 여기서도 불평등의 작용을 확인할 수 있지만, 의도적인 경우에 비해 그 범위는 훨씬 작다. 대표적인 예로는 '환경호르몬'의 문제를 들 수 있다. 우리가 사용하는 각종 화학물질이 우리의 체내로 들어와서 마치 호르몬처럼 작용해서 많은 문제를 일으키게 된다. 우리의 성호르몬에 영향을 미쳐서 심각한 불임의 원인이 되기도 한다는 사실은 이미 잘 알려져 있다. 당연히 다른 생명에게 미치는 영향은 훨씬 더 클 것이다. 겉보기에는 수컷이지만 암컷의 성기를 갖고 있는 악어의 이야기는 이제 새로울 것도 없다. 비의도적인 생명의 변형은 하나의 징후가 아니라 이미 광범위하게 확인되는 현상이다. 그럼에도 불구하고 이 현상이 좀처럼 약해질 기미가 엿보이지 않는다는 것은 그만큼 우리의 문명이 위험한 상태에 있다는 것을 예증한다.

비의도적인 생명의 변형은 의도적인 생명의 변형과 뗄 수 없이 탄탄하게 연결되어 있다. 비의도적인 생명의 변형이 줄어들지 않는 데는 이런 사정이 크게 영향을 미치고 있다. 예컨대 그 생태적인 영향이 온

전혀 파악되지 않은, 아니 그렇게 될 수 없는 이른바 '유전자 조작 유기물'(GMO)이 신상품으로 버젓이 팔리고 있다. 여기서 더 큰 문제는 그것이 단순히 완제품으로만 팔리는 것이 아니라 새로운 우수한 종자로도 팔리고 있다는 데 있다. '신토불이'가 이데올로기의 차원을 넘어서 생명의 변형에 대한 강력한 대응이 되기 위해서는 '유전자 조작 종자'를 거부하는 것으로 나아가지 않으면 안 된다. 이 종자는 병충해는 물론이고 화학농약에도 아주 강한 '잡초'를 길러낼 수 있으며, 그 결과 인류의 복지를 증진한다는 목적 자체를 무색하게 만들 수도 있다.

  이 세상의 모든 생명은 인류 자신을 포함해서, 지구의 탄생에 그 연원을 두고 있다. 그만큼 오랜 시간을 두고 생물과 비생물이 서로 영향을 미치며 공진화한 결과로 오늘날의 지구 생태계가 만들어진 것이다. 이 세상의 모든 생명은 이렇게 오랫동안 진행된 복잡한 과정의 산물이다. 이 과정을 통해 이 세상의 모든 생명은 쉽게 변형되어서는 안 되는 복잡한 체계를 이루게 되었다. 생명의 직접적인 파괴보다도 그 변형이 더 큰 위험을 낳을 수 있는 것은 이 때문이다. 모든 생명은 생태계라는 복잡계 속에서 서로 연관을 맺고 있다. 생명의 변형은 이러한 생태계의 변형으로, 나아가 그 파괴로 이어진다는 점에서 깊은 주의를 기울여야 마땅하다.[3]

길을 찾아서

위험사회는 무엇보다 사회관의 변화에 바탕을 두고 나타난 개념이다.

이것은 근대 서구의 문명이 길러낸 진보관을 뒤집어볼 것을 강조한다. 진보의 과정이 기존의 문제를 해결하는 과정이었을 뿐만 아니라 그것을 더욱 악화하고 심지어 새로운 더욱더 어려운 문제를 낳는 과정이기도 했다는 생각이 위험사회라는 개념의 바탕에 자리 잡고 있다.

위험사회의 위험은 우발적인 것이 아니라 '정상적인 것'이기 때문에 없애기가 어려우며, 사실은 우리의 지각범위를 넘어서기 때문에 느끼기조차 어렵다. 그러나 이 위험은 이 세상의 모든 생명에게 영향을 미칠 수 있으며, 대를 물려가며 영원히 영향을 미칠 수 있기 때문에, 우리는 이 위험에 맞서는 것을 무엇보다 중요한 사회적 과제로 여겨야 한다. 이 점에서 페로우는 절멸의 위험을 안고 있는 기술은 아예 사용해서는 안 된다고 주장하며, 벡은 전문가들에게만 기술을 맡겨 놓아서는 안 된다고 주장한다.

위험사회의 문제는 오늘날 이 세상의 모든 생명이 처한 위험, 다시 말해서 지구적 생태위기에서 가장 잘 드러난다. 이에 대한 대응으로 단연 돋보이는 것은 순수주의이고, 우리의 생명사상은 이러한 순수주의의 한복판에 자리 잡고 있다. 이에 관한 논의는 이미 많이 이루어졌지만, 그 핵심은 일찍이 백인의 침략으로 멸종의 위기에 처했던 한 인디언 추장이 백인에게 했던 말에서 찾아볼 수 있다.

그러나 만약 우리가 그대들에게 땅을 팔게 되더라도 우리에게 공기가 소중하고, 또한 공기는 그것이 지탱해 주는 온갖 생명과 영기를 나누어 갖는다는 사실을 그대들은 기억해야만 한다. 우리의 할아버

3. 과학기술의 위험

지에게 첫 숨결을 베풀어준 바람은 그의 마지막 한숨도 받아준다. 바람은 또한 우리의 아이들에게 생명의 기운을 준다. 우리가 우리 땅을 팔게 되더라도 그것을 잘 간수해서 백인들도 들꽃들로 향기로 워진 바람을 맛볼 수 있는 신성한 곳으로 만들어야 한다.

우리는 우리 땅을 사겠다는 그대들의 제의를 고려해 보겠다. 그러나 제의를 받아들일 경우 한 가지 조건이 있다. 즉 이 땅의 짐승들을 형제처럼 대해야 한다는 것이다. …짐승들이 없는 세상에서 인간이란 무엇인가? 모든 짐승이 사라져 버린다면 인간은 영혼의 외로움으로 죽게 될 것이다. 짐승들에게 일어난 일은 인간들에게도 일어나게 마련이다. 만물은 서로 맺어져 있다.

그대들은 아이들에게 그들이 딛고 선 땅이 우리 조상의 뼈라는 것을 가르쳐야 한다. 그들이 땅을 존경할 수 있도록 그 땅이 우리 종족의 삶들로 충만해 있다고 말해 주라. 우리가 우리 아이들에게 가르친 것을 그대들의 아이들에게도 가르치라. 땅은 우리 어머니라고. 땅 위에 닥친 일은 그 땅의 아들들에게도 닥칠 것이니, 그들이 땅에다 침을 뱉으면 그것은 곧 자신에게 침을 뱉는 것과 같다. 땅이 인간에게 속하는 것이 아니라 인간이 땅에 속하는 것임을 우리는 알고 있다. 만물은 마치 한 가족을 맺어주는 피와도 같이 맺어져 있음을 우리는 알고 있다. 인간은 생명의 그물을 짜는 것이 아니라 다만 그 그물의 한 가닥에 불과하다. 그가 그 그물에 무슨 짓을 하든 그것은 곧 자신에게 하는 짓이다.[4]

이 아름다운 말은 언제까지고 우리의 가슴속에 살아남아 있을 것이다. 시애틀 추장을 괴롭혔던 저 백인의 문명은 언젠가는 끝장나고 말겠지만, 그의 말은 그 뒤에도 계속 살아남아 우리에게 깊은 가르침을 줄 것이다.

그러나 위험사회와 맞서 싸우기 위해서 생명사상은 더욱더 큰 사회적 실천력을 길러야 한다. 세 가지 길이 있다. 첫째, 문명의 직접적인 폐기. 이것은 유나바머가 시도했던 급진적 파괴의 길이다. 둘째, 문명의 자발적인 포기. 이것은 히피즘에서 가장 잘 나타났던 '낙오'의 길이다. 셋째, 문명 속에서 문명의 한계에 맞서기. 이것은 시민운동으로 가장 잘 나타나는 '개혁'의 길이다.

생명사상이 사회적 실천력을 기르기 위해서는 무엇보다 이 세번째 길을 더욱더 잘 닦아가야 할 것이다. 여기서 중요한 것은 문명의 한계를 낱낱이 드러내서 사회의 구성과 목표를 바꾸어가는 것이다. 위험사회의 진정한 문제는 문명의 부패에 있지 않다. 우리가 넘어설 수 없는 한계가 있다는 것을 무시한 것이 문제의 진정한 원천이다. 문명의 한계를 무시하기 때문에 문명의 부패가 더욱더 심해지게 된다. 사람들이 문명의 한계를 깨닫는 것은 어려운 일이 아니다. 그러나 그런 깨달음을 통해 사회의 구성과 목표를 바꾸는 것은 대단히 어려운 일이다. 그것은 우리의 삶이 이루어지는 사회적 틀을 바꿈으로써 결국 우리의 삶을 바꾸게 되는 일이기 때문이다. 우리에게는 저 파괴적 개발시대의 정부기구들을 철폐하는 것이 그 핵심적 과제가 될 것이다.

3. 과학기술의 위험

주

1) J. 리언(Ryan), 「생물다양성의 보전」, 월드와치 연구소, 『지구환경보고서』, 김범철·이승환 옮김, 또님 1992, 26쪽.
2) D. 루미스(Lummis), 「자연이 남아 있다면 더 발전할 수 있는가」(2000), 최성현 옮김, 『녹색평론』 62호, 2002/1~2월.
3) 박병상, 『내일을 거세하는 생명공학』, 책세상 2002.
4) 시애틀 추장, 「우리는 결국 모두 형제들이다」(1854), 김종철 편, 『녹색평론 선집 1』, 녹색평론사 1993.

고속사회와 그 그늘
빠르고 편리한, 위험사회

고속사회

고속화는 근대화의 중요한 특징이다. 빠르게, 더 빠르게. 우리는 근대화를 통해 자연의 질서를 넘어서 더 빠르게 살 수 있게 되었다. 많이, 더 많이. 우리는 고속화를 통해 더 많은 것을 생산하고 소비할 수 있게 되었다. 고속화는 근대화의 핵심적 현상이다. 기술적으로 보아서 고속화는 다음과 같은 세 영역의 변화로부터 비롯되었다.

첫째, 생산수단의 발달이다. 산업혁명을 통해 석탄을 에너지원으로 사용하게 되면서 생산력의 비약적인 성장이 이루어졌다. 생산이 빠른 속도로 이루어지고 생산량이 빠르게 늘어난 것이다. 연자방아나 물레방아로는 상상조차 할 수 없었던 빠른 속도로 기계를 돌릴 수 있게 되었기 때문이다. 1811~17년에 영국의 직물공업 지대에서는 새로운 빠른 기계의 힘에 겁먹고 짓눌린 노동자들은 '기계파괴 운동'을 벌이기도 했다. 이 운동은 정체불명의 주도자인 '러드'의 이름을 따서 '러다

3. 과학기술의 위험

이트(Luddite) 운동'으로 불렸다. 사실 이 주도자는 기계파괴 운동을 펼친 비밀조직에서 내세운 가공의 인물이었다. 마르크스는 이런 노동자들을 강하게 비판했지만, 그러나 그것은 사실 자연스러운 반응이었다.

둘째, 교통수단의 발달이다. 교통기술이란 물질의 이동을 위해 사용되는 기술적 수단을 뜻한다. 수천 년 동안 가장 빠른 교통수단은 동물의 힘과 바퀴를 이용하는 것이었다. 이런 점에서 근대화는 분명히 거대한 단절이요 비약이었다. 1899년 9월 18일에 경인철도가 개통되었을 때, 『독립신문』에 실린 한 기사는 이 놀라운 변화를 다음과 같이 묘사했다.

> 화륜거 구르는 소리는 우레 같아 천지가 진동하고 기관차의 굴뚝 연기는 반공에 솟아오르더라. …수레 속에 앉아 영창으로 내다보니 산천초목이 모두 활동하여 달리는 것 같고 나는 새도 미처 따르지 못하더라.[1]

지금의 눈으로 보면, 너무 과장된 내용이다, 고 느끼지 않을 수 없을 것이다. '화륜거'의 소리가 '우레 같다'거나 그 속도가 '나는 새' 같다는 표현에서 지금의 우리는 현실감을 느낄 수 없다. 그러나 당시에는 아마도 많은 사람들이 이렇게 느꼈을 것이다. 화륜거는 단절과 비약의 상징물이었다.

셋째, 소통수단의 발달이다. 소통수단은 교통수단과 달리 정보의 이동을 위해 사용되는 기술적 수단을 뜻한다. 근대화 이전에 가장 빠른 소통수단은 봉화·봉수였다. 이것은 불이나 연기로 간단한 정보를 먼 곳으로 빠르게 전하는 방법이었다. 좀더 상세한 정보를 빠르게 전하는 방법으로는 비둘기를 이용했다. 근대화 이전에 소통수단은 교통수단에 얽매여 있었기 때문에 소통수단의 고속화는 우선 교통수단의 발달과 함께 이루어졌다. 19세기에 전기를 소통수단으로 이용할 수 있게 되면서 비로소 '소통수단의 혁명'이 이루어졌다. 전깃줄을 설치하는 데는 많은 노력이 필요하지만, 일단 전깃줄을 설치하면 거의 빛의 속도로 정보를 주고받을 수 있다. 19세기 중반에는 유선통신이 시작되었고, 20세기 초에는 무선통신이 시작되었다. 오늘날 우리는 아무렇지도 않게 지구 반대쪽과 실시간으로 정보를 주고받고 있다.

이런 기술적 변화는 결국 사회의 고속화와 삶의 고속화로 이어졌다. 생산과 교통과 소통이 모두 고속화되면서 모든 일을 빠르게 처리할 수 있게 되었기 때문이다. 이로써 자연이 우리에게 부과한 시간의 제약을 넘어서 사회의 재조직이 이루어졌다. 물론 이 바탕에는 시간을 정확하게 재고 보여주는 기술, 곧 시계기술의 발달이 자리 잡고 있었다. 정밀한 시계를 만들어 시간을 정확하게 구획할 수 있게 되면서, 고속화의 대상과 목표가 명확하게 제시될 수 있었던 것이다.

시공간 압축

고속화는 흔히 교통수단의 발달로 대변된다. 아마도 우리가 가장 쉽게 고속화를 경험할 수 있는 것이 교통수단이기 때문일 것이다.[2] 요컨대

3. 과학기술의 위험

교통수단은 우리 자신의 몸으로 고속화를 직접 경험하게 한다는 점에서 소통수단과 생산수단보다 훨씬 강력한 고속화의 상징이 되었다. 차를 타고 달리며 차창 밖으로 빠르게 지나치는 바깥 풍경을 보는 것은 우리의 공업문명이 이룬 고속화를 경험하는 가장 일상적인 방식이다.

교통수단의 고속화는 증기기관차의 등장으로 시작되었다. 1802년에 영국의 리처드 트래비시크(Richard Trevithick, 1771~1833)가 최초의 증기기관차를 발명하고, 1825년에 영국의 조지 스티븐슨(George Stevenson, 1781~1848)은 그것을 실용화하는 데 성공했다. 당시 스티븐슨의 '로코모션 호'는 90톤의 객·화차를 끌고 시속 16km의 속도로 달렸다고 한다. 마라톤선수가 2시간 정도에 42km가 넘는 거리를 달리니, 이 기차는 사람이 달리는 것보다 조금 더 느리게 달렸던 것이다. 그러나 기관차 기술은 빠르게 발달했다. 얼마 지나지 않아서 어마어마한 무게를 끌고도 사람은 물론이고 말도 따라 잡을 수 없는 속도로 빠르게 달리는 증기기관차가 만들어졌다.

증기기관차는 '증기기관[3]'을 이용한 차'라는 뜻인데, 여기서 '차'는 사실 "궤도 위를 달리는 열차"를 가리킨다.[4] 오늘날 증기기관차는 세계의 극히 일부 지역에서만 사용되고 있으며, 대부분의 곳에서 열차는 디젤기관차이거나 전기기관차이다. 다시 말해서 오늘날 열차는 대체로 디젤엔진이나 전기엔진으로 움직이고 있는 것이다. 그러나 증기기관을 이용한 기차와 기선은 19세기에 '교통혁명'을 가져왔다. 1870년에 발표된 줄 베른의 소설 『80일간의 세계일주』는 이러한 교통혁명의 산물이다. 단지 '80일'밖에 안 되는 짧은 기간 동안 세계를 한 바퀴 돈다는 것은 당시로서는 2만 파운드라는 거금을 걸 정도로 놀라운 일이었다.

열차 중에서 가장 빠른 열차는 '고속전철'이다. 고속전철은 "아주 빠른 속도로 달리는 전기기관차"를 뜻한다. 세계 최초의 고속철도는 1958년부터 개발되기 시작해서 1964년부터 달리기 시작한 일본의 신칸센(新幹線)이다. 두번째 고속철도는 1981년에 개통한 프랑스의 테제베(TGV)이고, 세번째 고속철도는 1991년에 개통한 독일의 이체(ICE)이며, 네번째 고속철도는 1992년에 개통된 스페인의 아베(AVE)이다. 다섯번째는 2004년 4월 1일에 개통한 한국의 케이티엑스(KTX)이다. 잘 알다시피 한국의 KTX는 프랑스의 테제베를 수입한 것이고, 그 과정에서 온갖 협잡과 부패의 문제가 발생하기도 했다.

열차와 함께 고속화를 상징하는 교통수단으로는 단연 자동차를 들 수 있다. 최초의 자동차는 1769년에 프랑스의 조제프 퀴뇨가 만든 증기자동차이다. 그러나 오늘날과 같은 내연기관을 이용한 가솔린 자동차는 1886년에 독일의 다임러와 벤츠에 의해 각각 개발되었다. 두 사람은 서로에 대해 모르는 채 같은 방식의 자동차를 개발하여 오늘날 '자동차의 아버지'로 불린다. 이들이 세운 자동차회사는 1925년에 1차대전 이후의 경제공황을 배경으로 '다임러 벤츠'로 합병되었다.

사실 20세기 초까지도 자동차는 부자들의 오락용 교통수단이었다. 부자들은 더 좋은 자동차 개발경쟁을 벌이기도 했다. 그것은 무엇보다 속도경쟁으로 나타났다. 자동차 경주대회가 바로 그것이다. 당시에는 대부분의 자동차가 증기자동차였는데, 그 최고속도는 40km 정도에 머무르고 있었다. 이런 상황에서 1899년 4월 29일에 두 대의 전기자동차가 경주를 벌였다. 이 경주에서 최초로 시속 100km를 돌파하게 되었다. 벨기에의 자동차 마니아였던 카뮈 제나티가 순간시속 103km를 기록했던 것이다. 당시로서는 놀라운 일이 아닐 수 없었다.

참고로 세계 최초의 교통법규는 1865년 영국의 빅토리아 여왕이 만든 '적기조례'(붉은 깃발 조례)이다. 이 조례는 자동차의 최고속도를 도심에서는 시속 3.2km로, 그 밖의 지역에서는 6.4km 이하로 제한했으며, 붉은 깃발(적기)을 든 사람이 자동차 앞에서 걷거나 말을 타고 가게 하여 통행인에게 자동차가 간다고 경고를 하게 했다. 이 법은 자동차가 마차보다 빠르게 달리지 못하게 하기 위해, 다시 말해서 자동차의 발명에도 불구하고 사회를 '마차시대'에 묶어두기 위해 만든 법이었던 것이다.

자동차의 대중화는 다임러가 1879년에 개발한 가솔린 내연기관을 이용한 자동차를 통해 이루어졌다. 내연기관은 연료를 실린더 안에서 연소시켜 피스톤을 움직인다. 가솔린 내연기관이 발명되면서 현대의 자동차와 비행기가 만들어질 수 있게 되었다. 엔진의 크기와 중량을 줄이고도 충분한 힘을 얻게 되었기 때문이다. 포드는 가솔린 내연기관을 이용해서 1909년에 'T형 차'를 만들었는데, 이 차야말로 자동차의 대중화라는 획기적 변화를 이룬 직접적 동력이었다. 이 자동차의 생산을 위해 컨베이어 벨트 시스템으로 대표되는 포드주의 생산방식이 만들어졌을 뿐만 아니라 대량생산과 대량소비가 유기적으로 결합된 포드주의 사회체계까지도 만들어졌다. 이것은 물질적 풍요에 바탕을 둔

'새로운 사회구조이자 생활방식'의 등장을 뜻했다. 이런 점에서 자동차는 단순히 교통수단이 아니라 현대사회의 조직자였다고 할 수 있다.

빠른 속도로 어디나 편하게 갈 수 있는 자동차의 대중화가 이루어지면서 자동차만 빠르게 달릴 수 있는 길이 만들어지게 되었다. 흔히 고속도로로 불리는 자동차 전용도로가 그것이다. 독일의 아우토반(Autobahn)은 고속도로의 대명사로 꼽힌다. 그런데 이것을 건설하도록 한 사람은 바로 아돌프 히틀러였다. 그의 지시에 따라 1933년 9월부터 1944년까지 총 2800km의 아우토반이 건설되었다. 그러나 아우토반의 건설계획은 사실 자동차 경주광이었던 프리드리히 빌헬름 황태자가 시작한 것이었다. 그는 1913년부터 1921년까지 베를린에 아부스 고속도로를 놓았으며, 1927년에 880km의 아우토반을 닦을 계획을 세웠으나 경제공황으로 실패했다. 그것을 히틀러가 이어받아 실제로 추진해서 완성했던 것이다.

교통수단의 고속화에서 가장 극적인 것은 비행기의 발명으로 시작되었다. 중력을 벗어나서 새처럼 하늘을 날 수 있다는 것만으로도 그것은 실패한 '이카루스의 신화'를 실현한 놀라운 것이었다. 그러나 실용적인 면에서 가장 중요한 것은 비행기가 지상에서는 이룰 수 없는 빠른 속도로 이동할 수 있도록 해주는 교통수단이라는 점이다. 비행기의 역사는 미국의 라이트 형제로부터 시작되었다. 동생인 오빌은 1903년 12월 17일에 가솔린 내연기관을 얹은 비행기를 조종해서 12초 동안 36m를 날았다. 아무것도 아닌 것 같지만 이것은 사실 어마어마한 성취였다.

3. 과학기술의 위험

오늘날 비행기가 고속화를 대표하는 교통수단이라면, 다시 비행기를 대표하는 것은 제트엔진이다. 제트엔진은 연료를 폭발시켜 나오는 가스를 분류(제트)하도록 해서 추진력을 얻는다. 1930년에 당시 23세였던 영국의 프랭크 휘틀이 제트엔진에 관한 발상으로 특허를 받으면서 현대 제트엔진의 역사는 시작되었다. 그는 1941년 5월에 제트엔진을 실제로 만들게 되는데, 사실 그보다 제트엔진을 먼저 만들어 이용한 것은 나치독일이었다. 1938년 8월에 나치독일은 세계 최초의 제트비행을 실행하였다. 그러나 나치독일은 제트비행기를 제대로 사용하지 못했으며, 제트비행기가 실제로 널리 사용된 것은 2차대전 이후의 일이다.

우리는 오늘날 제트비행기가 대중화된 시대를 살고 있다. 제트비행기로 지구의 이쪽과 저쪽이 하루의 생활권으로 연결되었다. 제트비행기는 말 그대로 이 세상을 '시공간 압축의 지구촌'으로 만들어버렸다. 혜초대사가, 삼장법사가, 마르코 폴로가 몇 년씩 걸려서 갔던 길을 이제는 단 몇 시간이면 갈 수 있다. 10시간 안팎의 시간이면 미국도 유럽도 갈 수 있는 시대가 되었다. 미국의 SR71기와 같은 초음속기는 하루에도 몇 번씩 지구를 돌면서 감시하고 있다. 지구를 한 바퀴 돌기 위해서 80일은 너무나 긴 시간이 되었다. 사실 이런 점에서 보자면, 소통수단은 말할 것도 없고 교통수단의 면에서도, 우리가 살아가는 사회는 그냥 고속사회가 아니라 사실은 굉장한 '초고속사회'이다.

오늘날 우리가 경험하고 있는 고속화는 근대화와 함께 시작된 것이다. 고속화는 그야말로 거대한 단절이자 비약이었다. 고속화 자체가 근대화의 상징이었다. 그러나 오늘날 우리의 눈으로 근대화의 초기에 시작된 고속화를 보노라면 그것은 너무나 느린 것으로밖에 보이지 않는다. 옛사람과 우리는 전혀 다른 삶의 속도 속에서 살아가는 '다른 인종'인지도 모른다. 이렇게 달라져서 우리는 오늘날 더 많은 것을 더 편하게 누리며 살아가게 되었다. 그러나 과연 모든 것이 좋아지기만 했는가?

고속사회의 그늘

시공간 압축은 무엇보다 "교통수단의 고속화로 말미암아 먼 곳을 빨리 갈 수 있게 된 것"을 뜻한다. 이런 점에서 고속사회는 대단히 빠르고 편한 사회이다. 먼 곳을 빨리 가고 싶었던 옛사람들은 '축지법'이라는 술법을 생각해 내기도 했다. 말 그대로 땅을 줄이는 술법이다. 그러나 물론 땅을 줄일 수 있는 방법은 없다. 마찬가지로 시공간 압축도 사실 있을 수 없는 일이다. 시공간을 어떻게 줄인다는 말인가? 그러나 교통수단의 고속화로 비슷한 효과를 거둘 수는 있다.

물론 교통수단의 고속화만이 시공간 압축을 가져오는 것은 아니다. 우리가 살아가기 위해서는 물질만이 아니라 정보도 이동해야 하기 때문이다. 지구촌(global village)이라는 말은 사실 이런 맥락에서 만들어졌다. 이 말은 본래 영문학자이지만 대중매체 연구자로 더 잘 알려진 마셜 맥루한이 1964년에 처음으로 만들었다.

3. 과학기술의 위험

3천 년에 걸쳐 우리의 신체를 기술로써 확장하는 과정에서 전문가가 배출되고, 각종 전문분야가 증대되어 왔지만, 오늘날에 와서 갑자기 반전하여 반대방향으로 압축되어 온 것이다. 지구는 전기에 의하여 축소되어 하나의 촌락이 되었다. 전기의 빠른 속도는 모든 사회적 정치적 기능을 순식간에 하나로 만들어버려 인간의 책임에 대한 의식이 극도로 높아졌다.[5]

맥루한은 18세기 중반부터 시작된 전기의 이용을 무엇보다 중요한 변화의 계기로 생각한다. 그로 하여금 이토록 전기기술을 중요하게 여기도록 만든 것은 텔레비전이었다. 전기를 이용하는 방송매체인 텔레비전은 세계의 모든 것을 집 안에서 볼 수 있도록 해주었다. 그 결과를 맥루한은 '지구촌'이라는 말로 표현했던 것이다.[6]

방송매체를 중심으로 한 소통수단의 고속화에서도 우리는 고속사회의 반생태적 그늘을 살펴볼 수 있다. 예컨대 텔레비전은 화려한 영상으로 더 많은 소비를 부추긴다.

텔레비전은 많은 광고메시지를 전할 뿐만 아니라 소비주의적 가치관을 강화시키는 역할을 한다. 텔레비전은 소비사회 생활의 필수품이다. …상업TV는 세계 도처에서 번성하고 있으며, 사람들의 구매욕을 충동하는 데 특히 효과적이라는 것이 모든 곳에서 증명되었다.[7]

이처럼 텔레비전은 반생태적 소비사회를 지탱하는 중요한 하부구조이기도 하다. 텔레비전은 지구촌을 만들었을 뿐만 아니라 그것을 파괴하고 있기도 하다.

또한 텔레비전을 비롯한 소통수단들은 그 자체로 심각한 반생태적 문제를 안고 있다. 더닝은 "텔레비전 기술 자체는 …에너지와 자원의 소비가 적기 때문"에 환경에 미치는 영향을 별로 걱정하지 않아도 된다고 본다.[8] 그러나 사실은 그렇지 않다. 텔레비전을 통해 전파되는 반생태적 메시지뿐만 아니라 사실은 텔레비전 자체가 심각한 독이다. 일본 국제연합대학이 2004년 3월 7일에 발표한 조사결과에 따르면, 컴퓨터 1대를 만드는 데 "최소한 2백40kg의 화석연료와 1천5백kg의 물, 22kg의 화학물질이 필요해 사용되는 모든 천연자원을 따져볼 때 중형 자동차 1대를 생산하는 것과 맞먹는 것"으로 나타났다.[9] 아마도 텔레비전과 컴퓨터 사이에 큰 차이가 있지는 않을 것이다.[10]

시공간 압축의 반생태적 그늘은 교통수단의 고속화에서 더욱 분명하게 살펴볼 수 있다. 이것은 소통수단의 경우와 마찬가지로 교통수단 자체가 드리우는 그늘과 교통수단을 매개로 드리워지는 그늘로 나누어볼 수 있다.

기차·자동차·비행기로 대표되는 현대의 교통수단은 우리 삶을 대단히 편리하게 해주었지만, 그 자체로 심각한 반생태성을 안고 있다. 무엇보다 교통수단의 생산과 이용 과정은 엄청난 자원의 소모과정이다. 먼저 이러한 교통수단을 만드는 과정에서 우리는 어마어마한 양의 자원을 소모하게 된다. 현대의 교통수단은 단순히 '탈 것'이 아니라 엄청난 양의 광물자원과 화학물질을 이용해서 만들어진다. 또한 그것을 이용하기 위해 우리는 엄청난 양의 자원을 소모해야 한다. 대표적인 자원은 석유이다. 기차는 전철화하면서 석유 소비량이 줄어들었지만, 전철에서 사용하는 전기는 댐이나 화력발전소나 핵발전소에서 만들어진다. 자동차와 비행기는 잘 알다시피 석유를 태워서 얻는 힘으로 달리고 날아간다. 자동차와 비행기는 단순히 고속사회의 상징이 아니라 곧 사라지고 말 석유문명의 상징이기도 하다.

교통수단을 매개로 드리워지는 그늘은 그 이용에 따라 빚어지는 자연의 파괴를 뜻한다. 기차, 자동차, 비행기 중에서 상대적으로 기차의 파괴성이 작지만, 고속화와 함께 기차의 파괴성은 더욱더 커졌다. 무엇보다 고속화에는 직선화가 따른다. 시속 120km 정도의 '저속철도'가 자연의 곡선을 받아들이는 철도라면, 시속 300km를 넘는 '고속철도'는 결코 자연의 곡선을 받아들일 수 없는 철도이다. 고속철도는 지역집중 현상과 관련해서도 중요하다. 서울의 흡인요인이 절대적으로 큰 상황에서 고속철도는 서울로 빨리 가기 위한 최상의 수단이 될 수밖에 없다. 고속철도는 서울의 병적인 집중을 치유하는 분산의 수단이 아니라 그것을 악화하는 더욱 강력한 집중의 수단이 되는 것이다.

자동차는 가장 편리한 교통수단이지만, 가장 파괴적인 교통수단이기도 하다. 가장 큰 문제는 대기오염이다. 자동차 배기가스에는 질산화물(NO_x)이 들어 있다. 이것은 대기 중에서 햇빛과 반응해서 오존(O_3)을 만들어낸다. 성층권 오존은 자외선을 비롯한 우주방사선을 막아서 지구에서 생명이 번성하도록 해주지만, 대기권 오존은 우리를 비롯한 모든 생명에 심각한 위협이 될 수 있다. 이 때문에 '오존경보제'라는 제도를 만들어서 시행하고 있기도 하다. 또한 자동차의 냉매제와 발포제로 널리 사용되는 프레온가스(CFCs)는 성층권 오존층을 파괴하는 원인물질이기도 하다.

자동차를 더욱 빠르게 이용하기 위해 만드는 고속도로는 대기오염보다 더욱 직접적이고 돌이킬 수 없는 방식으로 자연을 파괴한다. 고속도로는 오로지 자동차만을 위한 길이다. 직선은 고속도로의 본질이다. 고속도로는 곡선을 혐오한다. 산을 부수고 뚫어서 만드는 것이 고속도로이다.

고속도로에 들어오는 생명체는 죽을 각오를 해야 한다. 우리는 곳곳에서 늘 치여 죽은 억울한 생명들을 만나게 된다. 고속도로는 '고속 살생도로'인지도 모른다. 고속도로는 이 도시와 저 도시를 빠르게 연결하기 위해 하나로 연결되어 있는 공간을 강제로 갈라놓는다. 고속도로는 도시라는 점을 위한 선이다. 이렇게 해서 곳곳에 이른바 '생태 섬'이 만들어진다. 때마다 만나서 짝짓기를 했던 너구리들, 그러니까 넉돌이와 넉순이가 어느 날 갑자기 생이별을 하게 된다. 본능의 요구를 뿌리치지 못하고 고속도로의 울타리를 넘는 넉돌이와 넉순이를 기다리고 있는 것은 잔인한 죽음뿐이다. 도로에서 자동차에 동물들이 치여 죽는 것을 로드 킬(road kill), 즉 '도로 살생'이라고 한다. 전국적으로 매년 수만 마리의 동물들이 치여 죽고 있으나, 이를 막기 위한 '생태통로'는 거의 없는 실정이다. 도로변 등에 설치된 시멘트 수로에 빠져서 기어 올라오지 못하고 결국 죽고 마는 파충류나 양서류 등도 대단히 많다.

3. 과학기술의 위험

고속도로가 이렇게 많은 문제를 안고 있기 때문에 이에 대한 반대운동도 갈수록 커지고 있다. 그러나 건설교통부와 도로공사는 전국을 7×9의 격자로 나누는 고속도로 건설사업을 추진하고 있을 뿐만 아니라 기존 국도와 지방도의 직선화 확포장을 강력히 추진하고 있다. 이 때문에 말 그대로 전국 어디서나 거창한 도로공사 현장을 쉽게 만날 수 있다. 정말로 필요해서 이렇게 도로공사를 대대적으로 벌이고 있는 것일까? 이렇게 도로공사를 벌여야 조직을 안정적으로 유지할 수 있는 건설교통부와 도로공사의 조직적 필요 때문에 이렇게 국토가 파괴되고 있는 것은 아닐까? '도로족'이라는 말은 괜히 만들어진 것일까? '공익'을 내걸고 '사익'을 추구하는 도로공사 임직원의 행태 때문에 비판과 우려의 목소리가 커지고 있는 것은 아닐까?

도로건설에 따른 간접적인 자연의 파괴도 엄청나게 심각하다. 온 산천에 모텔, 가든, 카페 그리고 '전원파괴 주택'이 들어서게 된 것은 그 대표적인 예이다. 심지어 커다란 쓰레기를 차에 싣고 산이나 강으로 가서 버리고 오는, 참으로 쓰레기 같은 사람들도 있다. 어디나 편하게 갈 수 있게 한다는 이유로 건설한 도로 때문에 어디나 너무나 쉽게 돌이킬 수 없을 정도로 심하게 망가지고 있다. 오늘날 한국에서 도로건설은 핵발전소나 대형댐만큼 무서운 '자연의 적'이다.

비행기도 자연을 파괴한다. 땅을 박차고 하늘로 날아오르는 제트비행기의 엔진에서는 검은 연기가 끝없이 쏟아진다. 대기오염의 주범인 이산화탄소를 내뿜는 것이다. 또한 비행기는 가장 강력한 소음공해의 원천이기도 하다. 비행장 근처에서는 무엇보다도 소음 때문에 잘 살기가 어렵다. 초음속 비행기는 현대문명의 중요한 한 상징이지만, 그것은 성층권 오존층을 파괴하고 엄청난 소음을 일으킨다. 이런 점에서 초음속 비행기는 현대문명의 파괴성의 상징이다.

생태적 전환

1990년대에 들어와서 다시 '지구' 자체가 여러 논의의 핵심으로 떠올랐다. 이번에는 지구촌이 아니라 지구화(globalization)라는 말이 그 주역이었다. 이 말은 우리의 삶이 지구적 차원에서 이루어지게 되었다는 뜻을 담고 있다. 지구화는 사회주의의 몰락에 따른 '자본주의의 지구화'라는 의미를 담고 있지만, 그 바탕에는 교통수단의 고속화와 그렇게 고속화된 교통수단의 대중화가 자리 잡고 있다.

그런데 이와 함께 '생물침입'이라는 무서운 현상이 빠르게 퍼져나가고 있다. 수십억 년이라는 오랜 시간 동안에 걸쳐 이루어진 지역의 생태계가 교통수단의 고속화에 의해 수십 년이라는 짧은 시간 안에 빠르게 변형되고 있는 것이다. 그 결과 지구의 생물종 다양성이 심각한 위협을 받게 되었다.[11] 이런 점에서 지구화는 고속화가 낳은 '생태위기의 지구화'이기도 하다.

그러므로 우리가 살아가는 고속사회는 단지 빠르고 편리한 사회가 아니다. 우리의 고속사회는 사실은 '빠르고 편리한, 위험사회'이다. 고속화를 위해 우리는 아주 많은 대가를 치러야 한다. 고속화는 한정된 자원을 빠르게 소모하는 과정이며, 자연을 빠르게 오염시키고 파괴하

3. 과학기술의 위험

는 과정이다. 고속화를 통해 우리의 삶은 더욱더 편리해졌을 뿐만 아니라 더욱더 위험해지기도 했다. 이제는 생태위기의 고속화라는 관점에서 고속화를 살펴볼 필요가 있다.

고속사회의 역설은 또 다른 문제를 보여준다. 여기서 내가 염두에 두고 있는 것은 바로 '시간 기근증'이다. 더 빨리 돌아다니고 정보를 전하고 일을 할 수 있게 되었는데, 어떻게 해서 우리는 한가해지기는커녕 더욱더 바빠졌는가? 독일의 소설가 미카엘 엔데는 『모모』라는 소설에서 '회색 시간도둑'이 시간을 도둑질해 가기 때문이라고 말했다. 그렇다면 그 '회색 시간도둑'은 누구인가? 그것은 아마도 고속사회 자체가 아닐까? 고속사회는 더 빨리 일하는 사회일 뿐만 아니라 더 많이 일하는 사회이기도 한 것이다.

더욱 비감한 것은 이른바 '패스트푸드'(빠른 음식, 빨리 만들고 빨리 먹고 빨리 소화되는 음식)의 문제이다. 이것이야말로 만성적인 '시간 기근증' 사회로서 우리의 고속사회가 고안한 새로운 음식이라고 해야 옳은 것일지도 모른다. 빌 게이츠와 함께 세계 최대의 부자자리를 놓고 겨루는 미국의 금융투자자 워렌 버핏은 늘 코카콜라에 햄버거로 점심을 먹는다고 한다. 시간이 아깝기 때문이라지만, 이런 음식에 입맛이 길들여졌기 때문이기도 할 것이다. 맥도날드 햄버거와 코카콜라로 대표되는 패스트푸드는 우리의 건강을 해치고 지구의 건강을 해친다.

'시간은 돈'이라고 말한 사람은 미국 건국의 아버지인 벤저민 프랭클린이었다. 패스트푸드가 미국에서 만들어진 것은 우연이 아니다. 이에 맞서서 유럽에서는 '슬로우 푸드'(느린 음식, 천천히 만들고 천천히 먹고 천천히 소화되는 음식) 운동이 펼쳐지고 있기도 하다. 물론 이 운동은 단순히 '음식투쟁'이 아니다. 그 바탕에는 '시간은 돈'이라는 미국식 시간관과 그 시간관에 따라 조직된 사회체계에 대한 저항이 자리 잡고 있다. 여기서 알 수 있듯이, 고속화의 문제를 지적하는 것은 그렇게 어렵지 않지만, 그것을 극복하는 것은 사실 대단히 어려운 일이다.

고속사회의 문제를 치유한다는 점에서도 생태적 전환의 과제는 절실하다. 그러나 이 과제가 단순히 '느림의 지혜'와 같은 것으로 이루어지지는 않을 것이다. 물론 자원의 고갈과 함께 우리의 미래는 결국 자연농업 중심의 '오래된 미래'가 될 것이다. 그러나 이 과정이 파국으로 치닫지 않도록 하기 위해서 우리는 공업문명의 쇠퇴라는 문명사적 관점에서 생태사회의 전망을 세우고 이 사회의 생태적 전환을 추구해야 한다. 고속화를 추구하지 않을 수 없는 고속사회의 구조가 스스로 붕괴하기 전에 의도적으로 고치고 바꾸는 체계적인 노력이 무엇보다 필요한 것이다.

주

1) 박천홍, 『매혹의 질주, 근대의 횡단』, 산처럼 2003, 19쪽에서 재인용.
2) 그러나 사실 고속화 자체만으로 보자면, 교통수단은 가장 느린 기술에 속한다. 소통수단은 19세기 중반에 전기를 매체로 사용하게 되면서 이미 빛의 속도에 이르렀다. 생산수단도 빛의 속도로 움직이지는 않지만 교통수단보다는 훨씬 빠른 속도로 움직이며 물건을 만들어낸다.
3) "산업혁명기에 증기기관이 널리 전파되는 데 가장 큰 영향을 미친 사람은 제임스 와트이다. 1765년 그는 뉴커맨 기관을 개량하는 과정에서 분리 응축기를 도입하여 연료의 소비

3. 과학기술의 위험

량을 뉴커맨 기관의 1/4 정도로 줄이는 중요한 기술적 진전을 이루어내었다. 또한 와트는 이전까지 왕복운동만 가능하던 증기기관이 회전운동도 할 수 있도록 개량함으로써 증기기관이 물 펌프 용도만이 아니라 공장에서 기계를 돌리는 동력으로도 사용될 수 있도록 만들었다. 이에 따라 공장들은 수력을 동력으로 이용하기 위해 강가에 자리할 필요가 없게 되었고, 운송채널이 다양하고 노동력이 풍부한 도시 근처에 자리를 잡을 수 있게 되었다. 이는 18세기 말에서 19세기 초까지 영국의 산업혁명에 지대한 영향을 미쳤다."(증기기관의 탄생, www.scienceall.com)

4) 우리나라에서는 열차보다는 기차라는 번역어를 주로 사용하는데, 열차는 기관차 뒤에 많은 객·화차가 연결되어 있는 것을 강조하는 것이고, 기차는 증기를 내뿜으며 많은 객·화차를 끌고 가는 기관차를 강조하는 것이다.

5) 마셜 맥루한, 『인간의 확장: 현대의 본질과 그 미래상』(*Understading Media*, 1964), 김인홍 옮김, 1976, 13~14쪽.

6) 맥루한은 케네디 대통령이 '뉴 프론티어'라는 이름으로 소련과 우주개발 경쟁을 적극적으로 벌이기 시작하던 시대적 상황을 배경으로 '지구촌'이라는 말을 만들었다. 같은 시대적 상황을 배경으로 현대사회의 반생태성을 경고하기 위해 케네스 보울딩은 '우주선 지구호'라는 말을 만들었다(Kenneth Boulding, "The Economics of the Coming Spaceship Earth," *Environmental Quality in a Growing Economy*, Johns Hopkins Univ. Press 1966). 우주선처럼 지구생태계도 모든 것이 서로 연결되어 있고 한계 지워져 있다는 것이다.

7) 앨런 더닝(Allen Durning), 『소비사회의 극복: 현대 소비사회와 지구환경의 위기』(1992), 구자건 옮김, 따님 1994, 136~37쪽.

8) 같은 곳.

9) 김한규, 「컴퓨터 환경파괴 주범」, 『프레시안』 2004. 3. 8.

10) 텔레비전과 컴퓨터를 사용하는 과정에서 우리의 건강을 큰 해를 입을 수 있다. 각종 유독 화학물질로 만들어졌기 때문이다. 소통수단의 폐기도 큰 문제가 아닐 수 없다. 현대의 소통수단은 그 자체로 유독 화학물질 덩어리이기 때문이다. 2004년 5월 19일에 온라인으로 발표된 실리콘밸리 유독물질방지연맹(SVTC, http://svtc.org)의 전자쓰레기 처리실태 조사보고서에 따르면, 한국의 대우와 삼성은 최하위군에 속하는데 최고점수를 받은 업체의 컴퓨터 재활용률조차 2%를 넘지 않는 등 '비참'한 상황이라고 한다(김지연, 「컴퓨터업체들, e쓰레기 처리 수준 이하」, 『iNews24』 2004. 5. 21).

11) 프렌치 힐러리(French Hillary), 『세계화는 어떻게 지구환경을 파괴하는가』(2000), 주요섭 옮김, 도요새 2001, 41~44쪽.

전기와 위험사회

졸속적 근대화

한국의 근대화는 일제의 식민지 근대화로 시작해서 해방과 전쟁을 거친 뒤 1950년대 후반부터 본격적 근대화의 길로 들어서게 되었다. 그러나 부패한 이승만정권은 본격적 근대화에 대한 사회적 요구를 실현할 수 있는 정치적 역량을 가지고 있지 않았다. 1960년의 4·19혁명은 단순히 이승만 독재를 타도하기 위한 것이 아니라 시민의 힘으로 본격적 근대화를 추구하기 위한 것이었다. 그러나 이러한 4·19혁명은 박정희의 5·16쿠데타에 의해 짓밟히고 말았다. 박정희가 짓밟은 것은 단순히 민주화에 대한 시민의 요구가 아니라 민주적으로 본격적 근대화를 이루고자 하는 시민의 염원이었다.

박정희정권은 원천적으로 결여된 정치적 정당성을 급속한 경제성장을 통해 메우고자 했다. 이를 위해 군사적 성장주의와 파괴적 개발주의의 방식으로 강력한 '경제개발계획'을 밀어붙였다. 그 결과 박정희

3. 과학기술의 위험

정권의 '조국 근대화'는 형식적으로 본격적 근대화였으나 내용적으로 졸속적 근대화의 문제를 안게 되었다. 본격적 근대화란 사회적으로 또한 지역적으로 근대적 생산방식과 생활양식이 확산되는 것을 뜻한다. 이에 비해 졸속적 근대화란 겉보기에는 근대적 정치·경제·문화가 갖추어져서 사람들이 더욱 편리하고 풍요롭게 살게 된 것 같지만 실제로는 정치적 억압, 경제적 착취, 문화적 왜곡 등의 문제가 대단히 큰 부조리한 상태를 뜻한다.

이러한 졸속적 근대화의 문제는 무엇보다 부실한 하부구조에서 쉽게 확인할 수 있다. '하부구조'란 사회를 지탱하는 물리적 기초를 뜻한다. 모든 사회는 물리적 공간 안에서 구현된다. 사회란 공간 속에서 형성되는 사람들의 복잡한 관계를 뜻한다. 사회가 형성되고 작동되기 위해서는 다양한 물리적 조건들이 필요하다. 특히 많은 사람들이 모여 사는 도시에서는 더욱더 그렇다. 나무가 땅속에 깊고 넓게 뿌리를 뻗어야 위로 울창하게 잘 자랄 수 있듯이, 도시도 각종 하부구조가 제대로 구비되어 있어야 많은 사람들이 잘살 수 있게 된다. 각종 도로, 상수도, 하수도, 가스관, 석유관 그리고 전기시설은 현대사회를 지탱하는 대표적인 하부구조이다.

이중에서 특히 전기는 현대사회의 가장 강력한 상징이다. 1887년 3월 6일 경복궁 건청궁에서 최초의 전깃불이 불을 밝혔다. 향원정의 못물을 막고 발전기를 설치해 전기를 생산해서 전구를 켰던 것이다. 건청궁과 향원정은 고종 내외를 위한 별궁과 정원이었는데, 전깃줄을 구경하러 모인 신하들은 전깃불이 밝혀지자 모두 '와' 하고 탄성을 질렀다. 그로부터 50년이 지난 1937년에 수풍댐의 건설이 시작되었고, 70년이 지난 1957년에는 국내의 기술로 괴산댐의 건설이 완료되었으며, 90년이 지난 1977년에는 고리 핵발전소를 가동하기 시작했다. 오늘날 한국은 세계 10위권의 경제대국일 뿐만 아니라 전기의 생산과 소비에서도 세계적인 대국이다.

그러나 전기를 생산하고 소비하는 과정에는 큰 문제들이 잔뜩 쌓여 있다. 전기는 발전-송전-배전-소비라는 일련의 과정을 통해 생성·소멸된다. 이 일련의 과정을 올바로 관리하지 않는다면, 우리의 건강과 생명마저 커다란 위험에 처하게 되며, 자연과 경관의 훼손이라는 문제가 널리 확산되고 만다. 이제 이에 대해 살펴보도록 하자.

핵발전

오늘날 한국은 세계적인 핵발전 대국이다. 2007년 현재 한국에서는 20기의 핵발전소가 가동되고 있다. 2004년 현재 서유럽 141기, 북미 119기, 아시아 201기이다. 한국은 면적당 핵발전소 밀집도는 도로 밀집도, 댐 밀집도와 마찬가지로 세계 최고이다. 개발독재가 이른 '한강의 기적'이 어떤 것이었는가를 여기서 쉽게 알 수 있다. 강력한 국가권력을 이용해서 커다란 위험과 파괴의 문제를 안고 있는 대형 하부구조를 급속히 생산하는 방식으로 경제성장이 이루어졌던 것이다.

핵발전은 1953년 12월 8일에 당시 미국 대통령 아이젠하워가 유엔 총회에서 '원자력의 평화적 이용'에 관해 연설을 한 뒤에 세계적으로

3. 과학기술의 위험

확산되기 시작했다. 이 연설에 따라 1954년에 국제원자력기구(IAEA)가 만들어졌고, 미국은 원자력법을 개정하여 다른 나라와의 원자력 협정을 체결할 수 있게 되었다. 이에 근거하여 1954년 7월에 미국은 한국에 대해 "원자력의 비군사적 목적 이용에 관한 한미쌍무협정"을 제안했다.

한국은 1956년 2월에 이 제안을 받아들였으며, 1957년 8월에는 미국이 주도하는 IAEA의 정식 회원국이 됐다. 1958년 8월에는 연구용 원자로를 구입하기 위해 대표단을 미국에 파견했으며, 1959년 7월에 기공식을 가져서 예정된 1년을 훌쩍 넘겨 1962년 3월에 가동되었다. 1962년 11월에 원자력원 내에 원자력발전대책위원회가 설치되고 '원자력발전추진계획안'이 만들어졌다. 1969년 3월에는 원자력학회가 결성되고, 1970년 12월에는 한국원자력산업회의가 발족되었다. 한편 1967년 12월에 열린 원자력발전조사위원회에서 최초의 원전건설 예정지로 경남 고리를 선정했다. 1969년 2월까지 현지조사가 완료되었고, 같은 해 10월부터 부지를 사들이기 시작했다. 주민들의 완강한 반대를 설득과 회유로 무마하고 162세대의 주민을 이주시켜서 12만 평의 부지를 확보했다. 고리 핵발전소의 공사는 1971년 3월에 시작되었으며, 고리 핵발전소는 1977년부터 상업가동하기 시작했다. 이렇게 해서 한국은 세계에서 22번째로 핵발전 국가가 되었다.[1]

위험사회론은 1979년 미국에서 발생한 '스리마일 섬 핵발전소 사고'와 1986년 소련의 우크라이나에서 발생한 '체르노빌 핵발전소 폭발사건'을 배경으로 하고 있다. 특히 체르노빌 사건은 엄청난 충격이었다. 이 사건을 계기로 서구에서는 핵발전에 대한 사람들의 생각이 근본적으로 바뀌었다. 사실 핵발전은 오랫동안 '선진사회'의 한 상징이었다. 예컨대 1956년에 방영된 〈인류가 발견한 제2의 불〉이라는 텔레비전 프로그램은 이런 사실을 잘 보여주었다. 특히 한국처럼 에너지 자원이 부족한 개발도상국에서 핵발전은 선진사회와 거의 같은 것으로 다루어졌다. 그러나 한국에서도 체르노빌 사건을 계기로 이런 상황은 빠르게 바뀌어갔다.

사실 핵발전의 위험성은 이미 오래 전부터 알려진 상태였다. 예컨대 1957년에 영국의 윈드 스케일 원전에서 반경 100km 이상의 지역을 방사능으로 오염시키는 사고가 일어났으며, 미국에서는 1956년에 방사능 낙진이 정치적 문제로 등장하고 1958년에는 핵문제를 다루는 과학자의 운동이 시작되기도 했다.[2] 이렇게 오래 전부터 알려진 위험성에도 불구하고 핵발전을 계속해서 추구하다가 마침내 터진 사건이 바로 체르노빌 사건이었다.[3]

한국의 경우는 핵무기[4]를 보유하고 싶은 박정희의 욕심까지 겹쳐 대단히 강력하게 핵발전 정책이 추진되었다. 핵발전에 반대하고 저항하는 것은 아주 어려운 일이었다. 그러나 핵발전소가 들어선 곳에서는 전에 볼 수 없었던 여러 가지 새로운 일들이 잇따라 일어났다. 기형 물고기, 기형 송아지 그리고 마침내 기형아들도 나타나게 되었다. 이중에서 가장 잘 알려진 것은 80년대 말에 전라남도 영광의 핵발전소 부근에서 일어났던 '무뇌아와 대뇌아 사건'이다. 핵발전소에서 근무했던 노동자의 부인이 무뇌아와 대뇌아를 낳았던 것이다. 이에 대한 '전문가'들의 조사결과는 '과학적으로' 핵발전소와 무관하다는 것이었다. 그러나 미국의 생물학자이자 환경운동가인 코모너는 이미 오래 전에 "방사선에 절대로 '해롭지 않은' 노출이란 있을 수 없다는 것이 밝혀졌다"고 했다.[5] 이 상반되는 '과학적 진술' 중에 어느 것이 맞는 것일까? 핵발전소가 들어선 뒤에 이런 일들이 일어났으며, 피해자들은 모두 사회적 약자들이라는 사실을 우리는 어떻게 보아야 할까?

찬핵론자들은 핵발전이 가장 값싸고 가장 강력한 발전방식이라고 주장한다. 그러나 찬핵론자들은 핵발전에 필요한 비용을 제대로 산정하지 않고 있다. 핵발전은 우라늄 채취와 가공, 핵발전소 건설과 가동 그리고 핵폐기물의 처리라는 커다란 세 과정으로 이루어진다. 따라서 이 모든 과정을 핵발전의 비용으로 계산해야 한다. 단지 우라늄 1g에서 발생하는 열량이 얼마라는 식으로 다른 에너지원과 경제성을 비교하는 것은 '눈 가리고 아웅' 하는 짓과 같다. 또한 핵발전소 가동에서 항상 고열기체나 방사능 누출의 사고가 일어나며, 막대한 열오염이 발생한다는 사실도 당연히 비용으로 감안해야 한다. 그리고 무엇보다 중요한 것은 핵폐기물의 처리에 필요한 비용을 정확히 선정하는 것이다. 핵폐기물은 단순한 폐기물이 아니다. 그것은 짧게는 수백 년에서 길게는 10만 년, 심지어 200만 년까지 방사능을 내뿜는 고위험 물질이다. 핵발전소 자체가 거대한 핵폐기물이다. 안전한 핵발전은 불가능하며, 따라서 경제적 핵발전도 불가능하다. 더욱이 우라늄 자체가 극히 한정된 자원이다. 우리는 하루빨리 핵폐기 정책을 채택해야 한다.

송전탑

핵발전은 전기생산의 문제를 보여주는 대표적인 예일 뿐이다. 화력발전이나 수력발전도 커다란 문제를 지니고 있다. 따라서 중요한 것은 전기를 이용하기 위해서는 어떤 발전이건 좋다는 태도를 고치는 것이다. 전기의 생산도 중요하지만 그것을 위해 자연과 문화를 마구 파괴하는 것은 잘못이 아닐 수 없다. 좀더 신중하게 자연과 문화를 파괴하지 않는 방식으로 전기를 생산해야 한다. 우리 후손의 삶을 생각하면 더욱더 그렇다. 핵발전을 하는 것은 후손에게 엄청난 문제를 떠넘기는 것이다.

그런데 고쳐야 할 것은 발전방식만이 아니다. 송전방식도 큰 문제를 안고 있기는 마찬가지이다. 사실 발전방식이 큰 문제를 안고 있기 때문에 송전방식의 문제도 커지고 있다. 그것은 바로 송전탑을 이용한 송전방식의 문제이다. 송전은 발전소에서 전기의 소비지 근처까지 전기를 보내는 것을 뜻한다. 발전소에서 송전탑을 이용해서 초고압의 전기를 소비지 근처까지 보내면, 소비지 근처의 변전소에서 전압을 낮춰서 거리, 공장, 가정 등의 소비소로 배전하게 된다. 우리는 송전탑을 당연하게 여긴다. 높이 100m가 넘는 거대한 송전탑들이 산과 들을 가로질러 행군하는 것을 당연한 풍경으로 받아들인다. 경기도 광주 곤지암에는 아예 산 전체가 '송전탑 산'으로 완전히 파괴된 곳도 있다.

그러나 송전탑이 행군하는 풍경은 결코 당연한 풍경이 아니다. 송전탑은 자연과 건강을 해치는 문제시설이며, '송전탑 산'은 지극히 병적

3. 과학기술의 위험

인 풍경이다. 원칙적으로 송전은 송전탑 방식이 아니라 지중화 방식으로 이루어져야 한다. 거대한 송전탑이 산과 들을 가로질러 가도록 하는 파괴적 방식이 아니라, 땅속에 관을 묻고 그 안으로 송전선이 지나도록 해야 하는 것이다. 2006년에 송전탑 화재가 발생한 과천은 2007년 5월에 전역에서 지중화를 추진하기로 결정했다. 과천만이 아니라 전국 모든 곳에서 송전탑 없애기를 추진해야 할 것이다.

    송전탑 방식은 여러 문제를 낳는다. 첫째, 자연경관을 파괴한다. 송전탑은 아름다운 산과 들의 경관을 파괴한다. 둘째, 지역사회를 파괴한다. 전국 곳곳에서 마을을 가로지르는 송전탑 때문에 피해가 속출하고 있다. 셋째, 화재를 일으킨다. 2006년 경기도 의왕과 과천에서 고압 송전선 화재가 발생했다. 고압 송전선에서 발생한 스파크가 커다란 화재로 번질 수 있다. 이렇게 되면 송전선은 '불의 길'이 되고 만다. 강원도에서는 고압 송전선이 봄철 대형 산불의 주범으로 꼽히고 있다. 넷째, 산사태를 일으킨다. 산을 가로질러 송전탑을 건설하면서 임도를 개설하고 송전탑 부지를 확보해서 강원도 산골에서 산사태가 발생했다. 다섯째, 전자파 피해를 일으킨다. 고압 송전탑이 지나는 많은 곳에서 전자파로 인한 피해의 가능성을 호소하고 있다. 전자파는 백혈병을 비롯한 각종 암을 일으킬 수 있는 것으로 알려졌다. 여섯째, 소음을 일으킨다. 고압 송전선으로 지나는 고압 전력은 상당한 소음을 일으킨다. 일곱째, 재산피해를 일으킨다. 송전탑이 들어서면 땅값이나 집값이 떨어진다.

    이렇듯 송전탑은 여러 문제를 일으키는 후진적 송전방식이다. 그 실태와 문제는 다음의 신문기사를 통해 다시금 확인할 수 있다.

…한전에 따르면 1999년 6월 말 현재 전국의 송전탑은 모두 36624개 (11461.38km)이다. 6494개(2185m)가 설치 중이며, 1499개(563.5km)의 설치가 계획돼 있다. …초고압 송전선로가 지나는 곳은 대부분 인적이 드물어 생태적 가치 등 자연환경이 우수한 곳이다. 그러나 송전탑 건립을 승인하는 기관인 산업자원부는 진입도로 및 부대시설을 일시적 도로 및 시설로 인식하고 있다. 이 때문에 '전원개발에 관한 특례법'상의 실시계획 승인대상에 포함시키지 않아 진입도로 개설 및 부대시설 설치에 따른 환경훼손은 방치 되고있다. …송전탑 건립은 환경훼손뿐 아니라 전자파 피해, 도시미관 훼손, 재산가치 손실 등의 이유로 곳곳에서 주민들과 마찰을 빚고 있다.

지금까지 민원이 발생한 곳은 대부분 도시지역이지만, 일부 산간벽지 주민들도 대책위원회 등을 만들어 한전과 조직적으로 맞서고 있다. 산간벽지 주민들은 자연경관 및 생태계 훼손뿐 아니라, 송전탑에서 발생하는 전자파로 인한 피해에도 주목하고 있다. 주민들과 환경단체들은 환경영향평가 협의 때 전자파 피해도 포함시킬 것을 주장하고 있다. 이에 따라 환경부는 송전탑에서 방출되는 전자파가 인체 및 가축에 미치는 영향에 관한 조사 용역을 발주해 놓고 있다. 내부적으로 76kV 이상의 초고압 송전선로는 전자파 발생 여부 및 전자파가 인체 및 가축에 미치는 피해를 환경영향평가 협의대상에 포함시키는 방향을 검토중이다.[6]

3. 과학기술의 위험

이미 송전탑 방식은 상당한 산업적 연관관계를 형성했다. 이 때문에 후진적 송전탑 방식을 개혁하는 것이 더욱 어려운 상태라는 것은 다시 말할 필요가 없다. 다음은 인터넷에서 찾은 한 투자자의 설명이다. 이 투자자는 북한에 대한 남한의 송전계획이 실행되면 송전철탑회사의 주가가 오를 것이라며 철탑 건설비용을 다음과 같이 설명했다.

> 송전철탑은 20톤 규모의 철탑으로서, 개당 공장생산 원가가 4000만 원 정도이며, 송전선로를 보성파워텍에서 건설 및 설치하게 되는데 송전철탑 건설, 설치비용은 개당 9000만 원~12000만 원 정도 한다는 보성파워텍 관계자의 전언이다.
>
> 따라서 송전철탑 1개의 설치비용은 4000만 원(철탑원가)+9000~12000(설치비용)=보성파워텍의 개당 송전철탑 건설비용은 1억 3000만 원~1억 6000만 원이라고 하는데, 산악지형 등 난코스에는 훨씬 더 많은 건설비용을 들어간다고 한다.
>
> 만 개면 1조 5000억이고, 2만 개면 3조 원 정도가 될 것이다. 참고로 북한 송전시설 현대화 사업에는 단기적으로 대략 10만 개의 송전철탑이 소요될 것으로 예상한다.[7]

전봇대

전봇대는 전보를 보내기 위해 설치한 대라는 뜻이다. 전기는 처음에 소식을 멀리 보내기 위한 수단으로 사용되었다. 오늘날처럼 다양한 기계의 에너지원으로 사용된 것은 그 뒤의 일이다. 전기를 이용해서 먼 곳으로 빠르게 소식을 보내는 것이 바로 '전보'(電報)이다. 이렇게 하기 위해서는 전깃줄을 곳곳으로 이어놓아야 한다. 그리고 이렇게 하기 위해서 나무기둥을 곳곳에 설치했던 것이다. 이 때문에 전깃줄을 곳곳으로 이어놓기 위해 설치한 기둥의 이름이 '전깃줄대'가 아니라 '전봇대'가 되었다.

전봇대도 송전탑과 마찬가지로 전기를 이용하는 후진적 방식이다. 송전탑이 초고압 전기를 먼 곳으로 보내는 것이라면, 전봇대는 변전소에서 감압시킨 전기를 지역 안에서 배급하기 위해 설치하는 것이다. 이렇게 지역 안에서 전기를 배급하는 것을 배전(配電)이라고 한다. 따라서 전봇대는 배전대라고 부르는 게 옳다고 할 수 있으며, 전봇대의 전깃줄은 배전선이라고 부르는 게 옳다고 할 수 있다. 그러나 역사적으로 전봇대라는 말을 먼저 널리 사용했기 때문에 바꾸기가 어렵다. 여기서도 일종의 '선점효과'가 작동하고 있는 것이다.

『딴지일보』의 자료에서는 한국의 전봇대에 관한 여러 사실들을 확인할 수 있다. 그런데 개수는 2002년 기준이라 상당히 적은 것으로 되어 있다. 나는 2002년 10월 18일자 『한겨레신문』에 '전봇대공화국 전깃줄 공해'라는 제목의 칼럼을 써서 전봇대와 전깃줄로 엉망진창 망가진 이 나라의 문제를 지적했다. 이에 대해 한전의 배전팀장이 『한겨레신문』에 반론을 보냈다. 그는 그 당시 전국에 750만 개의 전봇대가 설치되어 있으며, 가설된 전깃줄은 지구를 25바퀴 반이나 돌 수 있는 어마어마한 양이라고 밝혔다. 그의 결론은 이렇게 많이 설치되어 있으니

3. 과학기술의 위험

그냥 참고 살아야 한다는 것이었다. 한 해 순이익만 2조 원이 넘는다는 초거대 공기업에서 이런 태도를 공공연히 밝혔다는 사실에 나는 크게 놀라지 않을 수 없었다. 2007년 현재 인터넷에서 자료를 찾아보니 전봇대는 대략 780만 개로 늘어났다. 가설된 전깃줄은 지구를 30바퀴도 넘게 돌 수 있을 정도로 늘어났을 것이다. 초고속 통신망까지 전봇대를 경쟁력으로 이용하고 있다는 사실도 고려해야 한다. 사실 초고속 통신망이 너무 많이 가설되어서 소형 전봇대는 그 무게 때문에 쓰러지

〈표〉 한국의 전봇대

- 전봇대의 길이: 대부분 14m~20m
- 전봇대의 형태: 원통형(태국에서는 단면이 사각임)
- 전봇대의 무게: 대부분 500kg~2000kg
- 전봇대의 가격: 200만 원~250만 원(콘크리트 주일 경우임)
- 전국 전봇대의 개수: 6,875,448개(2002년 기준임)
- 서울 전봇대 개수: 196,617개(2002년 기준임)
- 전봇대가 가장 많은 지역: 경기 1,021,584개(2002년 기준임)
- 전봇대가 가장 적은 지역: 제주 131,996개(2002년 기준임)
- 땅속의 들어간 전봇대의 길이: 15m 이하인 경우 길이의 1/6 매립
                              15m 이상인 경우 2.5m 이상 매립
- 전봇대의 종류별 개수
   콘크리트 주: 6,777,258개
   강관 주: 94,808개
   목주: 424개
   강관 철주: 1,027개
   철주: 608개
   철탑: 1,323개

· 출처: 『딴지일보』 2007. 9. 4. 검색

기도 한다.

전봇대도 송전탑 못지않게 여러 문제들을 일으킨다. 그중에서도 크게 세 가지를 들 수 있다. 첫째, 경관을 파괴한다. 전봇대가 들어서면 경관은 크게 망가지고 만다. 전봇대가 많다는 것은 전깃줄이 어지럽게 난무하고 있다는 뜻이다. 한국의 도시에서는 전깃줄을 피해서 사진 한 장 깨끗하게 찍기가 어렵다. 사실 비도시지역의 사정도 거의 비슷하다. 둘째, 건강과 생명을 위협한다. 요즘은 전봇대로도 2만 볼트 이상의 상당한 고압선이 지나간다. 따라서 전자파 문제를 일으킬 수도 있다. 또한 누전으로 말미암아 전봇대 감전사 사고가 종종 일어난다. 매년 전국에서 전봇대 감전사로 30~40명의 사람들이 죽는다. 셋째, 가로수를 훼손한다. 전봇대를 이용해서 가설된 전깃줄을 보호한다는 이유로 수많은 가로수들이 거의 일년 내내 처참한 꼴로 가지치기를 당한다. 큰 줄기를 뭉텅뭉텅 잘라내서 가로수를 무서운 괴물의 모습으로 만들어놓기도 한다. 이런 잘못된 일을 하는 데 혈세가 낭비되고 있다.

유럽에서는 전봇대를 보기가 어렵다. 전깃줄을 거의 모두 지중화했기 때문이다. 이것이야말로 '선진적' 방식이다. 안전은 물론이고 다양한 사회적 비용의 면에서도 전깃줄은 후진적 전봇대 방식이 아니라 선진적 지중화 방식으로 설치해야 한다. 한전은 그 막대한 이익을 임직원의 이익을 위해서가 아니라 송전탑과 전봇대를 없애는 데 써야 한다. 한전은 하루빨리 전면적 지중화 계획을 세워서 철저히 추진해야 한다. 그러나 이러한 공익적 계획을 추진하기는커녕 한전은 전봇대를 이용해서 '봉이 김선달' 식 장사마저 하고 있는 것으로 밝혀졌다. 전봇

3. 과학기술의 위험

대를 없애야 할 한전이 전봇대를 이용해서 엄청난 고수익의 장사를 하고 있는 것이다. 한전이 '선호도 1위 공기업'이 되는 현실의 적나라한 이면이다. 이러한 이면을 보면서 우리는 한전의 공익성에 대해 깊은 회의와 우려를 품지 않을 수 없다. 이 나라의 후진적 배전방식을 전면적으로 개혁하기 위해 한전을 전면적으로 개혁해야 한다.

한전 전봇대는 수익률 2600% 상품(?)

"100원을 내고 빌려 2천600원을 받고 임대한다." 한국전력공사가 전봇대를 이용해 거두는 수익이 많게는 26배에 달하는 것으로 나타났다. 14일 서울시와 한전 및 통신업계 등에 따르면 한전은 서울시에 전주 1개당 점용료로 연간 675원을 내고 있는 것으로 파악됐다.

'서울시 도로점용 허가 및 점용료 등 징수 조례'에 따르면 전주, 가로등의 개당 점용료는 1350원이지만 전주의 경우 공익시설이란 이유로 50%를 감면받고 있다. 그러나 겨우 675원을 내고 가설한 전주로 인해 한전이 벌어들이는 수익은 막대하다.

우선 하나로 텔레콤, LG파워콤 등 유선 통신업체가 통신망 가설을 위해 전주를 사용할 경우 한전은 임대료로 연간 17520원을 받고 있다. 전봇대 설치비용을 제외하고 따지면 675원을 내고 빌려서 1만 7천520원의 임대료를 받고 있으므로 수익률이 무려 26배에 달하는 것이다.

또 한전은 케이블TV(SO, 종합유선방송사업자)로부터도 한전 전봇대에 케이블TV망을 가설할 경우 1개당 10800원을 받고 있다.

…게다가 인터넷 서비스를 시작한 일부 지역 SO들이 지난해 7월 기간통신 사업자로 지정되자 한전은 케이블TV협회에 "다른 통신업체와 똑같은 임대료를 받겠다"며 인상을 요구해 수개월째 협상이 진행중이다.

　실제로는 한 개의 전주에 케이블TV선(線)과 유선통신선이 동시에 가설된 경우도 있는 점을 고려하면 전주 하나로 엄청난 수익을 올리는 것으로 추정된다. 서울시내의 전봇대는 총 89564개에 달해 서울시는 전봇대로 한전이 올리는 수익이 연간 수십억 원에 달할 것으로 보고 있다.[8]

배전함

한국의 후진적 배전방식은 전국 어디서나 쉽게 볼 수 있는 배전함에서도 잘 나타난다. 도시나 농촌을 가리지 않고 전국 어디서나 보도 위에 커다란 쇠상자가 무수히 놓여 있는 것을 볼 수 있다. 이것이 배전함이다. 커다란 배전함이 보도 위에 놓여 있으니 보도가 좁아지지 않을 수 없다. 보도의 기능을 크게 훼손하고 보행자를 괴롭히는 최악의 시설이 바로 배전함이다. 심지어 서대문구의 한 보도에는 배전함이 보도를 모두 차지해서 어린 학생들이 차도로 다녀야 했으며, 나무를 무시하고 배전함을 설치해서 나무가 자라면서 처참하게 짓눌리고 말았다.

　배전함은 '쓰레기장'처럼 사용되기도 한다. 가게들이 물건을 내놓거나 노점이 옆에 들어서기도 한다. 배전함은 그 자체로 흉물일 뿐만 아니라 보행방해, 나무훼손, 거리의 오염, 거리라는 공공재의 사유화 등의 여러 문제들을 낳는다. 서구는 말할 것도 없고 일본이나 중국에서도 이런 식의 배전함은 결코 찾아볼 수 없다. 미국이나 일본에서도 전봇대는 꽤 많이 볼 수 있다. 그러나 보도를 차지하고 설치된 커다란 배전함은 찾아볼 수 없다. 이런 점에서 배전함이야말로 한국의 배전방식의 후진성을 보여주는 대표적 사례라고 할 수 있다.

더욱 중요한 문제는 배전함 안에 고압선 개폐기도 들어 있다는 것이다. 이 개폐기는 종종 폭발사고를 일으킨다. 이런 점에서 배전함은 '폭탄'이라고 할 수 있다. 이런 '폭탄'이 서울에만 1만 개가 넘게 설치되어 있다. 2005년 4월에는 배전함 폭발로 행인이 처참하게 죽기도 했다. 한전은 지중화해야 한다고 인정하면서도 역시 돈 때문에 그렇게 하지 못한다고 주장했다. 다음의 두 기사를 보면, 한전의 '양심'에 대해 깊은 회의가 들게 된다.

〈SBS〉8뉴스(2004. 12. 7)

앵커 변전소에서 일반 가정까지 전류는 보내는 선로 곳곳에는 정전사고에 대비해 고압선 개폐기가 연결돼 있습니다. 이 개폐기가 오늘(7일) 갑자기 터졌습니다. 심영구 기자입니다.

기자 여느 때처럼 출근해 가게를 정리하던 55살 임강선씨는 '쾅' 하는 소리에 깜짝 놀라 밖으로 뛰어나왔습니다. 가게 유리창은 박살이 나고 앞에 세워둔 승용차도 종잇장처럼 구겨졌습니다.

(**목격자** 폭격당한 것 같았어요. 비행기 떨어진 줄 알았지요. 연기가

자욱했고 앞도 안 보이고.)

  사고는 가게 앞 고압선 개폐기가 갑자기 폭발하면서 일어났습니다. 앞도로는 출근차량으로 가득 차 있었고 버스를 기다리는 사람들도 많았습니다. 바로 옆에 주차된 차량이 터져나온 파편들 대부분을 맞으면서 방패 역할을 했습니다.

  폭발은 개폐기 내부에 가득 채워져 있던 절연가스가 기계과열로 팽창하면서 일어난 것으로 추정됩니다. 폭발사고는 2년 전 서울 화곡동에서도 발생해 가로세로 1미터나 되는 쇠문이 6차선 도로 건너편까지 날아갔고 세 명이 다쳤습니다.

  개폐기는 서울시내에만 2만 5천여 개로 대부분 인도에 설치돼 있습니다. 한국전력측은 사고예방을 위해 내부기압이 올라가면 자동으로 가스를 내보내는 장치를 개발해 내년부터 도입할 계획이라고 밝혔습니다.

〈SBS〉 8뉴스(2005. 4. 8)

앵커 도로변에 설치돼 있는 고압선 개폐기가 갑자기 터지면서 길 가던 노인이 파편에 맞아 숨졌습니다. 벌써 몇 년째 똑같은 사고가 반복되고 있는데도 한전의 대책은 미흡하기 짝이 없습니다. 심영구 기자입니다.

기자 거리에 연기가 자욱합니다. 주변에는 철제파편이 널린 채 불이 타고 있습니다. 사고가 난 것은 오늘(8일) 오후 4시쯤. 서울 종로구 안국역 근처 2만 2천 볼트의 고압선 지상 개폐기가 갑자기 폭발했습니다. 이 폭발로 길을 가던 67살 김모 할아버지가 파편에 머리를 맞아 그 자리에서 숨졌습니다.

  (**목격자** 펑 하면서 날아가더니 억 하고….)

  폭발은 개폐기 내부에 채워져 있던 절연가스가 과열로 팽창하면서 일어난 것으로 추정됩니다. 이런 폭발사고는 지난해와 2002년에도 일어나 행인 3명이 다친 바 있습니다. 전국에 설치된 고압선 지상 개폐기는 모두 2만 5천여 대. 한국전력측은 내부기압이 올라가면 자동으로 가스를 내보내는 장치를 설치하겠다고 밝혔습니다. 그러나 올해 설치를 시작했을 뿐 언제까지 마친다는 구체적인 계획은 없습니다.

서울시는 2007년 4월부터 주요 간선도로변에 변압기와 개폐기가 들어 있는 배전함이나 공중전화 부스 등을 설치할 수 없게 했다. 도시미관과 보행자를 보호하겠다는 것이다. 서울시에 따르면 서울시내에는 배전함 등 지상 전력기기 1만 4907대, 공중전화 1만 7415대가 각각 설치돼 있다. 이러한 서울시의 계획에 대해 한전은 부정적 입장을 보였다.[9] 그나마 다행이라고 할 수 있겠지만, '주요 간선도로변'을 넘어서 모든 보도에서 이 당연한 조치를 취해야 할 것이다.

  당연한 조치가 제대로 취해지지 않고 엄청난 파괴와 위험이 곳곳에 널려 있는 것을 보면서 우리는 여러 의문을 품지 않을 수 없다. 도대체 한전의 그 막대한 순이익은 어디에 쓰는 것일까? 그 순이익은 결국 소중한 자연을 파괴하고, 오랜 역사와 문화를 간직한 지역사회를 파괴하고, 나아가 시민의 목숨을 위태롭게 해서 얻은 것이 아닐까? 그렇다면 한전은 너무나 문제가 많은 기업이 아닐까? 한전은 이 나라의 대표적인 모범기업이 아니라 이 나라의 대표적인 '위험기업'이 아닐까?

주

1) 노다 교우미/니시나 겐이치(野田京美·仁科健一), 『한국공해리포트』(1989), 육혜영 옮김, 개마고원 1991 20~23쪽.
2) 이항규, 「핵에너지 정책, 과연 타당한가?」, 『환경운동』 1993/9월호, 38쪽; 배리 커머너(Barry Commoner), 『원은 닫혀야 한다: 자연과 인간과 기술』(1971), 송상용 옮김, 전파과학사 1980, 57~58쪽.
3) 이 사건을 계기로 핵발전에 대한 태도는 '새로운 선진사회' 혹은 '성찰적 선진사회'의 기준이 되었다고 할 수 있다. 핵발전에 매달리지 않고 새로운 대안에너지를 적극적으로 개발하고 이용하려는 사회만이 '선진사회'가 될 수 있는 시대가 열리게 된 것이다. 한국은 어떤 나라인가? 시대의 흐름에 적극적으로 역행한다는 점에서 후진적인 나라가 아닌가?
4) 박정희의 개발독재 시대에 미국의 핵무기는 이미 한국에 배치되어 있었다. 1970년 3월 10일에 미군이 5가지 핵무기를 한국에 배치하고 있다는 사실이 보도되었다(청사편집부 편, 『칠십년대 한국일지』, 청사 1984, 13쪽).
5) 배리 커머너, 앞의 책, 57쪽.
6) 『서울신문』 2000. 10. 13.
7) 인터넷 자료, 2007. 9. 3 검색.
8) 『연합뉴스』 2007. 5. 14.
9) 『일렉타임즈』 2007. 2. 14.

4. 사회체계의 위험

- 토건국가와 위험사회
- 부패와 위험사회
- 양극화와 위험사회
- 취약한 민주화의 위험

토건국가와 위험사회

토건국가 미스터리

1987년의 6월항쟁 이후 한국은 많은 발전을 이루었다. 헌법 제1조의 '민주공화국' 규정은 6월항쟁으로 제정된 지 40년의 세월이 흘러서 비로소 우리의 현실이 되었다. 그리고 '독재 산업화세력'이 자행한 노동과 자연에 대한 '이중의 착취'가 끝나고, '민주 산업화세력'이 노동과 자연을 돌보는 '진정한 선진화'의 길이 열릴 것으로 보였다.

그러나 그로부터 20년의 세월이 흘렀어도 여전히 우리의 현실은 그렇지 못하다. 민주화와 고성장이 계속 이루어졌으나, 양극화와 생태위기는 개선되지 않고 더욱더 악화되었다. 이런 상황에서 민주화에 대한 회의와 의혹마저 커졌다. 민주 산업화세력이 독재 산업화세력의 문제를 제대로 해결하지 못한 결과로 다시 독재 산업화세력에게 유리한 정세가 조성된 것이다. 독재 산업화세력은 전두환과 노태우의 '비자금'으로 잘 드러났듯이 엄청난 '부패세력'이기도 하다. 독재 산업화세력

4. 사회체계의 위험

의 복귀는 부패세력의 복귀인 것이다. 왜 이런 몰상식한 문제가 도무지 개혁되지 않는 것일까?

민주 산업화세력은 독재 산업화세력이 오랜 독재를 통해 이룩한 '박정희체계'라는 낡은 사회체계를 해소하고 '생태적 복지사회'를 향한 '진정한 선진화'를 이룩해야 한다. 이를 위해 개발주의를 철저히 비판하고 토건국가를 시급히 개혁해야 한다.[1] 토건국가는 정책결정과정을 왜곡하고, 정부조직과 재정구조를 왜곡하며, 산업구조와 고용구조의 개혁을 저지한다. 토건국가는 '진정한 선진화'의 가장 큰 적이다. 그런데 어쩐 일인지 한국의 민주개혁세력 혹은 진보개혁세력은 이 망국적 문제에 대해 큰 관심을 기울이지 않고 있다. 이것은 그 자체로 하나의 미스터리, 즉 '토건국가 미스터리'가 아닐 수 없다.

토건국가를 개혁하기 위해서는 이러한 '토건국가 미스터리'에도 깊은 관심을 기울여야 할 것 같다. 한국의 민주개혁세력은 정권의 교체에 관해 열변을 토하거나 코뮌과 같은 생경한 용어를 남발하면서도 정작 이 나라를 '기형국가'로 만든 토건국가의 생생한 문제에 대해서는 너무나 무관심하고 심지어 무지하다. 정권을 교체하거나 공동체를 만드는 것으로 모든 문제가 해결될 것이라고 생각하는가? 노무현정권은 정권 중심의 민주화가 안고 있는 한계를 완전히 입증해 주었으며, 토건국가의 개발사업은 전국 곳곳에서 수많은 공동체를 완전히 없애버렸다.

불행하게도 토건국가는 민주화 이후에 오히려 더욱더 강화되었다. 특히 노무현정권은 시민사회의 강력한 반대와 비판에도 불구하고 역사상 최대의 토건국가 정책을 강행했다. 정치적 민주화가 사회적 발전으로 이어지도록 하기 위해서는 정권교체를 넘어선 사회개혁의 노력이 필요하다는 것을 노무현정권은 잘 보여주었다. 토건국가는 커다란 위험의 원천이다. 토건국가를 개혁하기 위한 '민주화의 민주화'를 적극적으로 추진하지 않는다면, 우리의 미래는 혈세의 탕진과 국토의 파괴로 엉망진창이 되고 말 것이다.

민주개혁세력의 잘못을 배경으로 '보수 쓰나미'가 거세게 밀려왔다. 그런데 이것은 '부패 쓰나미'이자 '토건 쓰나미'이다. 이 후진적 쓰나미는 한국사회의 위험문제를 더욱더 악화시킬 것이다. 이렇게 되지 않도록 하기 위해서 무엇보다 토건국가의 문제에 올바로 대응할 필요가 있다.

토건국가의 문제

국가는 일정한 지리적 경계 안에서 배타적 권력을 행사하며, 다른 국가들에 대해 자주적 관계를 유지하는 정치적 주체이다. 민주국가는 국민의 합의로 수립되고 작동한다. 국민이 대표를 뽑아서 주권을 위임하고, 대표들은 입법부를 구성해서 법을 만들고, 법에 따라 행정부와 사법부를 설립하게 된다. 결국 민주국가의 수립은 입법부의 구성으로 시작해서 행정부와 사법부의 설립으로 일단락된다. 이러한 민주국가는 크게 형식적 민주국가와 실질적 민주국가로 나뉜다. 형식적 민주국가란 민주주의를 내걸고 있지만 실제로는 전제와 비슷한 독재가 시행되는 국가를 뜻한다.

 사실 국가의 특징은 여러 기준을 통해 살펴볼 수 있다. 토건국가는 무엇보다 경제정책을 기준으로 국가의 특징을 포착한 것이라고 할 수 있다. 이런 점에서 토건국가는 통상국가나 공업국가와 같은 범주로 묶일 수 있다. 또한 근대국가는 대체로 통상과 공업에 힘을 쏟으면서 가장 강력한 개발의 주체가 되었다. 이런 점에서 자본주의와 사회주의, 민주와 독재의 차이를 떠나서 모든 근대국가는 사실상 개발국가였다. 그런데 개발은 대체로 심각한 파괴를 통해 이루어진다. 이로부터 개발에 대한 규제가 적극적으로 이루어지기 시작했다. 그러나 일부 국가는 개발이 정치와 경제를 지배하면서 아예 토건국가가 되었다.

 여기서 '토건'에 대해 잠시 살펴보자. 토건의 법적 용어는 건설(construction)이며, 말 그대로는 '토목과 건축'을 뜻한다. 그러나 토건은 사실 주로 토목을 뜻한다. '토목공사'는 "인류생활의 문화적 향상을 도모하기 위하여 여러 구조물을 만드는 작업"으로 정의되며, '토목'이라는 말은 땅을 파고 나무를 이용해서 구조물을 만들었던 데서 비롯되었다. 만리장성 공사 때부터 벌써 토목이라는 말을 사용했다고 한다. 대체로 '공공재'를 만드는 사업이기 때문에 '공공사업'으로 행해지는 경우가 많다. 이 때문에 영어에서는 public works가 '토목공사'를 뜻하기도 한다.[2] 또한 '토목공학'은 "국토의 보전·개수·개발경영을 맡는 공학으로서, 역사적으로는 군사공학에 대비해서 인간의 생활환경 향상을 위한 공학을 총칭한 학문으로서 발달"했다고 한다.[3] 영어로는 토목공학을 civil engineering이라고 하는데, 이 말에는 '문명공학'이라는 뜻이 담겨 있다.

　이처럼 '토건'이라는 말 자체는 부정적인 뜻보다는 긍정적인 뜻을 더 많이 담고 있다. 그러나 현실은 그렇지 않다. 토건은 문명을 상징하는 것일 뿐만 아니라 그 문제를 대표하는 것이기도 하다. 토건사업에는 언제나 거대한 자연의 파괴가 따르기 때문이다. 토건국가는 무엇보다 정부조직과 재정구조가 이러한 토건사업을 중심으로 구성되어 있으며, 따라서 토건국가에서는 국가의 운영과 사회의 작동이 토건사업을 중심으로 이루어진다. 토건사업은 언제나 필요하다. 그러나 토건국가에서는 불필요한 토건사업이 너무나 많이 시행되며, 필요한 토건사업이라도 민주적으로 시행되는 경우가 아주 드물다.

　대체로 근대국가는 근대적 하부구조의 건설은 물론이고 경제성장의 촉진을 위해서 활발히 토건사업을 추진하는 개발국가의 성격을 지닌다. 경제에 대한 정부의 직접직 개입이 가장 적다는 미국도 일찍이 'TVA사업'이라는 엄청난 토건사업을 통해 경제를 활성화하고자 했다. 토건국가는 '개발국가의 가장 타락한 형태'로서 "정치권과 토건업이 유착하여 세금을 탕진하고 자연을 파괴하는 국가"이다. 토건국가는 혈세의 낭비, 국토의 파괴, 부패의 만연이 국책사업으로 펼쳐지는 대규모 토건사업을 매개로 구조화된 '기형국가'이다. 따라서 토건국가의 개혁은 기형국가의 정상화로서 그 자체로 중대한 '국가발전'에 해당한다.

　정책결정과정이 올바로 이루어지는 국가는 결코 토건국가가 될 수 없다. 정책결정과정 자체가 크게 왜곡된 국가가 아니고서는 새만금 개발사업이나 시화호 개발사업처럼 불필요한 대규모 토건사업이 국책사

4. 사회체계의 위험

업의 이름으로 강행될 수는 없다. 따라서 토건국가의 개혁은 사실 민주주의의 기초적 과제이다. 개발독재의 구조적 유산인 토건국가가 개혁되기는커녕 더욱 강화되었다는 점에서 우리의 민주화는 대단히 '기형적 민주화'였다. 이 사실을 직시하지 않는다면, 우리에게 '밝은 미래'는 없을 것이다.

본래 토건국가라는 개념은 현대 일본사회의 부정적 특징을 가리키기 위해서 고안되었다. 그런데 토건국가는 현대 일본사회만이 아니라 현대 한국사회에도 해당된다. 토건업체와 정치권이 유착하여 민중을 착취하는 체계는 현대 한국사회에서도 맹렬하게 작동하고 있다. 이러한 사실은 16대 대선의 불법 정치자금을 수사하는 과정에서 잘 드러났다. 예컨대 재벌과 정치권의 추악한 결탁은 너무도 명백하게 드러났는데, 여기서 핵심적인 구실을 한 것이 바로 재벌의 토건업체들이었다.[4]

토건국가에서는 경제성과 환경성이 없는 것으로 입증된 사업을 필요한 사업이라고 우기며 강행하고, 엉터리 환경영향 평가서를 제출하여 자연파괴 사업을 강행하며, 지역주민들을 매수하고 협박하여 문화파괴 사업을 강행하는 일을 언제나 쉽게 볼 수 있다.

토건국가의 문제는 크게 다섯으로 정리할 수 있다.

첫째, 부패의 문제이다. 이것은 쉽게 말해서 정경유착과 민중의 착취를 뜻한다. 결국 정경유착을 통해 토건업체가 정치권에 전하는 돈은 모두 국민의 주머니에서 나온 것이다. 둘째, 토건국가는 정경유착과 민중의 착취를 위해 자연을 대대적이고 지속적으로 파괴한다. 자연을 파괴한 대가로 토건업체는 막대한 돈을 챙기고, 그 돈을 정치인이나 공무원과 나눠먹는다. 셋째, 토건국가가 파괴하는 것은 자연만이 아니다. 그것은 자연과 일체로 존재해 온 지역 사회와 문화를 송두리째 파괴한다. 이를 위해 한편에서는 보상금이라는 경제적 수단으로 주민을 매수하여 지역사회를 분열시키고, 다른 한편에서는 개발독재 시대의 국가주의 공익론을 내세워 주민을 협박한다. 넷째, 토건국가의 문제는 부패와 파괴에 그치지 않는다. 그것은 커다란 위험을 내장하고 있는 현대의 고도기술을 이용하기에, 또한 갈수록 커지는 여러 자연재해에 대처하기에 턱없이 부실한 사회체계를 만든다. 다섯째, 토건국가는 비대한 토건업으로 말미암아 왜곡된 산업구조의 개혁을 가로막는다. 그 결과 사회 전체의 발전이 지체되고, 파국의 위험이 자라나게 된다.

토건국가의 구조

좁은 의미의 토건국가는 행정부를 중심으로 입법부와 사법부를 포함한 국가기구를 뜻하며, 넓은 의미의 토건국가는 경제와 일상을 포함한 사회 전반을 뜻할 수 있다. 그 구조는 대체로 토건정부, 토건정치, 토건경제의 관계를 통해 살펴볼 수 있다. 먼저 대규모 토건사업의 주체로서 토건정부가 확립되고, 그것을 중심으로 토건정치, 토건경제가 형성되며, 나아가 국민의 의식 속에 토건의식이 확산된다. 이렇게 해서 대규모 개발사업을 국책사업으로서 끊임없이 벌이지 않으면 오히려 이상하게 여겨지는 '기형국가'로서 토건국가가 맹렬히 작동하게 된다. 이렇듯 토건국가의 구조적 핵심은 토건정부이며, 따라서 토건국가의

4. 사회체계의 위험

개혁을 위해서는 무엇보다 정부조직과 재정구조의 개혁을 강력히 추구해야 한다.

그렇다면 한국정부의 재정에서 토건부문은 어느 정도 비중을 차지하고 있을까? 놀랍게도 그것은 거의 30%에 이른다. 2007년도 정부 총지출 규모는 예산과 기금을 합쳐서 237조 1천억 원이다. 여기서 직접적 건설부문 예산은 18조 2천억 원(7.7%)이고, 공공부문 건설투자는 무려 52조 3천억 원(22.1%)에 이른다. 이렇게 막대한 예산을 써서 전국 곳곳에서 불필요한 도로건설, 공항건설, 댐건설, 신도시건설, 간척사업 등이 이루어진다. 새만금 개발사업과 시화호 개발사업을 비롯해서 불필요한 대규모 건설사업이 국책사업의 이름으로 전국 곳곳에서 맹렬히 펼쳐지고 있다. 이렇게 전국 곳곳에서 대대적으로 소중한 국토를 파괴하기 때문에 삶의 질의 물리적 기반인 환경 질이 갈수록 악화되고, 이렇게 국토의 파괴에 엄청난 재정을 투입하기 때문에 복지나 교육 등 삶의 질 확충에 필요한 재정을 확보하기가 어려워진다. 따라서 복지운동이나 교육운동을 하는 쪽에서 토건국가 문제에 대해 별 관심을 보이지 않는 것은 그 자체로 대단히 문제적이라고 하지 않을 수 없다.

경제적으로 보아서 토건국가는 개발국가의 확대로 시작해서 토건업의 과잉성장으로 완성된다. 토건업의 과잉성장에 따라 토건업의 영향력이 과잉 성장한다. 토건업이 과잉 성장한 상황에서 토건업의 위축은 즉각 경제와 고용 전체에 커다란 영향을 미치게 된다. 따라서 행정부와 입법부는 물론이고 사법부도 가능한 한 토건업의 위축을 피하려는 경향을 보인다. 이제까지 새만금 개발사업을 비롯해서 일단 시작된 대규모 개발사업이 중단된 적은 한번도 없다. 여기에 토건업의 강력한 로비가 작용해서 결국 '항상적 과잉상태의 토건경제'가 형성된다. 민주화에 따라 이러한 경향은 더욱 강화되었다. 상당수 국민들이 병적으로 과잉성장한 토건업의 덫에 빠져 있으며, 정부와 정당은 이들의 지지를 얻기 위해 토건업의 위축을 막으려는 경향을 더욱 강화했던 것이다. 이처럼 토건국가의 문제는 '민주화의 역설'과도 구조적으로 연관되며, 따라서 이 문제를 해결하기 위한 정부와 정당의 책임은 더욱더 크다.

여기서 통계청의 '2006년 건설업 통계'를 자료로 해서 한국의 토건경제에 대해 잠시 살펴보자. 2005년 한국의 GDP는 약 787조 5천억 원이었다. 같은 해 'GDP 대비 건설업의 비중'은 매출액 기준으로 무려 19%(142조 6227억 8100만 원)를 넘어섰으며, 부가가치 기준으로 보더라도 무려 7.8%(61조 7404억 500만 원)에 이르렀다. 이러한 비중은 심지어 개발도상국보다도 높은 것으로서 '병적'이라는 평가를 받을 정도이다. 예컨대 2001년도 주요 국가의 GDP 대비 건설업의 비중을 부가가치 기준으로 보면, 미국과 서구는 4~5% 수준이었고, 한창 고성장을 구가하는 브라질·러시아·중국은 7% 수준이었으며, OECD에서 아주 높은 수준인 일본은 7.1%였다. 이에 비해 한국은 7.7%로서 단연 최고 수준을 보였다.

한국은 '토건경제의 덫'에 빠져 산업구조와 고용구조의 '선진화'를 이루지 못하고 있다. '토건경제'가 지배하는 상황에서 '지식경제'는 그저 공염불일 뿐이다. 땅을 파서 10원을 버는 경제가 머리를 써서 10억 원을 버는 경제를 짓누르고 있는 것이다. 그런데 여기서 우리가 더욱 주목해야 하는 것은 이런 토건경제가 토건정부와 토건정치에 의해 형성되고 강화된다는 사실이다. 지식경제로의 발전을 가로막는 항상적 과잉상태의 토건경제는 극히 인위적인 정책의 산물인 것이다. 이처럼 경제의 왜곡을 낳은 한국의 토건국가는 박정희의 개발독재 시대에 형성되었으며, 전두환시기에 잠시 조정되는 것처럼 보였으나, 노태우시기에 크게 확장되었고, 김영삼과 김대중 시기에도 계속 확장되었으며, 노무현시기에 이르러 그야말로 폭증을 이루게 되었다. '한반도 대운하'와 같은 극단적 구상은 이런 문제적 역사의 산물이다.

이처럼 토건국가가 강력하게 확립되어 있는 상황에서 개발주의 정치가 해결되지 않고 개발주의 공약이 남발되는 것은 당연하다. 많은 국민들이 개발주의에 맞서기보다는 편승해서 이익을 취하는 쪽으로 적응되어 있기도 하다. 따라서 토건국가의 구조를 개혁하기 위한 노력이 강화되는 동시에 이 문제를 깨닫고 개혁하기 위한 시민의 실천도 크게 강화되어야 한다. 사실 다수의 국민들은 토건국가와 개발주의의 문제에 깊은 우려를 품고 있다. 문제는 적극적으로 개발이익을 추구하는 소수의 '미꾸라지'들이다. 이들에 의해 토건국가의 문제는 '투기사회'의 문제로 이어지면서 더욱 악화된다. 따라서 이들을 규제하는 정부의 책임은 아무리 강조해도 지나치지 않을 것이다.

참여정부에 대한 실망감이 커진 배경에는 토건국가와 투기사회의 문제가 자리 잡고 있다. 참여정부는 줄곧 토건국가를 확대하는 방식으로 정치적 지지를 확대하고자 했다. 행정복합도시, 문화중심도시, 전통문화도시, J벨트개발, 혁신도시, 기업도시, 10개 수도권 신도시, 시화호 개발사업, 한탄강댐 건설사업 등 참여정부가 추진한 대규모 개발사업은 너무나 많다. 심지어 참여정부는 수도권 과밀문제를 해결하기 위해 지방의 개발을 촉진한다면서 동시에 수도권 규제완화를 추구하는 모순마저 드러내고 말았다. 이러한 명백한 정책의 모순이야말로 참여정부에 대한 불신을 계속 키운 원천이었다.

토건국가의 주체

토건국가는 토건재정의 확대를 통해 토건경제의 강화를 촉진하는 방식으로 작동한다. 그러나 이러한 상태가 자연적으로 이루어지는 것은 아니다. 여기에는 여러 주체들의 집요한 노력이 작용하고 있다. 구조적으로 보아서 이 주체들은 정계·관계·재계를 중심으로 이루어져 있다. 불필요한 대규모 개발사업을 '국책사업'으로 추진하기 위해서 국가의 운영을 실제로 좌우하는 세 주체의 연결은 필수적이다. 이것을 보통 '정·관·재 연합'이라고 부른다. 그런데 민주화에 따라 정·관·재 연합이 작동하기 위해서는 더욱더 합리성의 형식을 갖추지 않을 수 없게 되었다. 이로써 언론과 학계의 지원이 더욱 강화되었다. 그 결과 정·관·재 연합은 '정·관·재·언·학 연합'의 5각 구조로 확대되었다.

이러한 연합은 어떻게 작동하는가? 토건연합은 무엇보다도 '돈줄연합'이다. 불필요한 대규모 개발사업에 사용되는 막대한 혈세는 흔히

4. 사회체계의 위험

'눈먼 돈'으로 불린다. 그중에서 직접 부패에 사용되는 돈은 많은 경우 20%에 이르며, 그렇지 않은 돈도 사실상 혈세를 낭비하는 것이다. 정·관·재·언·학 연합은 뇌물, 월급, 광고비, 연구비를 지급하거나 서로에게 일자리를 제공하는 등의 다양한 방식으로 혈세를 나눠 가진다. 여기서 직접적 부패에 해당하는 뇌물만이 문제는 아니라는 사실에 주의해야 한다. 그것은 직접적 '범죄'에 해당하는 가장 심각한 문제일 뿐이다. 불필요한 대규모 개발사업을 위해 엉터리 기사를 보도하거나 연구를 수행하는 것도 사실은 부패만큼이나, 아니 사실 그런 보도나 연구야말로 부패를 가능하게 하는 합법적 수단이라는 점에서 불법적 부패보다 더 나쁘고 잘못된 것이다.

토건연합은 '공익'을 내걸고 불필요한 개발사업을 추진해서 국토를 파괴하고 혈세를 탕진해서 '사익'을 추구하기 때문에 흔히 '마피아'에 비유되곤 한다. 은밀히 활동하는 거대한 조직범죄 세력과 비슷하다는 것이다. 이러한 '토건 마피아'는 분야별로 전문화되어 있기도 하다. 예컨대 간척 마피아, 발전 마피아, 도로 마피아, 댐 마피아 등이 그것이다. '댐 마피아'는 댐 건설을 지배한다. 댐 건설은 토건국가가 작동하는 대단히 유효한 방식이다. 홍수와 가뭄에 대한 국민의 두려움을 적극 자극해서 댐 건설을 정당화하기 쉽기 때문이다. 댐은 많은 기능을 수행하고 여러 의미를 가지지만, 댐 마피아에게 댐은 그저 거대한 '먹이'일 뿐이다. 바로 그렇기 때문에 댐 마피아는 댐 건설을 강행하기 위해 말 그대로 최선을 다한다. 이러한 댐 마피아가 존속하는 한 시대가 변한다고 해서 댐 건설의 문제가 해결될 것이라고 기대하는 것은 큰 잘못이다.

　한탄강댐 건설계획은 아주 좋은 예이다. 2005년 6월에 감사원은 이 계획이 경제성이나 환경성은 말할 것도 없고 절차조차 제대로 지키지 않았으므로 원점에서 재검토하도록 했다. 2006년 8월에 국무조정실은 새로 연구를 하는 방식을 취해서 상당히 축소된 계획을 제시했다. 그리고 2006년 10월에 건교부는 처음의 잘못된 계획과 사실상 같은 계획을 최종적으로 확정했다. 그 내용은 쉽게 말해서 1조 900억 원의 혈세를 들여서 한탄강 상류에 거대한 시멘트 덩어리를 쌓는다는 것이다. 한탄강댐 건설계획은 막대한 혈세의 탕진과 국토의 파괴를 추진하는 전형적인 토건국가 사업이다.

　댐 건설이 엄청난 자연파괴와 문화파괴의 문제를 낳는다는 사실을 '댐 마피아'는 결코 말하지 않는다. 반면에 댐 마피아는 댐 건설을 계속 추진하기 위해 여러 사이비 논리를 사회적으로 널리 유포시킨다. 그중에서 가장 대표적인 것은 '물 부족론'과 '댐 만능론'이다. 요컨대 한국은 '물 부족국가'이기 때문에 적극적인 대책을 세워야 하는데 그중에서 가장 좋은 것은 역시 댐 건설이라는 것이다. 그러나 물 부족국가라는 주장은 건교부조차 철회하지 않을 수 없었던 '거짓말'이며, 댐의 본질적 문제는 이미 세계댐위원회도 명확히 지적한 사실이다. 한국에서 정말로 필요한 것은 댐 건설계획이 아니라 댐 해체계획이다. 이러한 발전을 이루기 위해 잘못을 강행하는 강력한 주체인 댐 마피아를 없애야 한다.

　토건연합은 거짓으로 진실을 은폐하고, 혈세를 탕진해서 '사익'을 추구한다. 그 결과 수많은 사람들이 삶의 터전에서 추방당하고, 소중한 국토가 만신창이로 파괴된다. 이런 문제적 상황이 민주화 이후에도 거의 개선되지 않았다는 사실에 우리는 놀라지 않을 수 없다. 그러나 더욱 놀라지 않을 수 없는 것은 민주개혁세력이 토건국가의 문제에 대해, 그 주체의 개혁에 대해 너무나 무관심하다는 사실이다. 환경문제를 연구하는 많은 학자들조차 토건국가라는 개념을 그저 '수사'로 받아들이고 있다. '토건 마피아'의 문제를 밝히고 개혁하기 위해 애쓰는 것이 아니라 그 하청을 받아서 연구하는 학자들도 아주 많다. 이와 관련해서 최근에는 '갈등조정'이 중요한 명분으로 활용되고 있다. 그러나 문제의 핵심은 '갈등'이 아니라 '저항'이다. 토건 마피아는 갈등의 주체가 아니라 저항의 대상일 뿐이다.

우리는 '생태적 복지사회'를 이룩할 수 있는 경제적 능력을 갖추고 있다. 토건국가를 개혁하는 것은 이 목표를 이루기 위한 기반을 다지는 것이다. 건교부를 폐지하고, 각종 개발공사들을 통폐합하는 것은 그 구체적 과제이다. 이를 위해 문제를 일으키는 거대한 주체들에 대한 연구가 크게 활성화되어야 한다. 개발독재의 전위대로 설립된 각종 개발공사들과 건교부와 산자부 등의 개발부서들을 그대로 두고 생태적 복지사회를 향한 진정한 선진화는커녕 정치적 민주화의 진척도 이루어지기 어렵다. 추상적인 이념이나 정권 중심의 민주화가 아니라 삶의 질 중심의 민주화를 원한다면, 개발독재의 구조적 유산인 토건국가의 문제에 대해, 그 핵심적 실체로서 정부조직과 재정구조의 문제에 대해 관심을 쏟아야 한다.

토건국가에 시달리면서 토건국가에 제대로 관심을 기울이지 않는 것은 군부독재에 시달리면서 군부독재에 제대로 관심을 기울이지 않는 것과 같다. 사익을 위해 막대한 혈세를 탕진해서 국토를 파괴하는 토건연합의 문제를 널리 알리고 해결하지 않는다면, 우리는 결국 만성적 불안에 시달리면서 명백한 파국을 향해 치달리게 될 것이다.

개발공사의 문제

근대화의 경제적 핵심은 공업화이다. 이 점에서 근대화는 농업 중심의 사회가 공업 중심의 사회로 바뀌어가는 것이라고 할 수 있다. 그러나 이러한 변화는 단순히 공업의 증대라는 산업구조의 변화로 나타나지 않았다. 여기에는 언제나 공간적 변화가 따랐다. 공업단지의 형성, 도로망의 건설, 대형 댐의 축조 등은 그 대표적인 예이다. 이렇듯 근대화는 크고 작은 수많은 개발사업을 통해 이루어졌다. 이러한 개발사업을 주도한 국가기구가 바로 개발공사이다.

개발공사는 "대규모 사회간접자본의 건설과 관리를 전담하고 있는 공공기관"[5]을 뜻한다. 한국에는 많은 공사가 있으며, 그중에서 대표적인 개발공사로는 한국전력공사, 농업기반공사, 한국수자원공사, 대한주택공사, 한국토지공사, 한국도로공사를 들 수 있다. 이 여섯 개발공사는 그야말로 한국사회의 기반을 건설하고 관리하는 일을 전담하고 있다. 그 국가적 중요성은 다시 말할 필요가 없을 것이다. 여섯 개발공사는 한국의 급속한 공업화와 고도성장의 디딤돌이자 견인차였다.

4. 사회체계의 위험

그러나 한국의 급속한 공업화와 고도성장은 대규모 자연파괴와 부실한 경제구조를 통해 이루어진 것이기도 하다. 그 결과 한국은 단순한 '개발국가'를 넘어서 '토건국가'로 분류되기에 이르렀다. 여섯 개발공사는 이러한 토건국가 한국의 디딤돌이자 견인차이기도 하다. 바로 이 때문에 전국 곳곳에서 여섯 개발공사가 벌이는 각종 개발사업을 둘러싸고 심각한 마찰과 갈등이 끊이지 않고 있다. 이 문제를 바로잡기 위해 참여정부는 '갈등관리'의 체계화를 추구하기도 했다. 그러나 진정으로 필요한 것은 박정희 시대의 유산인 개발공사를 전면적으로 개혁하는 것이다.

박정희 시대를 가리켜 흔히 '개발독재' 시대라고 부른다. 그런데 박정희의 개발독재가 무조건 물리력을 앞세워 고도성장을 추구한 것은 아니었다. 근대적 통치체제로서 박정희의 개발독재는 나름대로 근대적 과학을 내세운 국가기구를 설립해서 대대적 개발을 추진하고자 했다. 이를 위해 설립된 대표적 국가기구가 바로 여섯 개발공사이다. 그 설립시기를 보면 한국전력공사(1961. 7), 주택공사(1962. 7), 수자원공사(1967. 11), 도로공사(1969. 2), 농촌공사(1970. 2), 토지공사(1975. 4)의 순으로 나타난다. 한국전력과 농촌공사의 뿌리는 각각 조선 말과 일제 때로 거슬러 올라간다. 그러나 두 공사가 지금의 모습을 갖추게 된 것은 박정희의 개발독재 때이며, 다른 네 공사는 모두 박정희의 개발독재에 의해 처음으로 만들어졌다.

개발공사는 공업화에 필요한 사회간접자본을 빠르게 대규모로 생산하여 공급한다는 공통의 과제를 위해 설립되고 정비되었다. 이러한 사회간접자본은 공공재의 성격을 가진다. 따라서 개발공사와 같은 국가기구를 만들어 사회간접자본의 생산과 공급을 사실상 전담하도록 한 것이 그 자체로 잘못된 것은 아니다. 문제는 개발공사가 추구하는 공익의 내용과 그 방식에 있다. 개발공사는 제정된 법에 따라 개발사업을 추진한다는 형식을 취했다. 그러나 그 법의 내용은 개발공사가 개발사업을 일방적으로 밀어붙일 수 있도록 하면서 개발지역 주민의 권리를 극도로 억압하는 것이었다. 요컨대 개발공사가 공익을 추구한 방식은 반민주적이었다. 또한 개발독재는 공업 제일주의와 성장 제일주의를 충실히 구현하는 것이야말로 최고의 공익이라고 주장했다. 개발독재의 전위대로서 설립된 개발공사는 이 목표를 이루기 위해 바쁘게 움직였다. 따라서 개발공사가 강력히 추구한 공익은 반생태적이고 반문화적인 것이 되기 십상이었다.

 박정희정권의 '폭압적 근대화'는 한쪽에서는 군대와 경찰을 동원하고, 다른 한쪽에서는 개발공사를 활용해서 이루어졌다. 시대는 변하고, 개발독재는 사라졌다. '민주화'가 이루어졌다. 그러나 개발독재가 사라졌다고 해서 그것이 만든 사회체계, 요컨대 '박정희체계'까지도 사라진 것은 아니었다. 개발독재는 사라졌으나 개발주의는 사라지지 않았으며 개발국가도 역시 그렇다. 오히려 문제는 토건국가의 수준으로 더욱 악화되었다.

 개발공사는 두 가지 방식으로 토건국가를 지탱한다. 첫째, 마치 민간 토건업체가 막대한 개발이익을 위해 필요 없는 토건사업도 벌여야 하는 것처럼, 개발공사도 조직을 계속 유지하고 심지어 확대하기 위해

4. 사회체계의 위험

필요 없는 토건사업을 계획하고 추진한다. 둘째, 민간 토건업체가 필요 없는 토건사업을 벌이기 위해 개발공사를 적극적으로 활용한다. 개발공사는 자신의 조직적 이익을 위해 이러한 활용에 적극적으로 응한다. 그 명분은 토건업의 경착륙을 막아서 경제가 갑작스레 침체에 빠지지 않도록 한다는 것이다.

개발독재는 '민주적 효율성'을 무가치하고 비효율적인 것으로 여겼다. 개발공사가 반민주적으로 각종 개발사업을 강행하는 이유는 여전히 개발독재 시대의 관행에서 벗어나지 못하고 민주적 효율성에 대한 자각이 낮기 때문이라고 할 수 있다. 개발공사와 개발사업을 둘러싸고 전국 곳곳에서 심각한 갈등이 빚어지는 까닭은 개발사업은 물론이고 개발공사 자체가 이처럼 심각한 문제를 안고 있기 때문이다. 따라서 문제의 원천인 개발공사의 전면적 개혁은 이미 오래 전부터 절박한 국가발전의 과제가 되었다.[6] 개발공사는 어떻게 개혁되어야 하는가?

그 방향은 무엇보다 '민주적 효율성'을 높이는 것이어야 한다. 개발공사의 구성과 운영의 모든 것을 투명하게 해서 국민이 언제 어디서나 참여하고 감시할 수 있도록 해야 한다. 이렇게 해서 반생태적이고 반경제적인 개발사업을 중단하는 것은 물론이고 아예 기획조차 할 수 없도록 해야 한다. 또한 비슷한 기능을 가진 개발공사들을 통폐합하고, 역사적 수명을 다한 개발공사는 시급히 폐지하며, 정비된 개발공사는 기능의 생태적 전환을 추구해야 한다. 요컨대 개발공사의 민주적 생태적 전환이 이루어져야 한다. 이 역사적 과제를 '공공'이나 '공익'의 이름으로 가로막는 것은 그 자체로 큰 문제가 아닐 수 없다.

주

1) 홍성태, 『개발주의를 비판한다』, 당대 2007.
2) 『네이버 백과사전』, '토목공사' 항목 참조.
3) 같은 책, '토목공학' 항목 참조.
4) 박태견, 「분양원가 공개, 건설족과의 전면전」, 『노컷뉴스』 2004. 6. 4.
5) 2007년 4월부터 시행되고 있는 '공공기관의 운영에 관한 법률'에 따르면 개발공사는 공기업이나 준정부기관에 속한다.
6) 물론 건교부로 대표되는 개발부서의 전면적 개혁도 적극적으로 추진되어야 한다.

부패와 위험사회

부패의 실태

본래 부패란 썩은 것을 뜻한다. 물질이나 생물이 썩으면 본성을 잃게 된다. 썩는 것은 본성을 잃고 다른 것으로 변질되는 것이다. 썩은 것은 생물을 다치거나 죽게 한다. 그리고 썩은 것을 그냥 내버려두면 주위의 멀쩡한 것들도 결국 모두 썩게 된다. 부패는 강력한 가해성과 전염성을 지니고 있다. 부패의 사회적 의미는 사람들이 법규나 윤리를 교묘히 회피하거나 심지어 악용해서 사익을 챙기고, 그 결과 결국 법규나 윤리를 무의미하게 만들고 사회를 교란시키는 것을 뜻한다. 부패가 심하면 생물이 죽듯이 사회도 붕괴하고 만다.

부패감시 민간단체인 '국제투명성기구'(Transparency International, TI)는 1995년부터 매년 1회씩 국가별 부패인식지수를 발표하고 있다. 이것은 말 그대로 한 나라의 부패 정도에 대한 주관적 '인식' 상태를 살펴보는 것이기 때문에 그 의미를 제한적으로 해석해야 한다.

그러나 인식이 현실을 반영한다는 점에서 그 의미를 폄하는 것도 잘못이다. 2006년 11월 6일에 발표된 '2006년도 부패인식지수(CPI) 조사결과'에 따르면, 한국은 10점 만점에 5.1점을 얻어 조사대상 163개국 가운데 42위에 머물렀다. 이것을 어떻게 보아야 하는가?

청렴위는 6일 부패인식지수가 발표되자 "순위보다 점수를 중요하게 봐야 한다"며 "미미하지만 한국의 국가청렴도가 지난해에 비해 향상되었다고 평가한다"고 밝혔다.

하지만 윤태범 방송통신대(행정학) 교수는 "통계적으로 경제규모와 부패 사이에 상관관계가 존재한다"며 "따라서 부패인식지수는 오히려 비슷한 경제·소득 규모의 국가에 비해 우리의 청렴성이 어떤 평가를 받는지 비교해 보는 데 의미가 있다"고 말했다.

실제 『한겨레』가 각 나라의 점수와 경제규모를 비교 분석한 결과를 보면, 한국의 국가청렴도는 경제규모에 비해 한참 뒤쳐져 있다. 우리나라와 비슷한 4.5~5.5점을 기록한 15개 나라의 1인당 국내총생산액은 9800여 달러에 불과한 반면, 지난해 우리나라의 1인당 국내총생산액이 1만 6306달러였다.

아직 우리나라의 청렴도 수준은 1만 달러 이하 국가 수준에 머물고 있음을 알 수 있다. 국제투명성기구 한국본부는 이날 기자회견에서 "한국의 부패인식지수는 절대적으로도 낮은 점수이고 우리가 가야 할 길이 멀다는 것을 말해 주고 있다"고 지적했다.[1]

4. 사회체계의 위험

한국의 부패문제는 예부터 악명이 자자했던 모양이다. 사실 임진왜란 이후 조선을 몰락으로 이끈 탐관오리의 가렴주구는 부패문제와 동전의 양면을 이루고 있었다. 다산 정약용 선생은 이에 관해 많은 시를 남기기도 했다.

> 어진 정사 베푸는 것 원하지 않고
> 사재 털어 구휼함도 달갑지 않네
> 관가의 돈궤짝 남이 볼까 쉬쉬하니
> 우리들 굶게 한 건 이 때문이 아니더냐[2]

또한 다산 선생이 '백세사'(百世師)로 모신 성호 이익 선생은 조선의 부패문제에 관해 다음과 같은 글을 남기기도 했다.

> 가만히 생각건대 우리나라는 녹봉이 너무 적다. …이런 형편이므로 할 수 없이 법외로 더 거두어들인다. …중국인은 항상 "조선은 인정(人情) 있는 나라다"고 한다. 여기서 인정이란 뇌물을 말한다. 가령 뇌물을 일체 막아버리면 공경 이하 서리까지 모두 아한(餓寒)을 면하지 못할 것이다. …그러므로 우리나라 사람이 뇌물을 좋아함은 법이 그렇도록 시킨 것이다.[3]

'인정'이 뇌물을 뜻했다니 놀라지 않을 수 없다. 인정이라는 좋은 말도 아주 조심스럽게 써야 할 것 같다. 성호 선생은 뇌물이 판칠 수밖에 없는 이유로 관리의 녹봉이 너무 적은 것을 들었다. 현대의 이론도 성호 선생과 같은 설명을 제시하고 있기도 하다.

그러나 한국의 공무원은 이미 적절한 수준의 임금을 받고 있다. 심지어 공무원은 갈수록 심각해지는 비정규 불안정 노동의 시대에 '신이 내린 직업'으로 꼽히고 있다. 그런데도 부패문제가 좀처럼 수그러들지 않으니 아무래도 이제는 성호 선생의 설명으로 한국의 부패문제를 이해하기는 어려운 것 같다. 구조적 차원에서 주택과 교육 등에서 '불필요한 비용'을 너무 많이 써야 하는 것, 개인적 차원에서 탐욕을 채우기 위해 적극적으로 부패를 저지르는 것 등이 오늘날 한국의 부패문제에서 더욱 명확하게 드러나는 특징이다.

권력과 부패

부패는 흔히 권력과 연관되거나 권력을 이용해서 일어나는 심각한 사회문제이다. 프랑스의 역사학자인 미셸 푸코는 "권력 있는 곳에 저항 있다"는 말로 권력과 저항의 편재성을 주장했다. 그러나 아마도 저항보다는 부패의 편재성이 더욱더 명백할 것이다. 권력이 있는 곳에는 반드시 부패가 있다. 특히 권력이 비민주적일수록 부패는 더욱더 기승을 부리게 마련이다. 그러나 민주화가 된다고 해서 부패문제가 자동적으로 해결되는 것은 아니다. 제도의 개혁과 시민의 참여가 모두 필요하다. 이러한 권력관련 부패는 정권부패, 입법부패, 행정부패, 사법부패로 나누어볼 수 있다. 이제 각각에 대해 잠시 살펴보도록 하자.

4. 사회체계의 위험

정권부패는 권력을 장악한 정치세력이 주범인 부패를 가리킨다. 무려 44년 동안이나 이어진 독재시대에 부패는 무엇보다 정권부패였다. 이 때문에 정권부패는 부패의 대명사처럼 되었다. 정권세력은 최고 권력자와 측근세력으로 이루어진다. 따라서 정권부패는 최고 권력자가 주범인 경우, 최고 권력자와 측근세력이 모두 주범인 경우, 측근세력이 주범인 경우 등 세 가지로 나누어볼 수 있다. 그런데 사실 첫번째 경우는 존재하지 않는다. 최고 권력자가 부패의 주범이면서 정권을 구성하고 있는 측근들의 부패를 막을 수는 없기 때문이다. 따라서 현실에서는 두번째 경우와 세번째 경우만 찾아볼 수 있다.

두번째 경우의 대표적 예로는 전두환과 노태우 정권을 들 수 있다. 1979년의 12·12쿠데타와 1980년 5월의 광주학살로 권력을 장악한 전두환과 노태우는 대통령으로 재임하는 동안 권력을 이용해 막대한 '비자금'을 챙겼다. 전두환과 노태우는 정권부패의 문제를 너무나 극명하게 보여주었다. 전두환과 노태우는 권력을 이용해서 아예 기업의 생사를 좌우하고 시장의 구조를 바꾸는 짓을 해서 엄청난 부정축재를 했던 것이다. 문제는 여기서 그치지 않는다. 전두환과 노태우의 부패는 가족과 친족 그리고 측근의 부패로까지 확장되었다. 모두가 나서서 참으로 열심히 해먹었던 것이다.

세번째 경우의 대표적 예로는 이승만과 박정희 정권을 들 수 있다. 이승만정권에서는 이기붕 부통령 일가가 부패로 악명을 떨쳤다. 심지어 '민나 도로보데스'(모두가 도둑놈)라는 말이 널리 퍼질 정도였다. 이승만은 자신을 '왕'으로 여기면서 직접 부정축재를 하지는 않았다.

그러나 측근의 부패에 대해서는 무지했거나 방조했거나 조장했다. 이런 점에서도 이승만은 사실 대통령으로서의 자격을 제대로 갖추고 있지 못했다. 박정희정권은 '부패의 국유화'가 이루어졌다는 평가를 받는다. 박정희는 사실상 국가를 소유한 존재와 같았기 때문에 구태여 개인적으로 부정축재할 필요를 느끼지 않았다는 것이다. 그러나 박정희가 그렇다고 해서 그의 가족이나 측근들도 그랬던 것은 아니었다. 박정희의 가족과 측근들의 부정축재에 관한 논란은 여전히 현재진행형이다.

입법부패는 국회의원이나 지방의원이 주범인 부패를 가리킨다. 민주사회는 주권자인 국민으로부터 주권을 위임받은 의원들이 법을 제정하는 것으로 형성된다. 입법은 민주사회의 초석을 다지는 것이다. 그만큼 입법은 중요하다. 입법이 잘못되면, 사회의 기초가 잘못되고 만다. 따라서 의원들은 막강한 권력을 보유하게 된다. 사회에는 이러한 의원들을 매수해서 사익을 챙기려는 자들이 대단히 많고, 또한 자신의 권력을 악용해서 사익을 챙기려는 의원들도 아주 많다. 민주화와 함께 입법부패는 많이 줄었다는 평가를 받고 있지만, 그러나 여전히 온갖 부패의 논란은 그치지 않고 있다. 입법부패가 줄었다고 믿는 국민은 아마도 거의 없을 것이다.

행정부패는 행정의 주체인 관료와 공무원이 주범인 부패를 가리킨다. 오늘날 행정부는 단순히 실행주체가 아니다. 의원입법보다 행정입법이 훨씬 더 많다는 사실에서 잘 드러나듯이, 행정부는 수많은 제도와 정책의 기획자이자 결정자이자 집행자로 기능하고 있다. 이것은 관료와 공무원이 법적으로 부여된 것보다 훨씬 더 커다란 권력을 행사할 수 있다는 것을 뜻한다. 우리는 이것을 '과잉권력'이라고 부를 수 있다. 관료와 공무원은 이러한 과잉권력을 행사해서 막대한 사익을 추구할 수 있다. 불필요한 개발사업을 필요한 것처럼 서류를 꾸며서 강행해서 이권을 확보하거나 조직을 확대한다. 각종 인·허가권을 악용해서 업자들로부터 뇌물이나 향응을 받고, 퇴직자끼리 조합이나 회사를 차려서 각종 관급사업을 독점하기도 한다. 각종 개발사업이 크게 늘어나면서 지방공무원의 부패도 크게 늘어났다. 사실 부패에 관한 조사에서 가장 큰 비중을 차지하는 주체가 바로 지방공무원이다. 어떤 지방도시에서는 건설과 과장과 직원이 2년 연속 모두 건설사업 관련 뇌물수수 혐의로 구속되기도 했다. 개발계획을 빼돌려서 투기를 하는 것도 이미 오래 전에 상식화된 행정부패의 대표적 양상이다. 한국의 공무원 수는 많은 편이 아니지만, 우선 일을 올바로 하도록 하는 것이 중요하다. 전국 곳곳에서 많은 공무원들이 매년 수십억 원의 야근수당을 불법으로 챙기고 있기도 하다. 해외연수나 해외유학을 빙자한 해외여행의 문제조차 이미 만연한 상태이다.

    사법부패는 사법부가 주범인 부패를 가리킨다. 부패문제에 대응하는 데서 사법부의 책임은 너무나 크다. 부패는 '처벌의 함수'라는 성격을 가지기 때문이다. 예컨대 부패로 얻을 수 있는 이득보다 당할 수 있는 처벌이 훨씬 더 크다면, 부패의 주체들은 부패를 행하기 전에 더욱 더 깊이 고민할 수밖에 없다. 이런 점에서 이른바 '솜방망이 처벌'은 그 자체로 부패만큼이나 큰 잘못이라고 하지 않을 수 없다. 그것은 사실상 부패를 조장하는 것이기 때문이다. 부패가 발각되더라도 별 처벌을 받지 않는다면, 부패는 사회적으로 만연하지 않을 수 없다.

이런 점에서 한국의 사법부는 너무나 심각한 문제를 안고 있다. 그것은 두 가지로 대변된다. 첫째, 이른바 '유전무죄 무전유죄'로 대변되는 노골적으로 불평등한 판결의 문제이다.[4] 재벌은 천문학적 경제범죄를 저지르고 나라를 위기로 몰아넣어도 사실상 아무런 처벌도 받지 않는다. 이에 비해 노동자를 비롯한 일반시민은 작은 범죄로도 혹독한 처벌을 받기 일쑤이다. 이 때문에 사람들은 법과 법원을 믿지 않고 돈과 힘을 중심으로 한 '연줄'을 믿는다. 한국은 법과 현실이 잘 부합하지 않는 '이중질서 사회'이다. 둘째, '전관예우'로 대변되는 사법의 사유화 문제이다. 전임판사 출신의 변호사와 현직판사 사이에 인적 관계가 작동해서 '봐주기 판결'을 하는 것이다. 이 때문에 돈 많은 사람들은 무조건 고위직 판사 출신 변호사를 선임하며, 그들은 1건당 수억 원에서 수백억 원의 수임료와 성공보수를 받는 것으로 알려졌다. 한국의 사법부는 정의의 보루가 아니라 불의의 보루로 여겨지고 있을 지경이다.

이러한 권력관련 부패를 해결하기 위해 '국가부패방지위원회'(부방위)가 설치되었는데, 그 이름이 부정적이라고 해서 다시 '국가청렴위원회'(청렴위)로 바꾸었다. 청렴위는 출범하자마자 "2007년까지 부패인식지수 20위권 진입"이라는 목표를 제시했다. 그런데 부패문제를 해결하는 것이 무슨 수출경쟁이나 메달경쟁을 벌이는 방식으로 이룰 수 있는 것인가? 사실 무조건적 수출경쟁이나 메달경쟁이야말로 한국형 부패문제의 중요한 원천이 아닌가? 이런 점에서 청렴위의 사고방식 자체가 부패문제의 해결과는 영 거리가 먼 것으로 보인다. 실제로 청렴위는 부패문제의 실질적 해결보다는 부패인식지수를 올리기 위한 '홍보성 활동'에 집중해 왔다는 심각한 비판을 받고 있다.

청렴위는 출범 당시부터 2007년까지 한국의 부패인식지수 순위를 20위권 내로 진입시키겠다고 강조해 왔다. 정성진 위원장 역시 지난해 취임 1주년 언론인터뷰에서 이후 3년 이내에 이 목표를 이루겠다고 밝혔다. 하지만 현재상황에서 단기간에 이를 달성하기는 불가능해 보인다. 뿐만 아니라 이 같은 반부패 정책은 청렴위의 정책방향을 왜곡할 수 있다는 지적도 일고 있다.

윤태범 교수는 "그동안 청렴위가 우리 정부의 반부패 노력과 성과가 저평가됐다는 이유로 부패인식지수를 올리기 위한 국제협력, 외국행사 참여 등 홍보성 활동에 집중해 왔다"며 "정작 제도나 조직이 실질적으로 작동·기능하는지에 대해서는 큰 관심을 보이지 않았다"고 말했다.

이재근 참여연대 투명사회팀장은 "청렴위가 밝힌 '2007년 부패인식지수 20위권 진입'이라는 목표는 실현 가능성이 없는 것으로 결과적으로 국민에게 거짓말을 한 꼴"이라며 "오히려 기존 반부패 시스템의 내실화를 방해하는 정책 왜곡현상을 불러왔다"고 비판했다.[5]

청렴위는 일방적 홍보가 '사기'와 크게 다르지 않다는 사실부터 깨달아야 할 모양이다. 부패문제를 해결해야 하는 중차대한 임무를 띠고 있는 국가기관이 사기와 크게 다르지 않은 활동에 매진한다면, 부패문제가 해결되기는커녕 더욱더 악화되고 말 것은 그야말로 불을 보듯이 뻔한 것이 아니겠는가?

경제와 부패

부패는 법규나 윤리를 교묘히 회피하거나 악용해서 경제적 이득을 취하는 것이다. 이런 점에서 부패는 경제의 산물이다. 아마도 부패문제가 없는 경제는 없을 것이다. 중요한 것은 부패의 정도, 드러난 부패에 대한 엄정한 처벌 그리고 부패를 막기 위한 제도적 대응이다. 한국은 이러한 세 가지 과제에서 아무래도 좋은 점수는 어려운 것 같다. 아직도 전반적으로 부패가 상당히 심하고, 드러난 부패에 대해서도 엄정한 처벌은 제대로 이루어지지 않고 있으며, 부패를 막기 위한 제도적 대응도 실질적 개혁이 이루어졌다고 보기 어렵다.

경제의 영역에서 가장 강력한 부패의 주체는 다름 아니라 바로 가장 강력한 경제의 주체인 재벌이다. 물론 중소기업이라고 해서 부패하지 않은 것은 아니다. 그러나 그 규모 면에서 재벌을 따라잡을 수는 없다. 재벌은 수백억 원 또는 수천억 원에 이르는 막대한 '비자금'을 축적해 놓고 정계·관계·언론계·학계를 가리지 않고 전방위 불법청탁을 하고 있다. 갈수록 돈이 중요해지는 사회가 되면서 재벌은 해체되기는커녕 오히려 '돈 신'의 지위로까지 승천하고 있는 느낌마저 든다. 물론 김우중처럼 파산하는 재벌이 없는 것은 아니지만 그조차도 개인적으로는 전혀 가난해지지 않았다. 반면에 단군 이래 최대의 도둑인 김우중의 불법경영 때문에 수십만 명의 노동자가 졸지에 실업자가 되고 말았다.

이른바 '정경유착'은 정계와 재계가 불법적으로 결탁해서 엄청난 부패문제를 일으키는 것을 뜻한다. 재계는 정계가 강압적으로 요구하기 때문에 어쩔 수 없었다고 항변하곤 한다. 그러나 손뼉도 마주쳐야 소리가 나는 법이다. 독재시대 때부터 재계는 스스로 나서서 권력에게 돈을 주고 그 대가로 막대한 이권을 독점하는 행태를 일반화했다. 재벌은 정경유착의 수동적 주체가 아니라 능동적 주체이다. 재벌이 정경유착의 능동적 주체가 되는 것은 단순히 더 많은 돈을 벌기 위해서만이 아니다. 재벌은 소유와 경영이 부합하지 않는 비정상적 기업이다. 재벌의 '총수'는 1~4%라는 극히 적은 지분만 소유하고 있으면서 경영을 전적으로 통제한다. 이러한 비정상성을 안정적으로 유지하기 위해, 즉 거대한 재벌기업을 '세습'하기 위해 재벌은 필사적으로 정경유착을 추진하는 것이다.

부패문제가 가장 심각한 산업분야는 건설업, 즉 토건업이다. 2005년 한국의 GDP는 약 787조 5천억 원이었다. 같은 해 매출액 기준 건설업의 GDP 비중은 무려 19%, 부가가치 비중은 7.8%였다. 이러한 비중은 세계적으로 가장 높은 것이며, 너무 높아서 '병적'이라는 평가를 받을 정도이다. 병적 상태를 그냥 유지할 수 있는 것은 아니다. 여기에는 당연히 막대한 비용이 소요된다. 바로 부패다. 정·관·재·언·학 연합의 많은 주체들이 토건업의 병적인 성장을 통해 막대한 사익을 챙기고 있다. 경실련은 연간 건설시장 200조 원 중 25%인 50조 원이 거

품·혈세낭비 비용이며, 15조 원 정도가 비자금으로 조성되는 것으로 파악하고 있다.[6]

2005년에 경실련과 『경향신문』이 함께 작성한 '건설부패 실태조사 결과'에 따르면, 지난 1993년 2월 문민정부 출범 뒤 2005년 4월 12일까지 사법기관의 발표를 바탕으로 언론이 보도한 뇌물사건에서 건설부문이 55%로 나타났다. 건설업은 부패사회 한국의 원동력이자 견인차이다.

이 기간에 보도된 뇌물사건 584건 중 건설이 55.3%인 320건이며, 뇌물을 받은 공직자 등 1047명 중 64.3%인 673명이 건설과 관련돼 있다. 사법처리 과정에서 혐의가 입증되거나 법원에 의해 추징된 뇌물액 1383억 4천만 원 중 건설관련은 43.4%인 600억 6200만 원이었다.

특히 사법처리 시기를 기준으로 건설관련 뇌물사건은 김영삼정부 187건(58.4%)·418명(62.1%), 김대중정부 58건(18.1%)·126명(18.7%), 노무현정부 75건(23.4%)·129명(19.2%)으로 집계됐다. 노무현정부 들어 2년여 만에 김대중정부의 5년치를 넘어선 것이다.[7]

2007년 6월에 SK건설, 삼성물산, GS건설, 코오롱건설, 대우건설 등 거대 건설회사들이 재건축·재개발 관련 비리를 저지른 사실이 드러났다. 사업을 수주하기 위해 거액의 뇌물을 뿌렸던 것이다. 이어서 거대

4. 사회체계의 위험

건설회사들이 담합해서 공사를 돌아가며 수주했다는 사실도 밝혀졌다. 재건축·재개발 사업을 아예 '비리 백화점'으로 부르거나, 재건축·재개발 사업을 위해 '뇌물잔치'를 벌인다는 지적도 제기되었다. 뇌물, 담합 그리고 폭리는 한국의 건설업을 규정하는 3대 특징이 되었다. 다음의 그림에서 모든 과정에서 불법이 행해질 수 있으며, 사후에 조합원에게 엄청난 추가부담을 지우는 방식도 흔히 사용된다.

토건국가는 분명히 '토건부패국가'이다. 건설업체들은 분양가 비공개를 악용해서 막대한 부당이익을 챙긴다. 그것을 혼자 먹을 수는 없다. 건설업체들이 불법적으로 폭리를 취하고 있다는 사실을 아는 주체

〈그림〉 재개발 추진절차

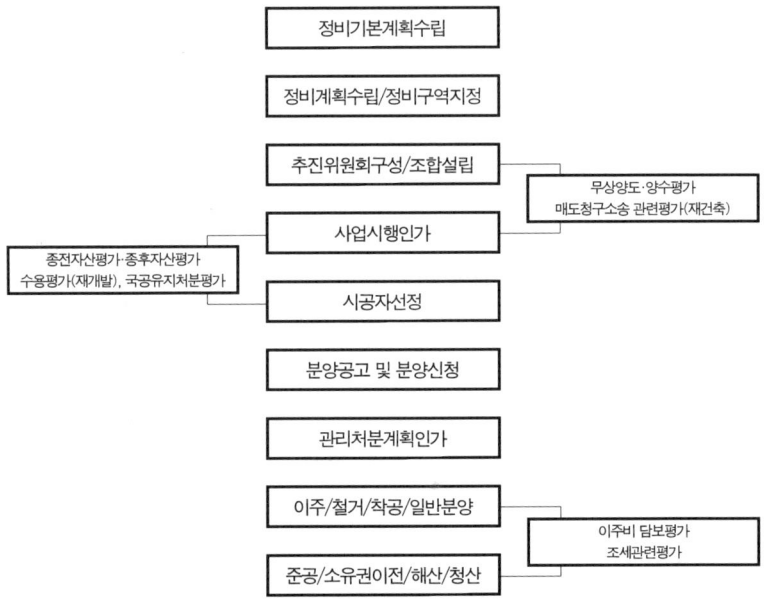

들이 많이 있기 때문이다. 시민의 주머니에서 나온 돈이 '비자금'으로 축적되고 '뇌물'로 변조되어 이 사회의 곳곳으로 퍼지고 있는 것이다. 부패는 한국 건설업의 알파이자 오메가라고 해도 지나치지 않을 듯하다. 물론 여기에는 언제나 커다란 폭력이 따르고 있기도 하다. 부패가 있는 곳에 폭력이 없을 수 없다. 건설업에 대한 시민의 이미지가 별로 좋지 않은 것도 이런 사실과 밀접히 연관되어 있다.

대형건설사 D산업이 2002년 말 완공된 서울 성산동 W아파트 재건축사업에서 조직폭력배를 동원해 회사에 비협조적인 전 조합장을 감금, 협박하는 한편 재건축조합장과 구청공무원 등에게 수억 원의 뇌물을 건넨 것으로 드러났다. 이 과정에서 설계변경으로 조합원 부담금은 85억 원이 늘었고, D산업은 비슷한 규모의 재건축사업에서 최고 2배 가량 많은 300억여 원의 이익을 냈다.

1999년 5월 W아파트 재건축공사에 들어간 D산업은 재건축현장에서 활동하는 폭력배 남모씨 등 20여 명을 고용, 미처 이주를 못한 주민들에게 "빨리 나가지 않으면 애들이 학교에서 무사히 오지 못한다"고 협박했다. 이들은 같은 해 11월 회사에 비협조적인 전 조합장 K씨를 승용차에 40여 분간 감금·협박해 조합장 자리에서 물러나게 하고 새 조합장 정모(63)씨를 선출할 때도 총회에 폭력배 수십 명을 동원했다.

조합장에 선출된 정씨는 2001년 4월 대의원 총회를 열고 세대수는 911세대에서 798세대로, 지하층은 3층에서 2층으로 바꾸는 설

4. 사회체계의 위험

계 변경안을 통과시켜 조합원들은 세대수가 줄어든 데 대한 부담금 85억 원을 더 내야 했고 공사비도 당초 750억 원에서 910억 원으로 증가했다.

D사는 남씨에게는 46평형 아파트 2채를 특혜 분양했고 행동대장 이모씨에게는 1억 1000만 원을 건넸으며 정씨에게는 3000만 원과 46평형 아파트 분양권을 넘겼고 부조합장 이모씨에게는 현금 1억 4000만 원을 줬다. 또 조모(58) 전 마포구청 주택국장에게 46평형 아파트 분양권을 주는 등 구청공무원 2명과 전 구의원 박모씨에게도 현금 등을 건넸다.[8]

사실 부패는 건설업의 가장 심각한 문제로 이미 오래 전부터 지적되었으나 도무지 고쳐지지 않고 있다. 뇌물과 폭력을 통한 불법경영으로 막대한 폭리를 취하는 것이 한국 건설업의 생리처럼 고착된 것이다. 2001년에 보도된 다음의 기사는 2007년 현재의 문제를 지적하고 있는 것 같다.

전문가들은 한결같이 최근 건설업에 불어닥친 위기상황은 건설업체가 자초한 자충수라고 지적한다. 건설업체들이 신기술 연구, 엔지니어링 능력개발, 건설관리 능력(CM), 원가절감 기술개발 같은 경쟁력 향상은 도외시한 채 정·관계와의 결탁을 통한 비정상적인 특혜에만 익숙해 있었다는 지적이다. 그러다 보니 건설 원천기술 개발에 투입되어야 할 연구비가 발주처의 실력자나 공사감독자들의 호주머

니로 들어간 것이다.

중견 건설사 간부를 지냈던 한 관계자는 "1990년대 중반까지도 국내 건설업계는 발주처와 업체 간의 은밀한 연결고리가 작동해 일단 공사수주만 하면 30%가 남는 것은 기본이었다"며 "그러다 보니 기술개발은 안중에도 없고 오직 고위층과의 줄대기에만 여념이 없었다. 그것이 결국은 오늘의 동반부실을 초래한 단초가 됐다"고 털어놓았다. 이 간부는 "지금도 건설업체는 발주처 담당자에서 설계, 감리, 담당공무원, 경찰, 심지어는 동네주민까지 신경 써야 할 곳이 한두 곳이 아니다. 그런 상황에서 어떻게 정상적으로 공사가 이뤄지겠는가" 하고 반문했다.

여기에 건설업체들의 문어발식 기업확장도 한 원인이 됐다. 그간 건설업을 기반으로 성장한 대부분의 재벌들은 정작 건설분야에 대한 재투자는 제쳐두고 다른 분야로 문어발식 확장에만 주력해 왔다. 특히 일부 기업들은 비자금을 빼돌리기 위해 적자를 보면서까지 해외공사를 수주한 것으로 나타나고 있다. H건설의 경우 최근 몇 년간 실시한 해외공사가 대부분 20~30%의 적자가 났고 그것이 부도의 한 원인이 됐다. 또 최근 멕시코에서 10억 달러 규모의 대형공사를 수주한 S건설도 현재까지 약 1조 원에 달하는 손해를 보고 있는 것으로 알려지고 있다. 국내 건설사들은 "해외에서 몇억 불짜리 초대형 공사를 따냈다"고 떠들어대지만 실제로는 적자를 면치 못하는 출혈공사들이 대부분이다.[9]

부패와 위험

4. 사회체계의 위험

 부패는 여러 문제를 낳는다. 그것은 단순히 부패로 그치지 않는다. 몸의 어디인가에 염증이 생기면, 사실 몸 전체가 여러 고통과 피해를 입게 된다. 사회에서도 마찬가지이다. 부패는 복잡한 연관관계를 통해 수많은 사람들에게 커다란 피해를 입힐 수 있다. 경제적 손실은 물론이고 건강과 생명마저 빼앗길 수 있다. 급기야 사람들은 서로 믿지 못하고 '연줄'을 찾아 극단적 경쟁을 벌이게 된다. 심각한 부패사회는 처절한 난민사회의 모태이다. 그러므로 부패는 그야말로 '공공의 적'이라는 관점에서 철저히 대응해야 한다.

 이 점에서 거대한 부패문제인 재벌의 경제범죄에 대해 '국가경제에 대해 기여한 공로'를 운운하며 면죄부를 일삼는 사법부의 잘못은 너무나 크다. 국가경제를 위한다며 이루어지는 사법부의 면죄부 판결은 오히려 국가경제를 위기로 몰아갈 수 있다. 여기서 재벌이 IMF사태의 주범이었다는 사실을 다시 떠올릴 필요가 있다. 재벌은 불법경영을 통한 부당이득, '비자금'을 통한 정경유착 등의 직접적 부패문제를 일으킬 뿐만 아니라 그 결과로 국가경제를 심각하게 왜곡하고 급기야는 국가경제를 재앙적 위기상태로까지 몰아넣을 수 있다. 재벌은 자신의 비정상상태를 유지하기 위해 수십만 개의 기업들을 도산시키고 수백만 명의 사람들을 실업자로 만들 수 있다.

 법의 기본정신은 '평등'이다. '법 앞의 평등'이라는 말은 불평등한 세상을 인내할 수 있도록 하는 최후의 근거와 같은 것이기도 하다. 법이 올바로 집행되지 않을 때, 사람들은 법을 믿지 않고 '연줄'을 찾는다. 법이 아니라 돈과 힘이 사회를 규율하게 된다. 이것은 단순히 법에 대한 불신이 커지는 것을 넘어서 법에 기초하고 있는 민주사회에 대한 불신으로 이어질 수 있다는 점에서 극히 위험한 현상이다. 사법부의 잘못된 온정주의와 이기주의가 민주사회를 자칫 해체로 이끌어갈 수도 있는 것이다. 이런 점에서 사법부에 대한 시민의 감시는 대단히 중요하다. 전문주의의 성채 속에 숨어서 법의 근본정신을 훼손하는 사법부는 민주사회의 수호자가 아니라 파괴자일 뿐이다.

부패는 다수의 시민들에게 경제적 피해를 입힐 뿐만 아니라 사회를 여러 위험한 상황으로 몰아넣는다. 이 문제는 무엇보다 물리적 사고를 통해 명확히 드러난다. 아마도 그 대표적인 예로 삼풍백화점 붕괴사고를 들 수 있을 것이다. 삼풍백화점은 기둥의 불법공사, 바닥의 불법공사, 5층의 불법증축, 옥상 냉각탑의 불법이동 등이 복합적으로 작용해서 붕괴했다. 그러나 여기서 우리가 더욱더 주목해야 할 것은 이렇듯 여러 불법이 행해지는 동안 관리·감독이 규정대로 행해진 적이 한번도 없다는 사실이다. 불법공사들이 거듭되면서 계속 커지고 있던 붕괴의 위험에 한번도 제동을 걸지 않았던 것이다.

이 점에서 삼풍백화점 붕괴사고의 실제 원인은 관리·감독의 불법이었다. 서울시와 서초구의 담당 공무원들이야말로 삼풍백화점의 경영진과 함께 삼풍백화점 붕괴사고의 양대 주범이었다. 그러나 담당 공무원들은 엄정한 처벌을 받지 않았다. 502명의 무고한 생명을 앗아간 엄청난 범죄에 대해 내려진 최고의 형벌은 이준 회장이 받은 고작 7년 반의 징역형이었다. 담당 공무원들은 얼마 지나지 않아서 모두 풀려났으

4. 사회체계의 위험

며, 그중에 몇몇은 '영전'해서 더욱더 호사를 누리게 되었다. 삼풍백화점 붕괴사고라는 비극을 연출한 행정부패의 문제는 전혀 해결되지 않고 있다.

이른바 한국형 위험사회는 부패문제와 직결되어 있다. 커다란 위험을 안고 있는 선진적 기술을 올바로 관리할 수 없는 후진적 사회의 상태가 한국형 위험사회의 가장 큰 특징이라는 것이다. 흔히 말하길 뇌물을 쓰면 안 되는 일이 없고, 뇌물을 쓰지 않으면 되는 일이 없다고 한다. 부패사회의 전형적 양상이다.

정부는 한국의 부패문제가 많이 개선되었다고 하지만, 사실은 여전히 부패사회에서 크게 벗어나지 못한 상태이다. 정치인, 공무원, 기업가뿐만 아니라 다수의 일반시민들도 부패를 당연한 것으로 여기고 살아간다. 이른바 '촌지'를 비롯해서 다양한 부패행위가 시민들의 일상생활 속에서 행해지고 있다.

많은 경우에 부패는 전문주의를 내세운 비밀주의의 산물로 나타난다. 따라서 정보의 공개나 회의의 공개가 부패를 척결하기 위한 핵심적 수단이 될 수 있다. 다시 말해서 정보공개법이 유명무실하게 운영될 수 있도록 제정되었기 때문에 부패문제가 별로 개선되지 않는 것이라고 말할 수도 있다. 강력한 처벌조항이 포함되도록 정보공개법을 개정해야 한다.

또한 인터넷을 이용한 실시간 기록과 감시도 중요하다. 부패가 발생할 수 있는 모든 회의는 인터넷을 통해 실시간 기록과 감시를 할 수 있다. 비용도 거의 들지 않는다. 일반적인 감사·감찰을 크게 강화하는 것뿐만 아니라 제도와 기술의 개선이 함께 이루어져야 한다.

하루빨리 개선되어야 하는 가장 중요한 제도로는 '내부고발자 보호'를 들 수 있다. 현재 이 나라에서는 시민으로서, 공직자로서 자신의 의무를 다한 사람일수록 차별과 고통을 받기 십상이다. 그러나 내부고발자는 배신자가 아니라 '모범인'이다. 많은 부패문제가 이러한 모범인의 참여를 통해 드러난다. 갈수록 부패가 교묘하게 이루어지기 때문에 내부고발자라는 모범인의 참여가 더욱더 중요해지고 있다. 온갖 위협과 피해를 무릅쓰고 문제를 밝히는 내부고발자에 대해 사회는 최대한의 예우와 보상을 제공해야 한다. 내부고발은 부패로부터 사회를 지키기 위한 가장 중요한 실천이기 때문이다.

주

1) 『한겨레신문』 2006. 11. 7.
2) 정약용, 「굶주리는 백성들」, 『다산시선』(1795), 송재소 역주, 창작과비평사 1981, 70쪽.
3) 『성호잡저』, 삼성문화문고 1972, 82~83쪽.
4) 2007년 9월 6일 900억 원대의 회사자금을 횡령하고 1조 원대의 부당이득을 취득한 현대자동차 재벌의 정몽구 회장이 고등법원에서 집행유예 판결을 받고 풀려났다. 이어서 9월 11일에는 아들을 폭행한 자들에게 폭력배를 대동하고 '보복폭행'을 한 한화재벌의 김승연 회장이 고등법원에서 집행유예 판결을 받고 풀려났다. 이 나라의 사법부는 한때 '권력의 시녀'라는 비난을 들었다. 이제 한국의 사법부는 '재벌의 시녀'가 되었는가? 국민의 비판이 빗발치고 있는데도 이런 짓을 감행하는 사법부의 후안무치함과 무지몽매함에 경악하지 않을 수 없다.
5) 『한겨레신문』 2006. 11. 7.
6) 『프레시안』 2005. 4. 22.
7) 같은 곳.

8) 권기석, 「조합원 부담 85억 늘리고 건설사는 300억 이익… 폭력·뇌물로 지은 '비리 재건축'」, 『국민일보』 2005. 4. 12.
9) 송영웅, 「건설업 붕괴위기: '부패' 한국건설업, 미래는 없다」. http://weekly.hankooki.com/whan/200110/w2001103118242361510.htm 2001.

양극화와 위험사회

경제대국 한국

몇 해 전 텔레비전 채널을 이리저리 돌리다가 한 토론 프로그램을 잠깐 보게 되었다. 20대 중반의 남자청중이 발언을 하는 장면이었는데, 나는 우연히 그의 발언을 듣고 잠시 내 귀를 의심하지 않을 수 없었다. 그는 "우리나라는 아직 가난하기 때문에…"라고 말했다. 뒷부분은 요컨대 가난하기 때문에 국민들이 앞으로도 많이 참고 고생해야 한다는 것이었다. 20대 젊은이가 저렇게 현실과 맞지 않는 얘기를 하다니, 그 때 나는 많이 놀랐다.

그 뒤 일부러 학생들에게 비슷한 질문을 던져보았다. 그리고 내가 놀란 것이 잘못이었구나, 하는 생각마저 하게 되었다. 많은 학생들이 "우리나라는 아직 가난하기 때문에…"라는 생각을 하고 있다는 것을 알게 되었던 것이다. 그 이유를 살펴보니 이 나라에서 가장 부유한 재벌총수들이 틈만 나면 그렇게 말하고 있었다. 텔레비전의 온갖 프로그

4. 사회체계의 위험

램에서도 '과소비' 등을 빌미로 시도 때도 없이 "우리나라는 아직 가난하기 때문에…"라는 주장을 펼치고 있었다. 과연 그런가? 우리나라는 아직도 가난한 나라인가?

천만의 말씀이다. 한국은 세계적인 경제대국이다. 이 나라에 외국인 노동자들이 기를 쓰고 몰려드는 이유도 이 나라가 부유한 나라이기 때문이다. 이미 오래 전부터 빈곤이 아니라 부유가 이 나라를 괴롭히고 있다. 2004년 현재, 한국의 인구는 4830만 명으로서 세계 25위(0.7%)이고, 북한의 인구는 2300만 명(0.4%)으로 남북한을 합치면 세계 18위(1.1%)이다. 2002년 현재, 남한의 면적은 992만 6천ha로 세계 109위이고, 북한은 1205만 4천ha로 남북한을 합치면 세계 84위이다. 그런데 남한의 경제력은 GDP 기준으로 2006년 현재 세계 12위이다. 국토의 크기는 세계 109위의 작은 나라가 경제력은 무려 세계 12위의 큰 나라인 것이다.

물론 인구가 많기 때문에 1인당GDP는 조금 떨어진다. 2005년 한국의 명목GDP는 7900억 달러로 세계 12위였으나, 1인당GDP는 1만 7422달러로 세계 33위였다. 여기서 세계 12위와 세계 33위는 모두 엄청난 것이다. 그러므로 한국을 가난한 나라로 생각하는 것은 대단히 잘못된 것이다.[1] 그것은 이를테면 70년대의 눈으로 21세기를 보는 것과 같다. 한국을 가난한 나라로 보는 것은 근본적으로 잘못된 것이기 때문에 한국의 문제를 올바로 이해할 수 없고, 따라서 문제에 대한 올바른 대책을 세우고 추진할 수도 없다. 한국은 세계적인 경제대국이다. 이러한 관점에서만 비로소 한국의 문제를 올바로 이해할 수 있다.

사실 한국이 부유한 나라라는 사실은 우리의 일상을 조금만 둘러봐도 쉽게 알 수 있다. 세계 각지의 물건들이 한국으로 몰려오고 있으며, 또한 한국의 물건들이 세계 각지로 흘러가고 있다. 여름 휴가철에는 비행기가 모자랄 정도로 해외여행을 가는 사람들이 많다. 아니, 평상시에도 동남아로 중국으로 골프여행을 가는 사람들이 너무나 많다. 상당히 많은 돈을 들여야 즐길 수 있는 골프를 '대중 스포츠'라고 우기는 사람들이 300만 명 정도에 이른다고 한다. 이 때문에 전국의 산과 들이 마구 파괴되고 있다. 세계적인 갯벌을 매립해서 골프장을 만들겠다는 자들도 있다.

1980년대 초반까지 자동차나 에어컨은 확실한 부의 상징이었다. 그러나 지금은 거의 일상품이 되어버렸다. 전국에서 1500만 대가 넘는 자동차가 운행되고 있으며, 아마도 에어컨의 수는 그것보다 훨씬 더 많을 것이다. 서구에서 이른바 '풍요사회'의 상징으로 여겨졌던 물건은 흔히 3C라고 불린다. Color TV, Car, Conditioner(에어컨)가 그것이다. 이 기준으로 보자면, 한국은 이미 80년대 중반에 풍요사회가 되었으며, 현재는 이를테면 '과잉 풍요사회'라고 할 수 있다. 한국은 사실 낭비되는 3C조차 엄청나게 많은 나라이다.

그러나 풍요사회라고 해서 아무런 문제가 없는 사회는 아니다. 빈곤이 많은 문제를 낳는 것처럼 풍요도 많은 문제를 낳는다. 특히 현대의 풍요는 자연의 파괴를 통해 이루어진 것이다. 이 때문에 우리는 커다란 고통을 겪고 있다. 예컨대 자동차 증가와 산업활동 활성화에 따른 대기오염으로 말미암아 전국에서 매년 16만 명의 사람들이 조기사망하고 있다. 각종 치료비는 몇조 원을 넘는 것으로 추정되고 있다. 생태위기는 이미 우리의 일상 조건이 되었다. 생태위기라고 하면 중국을 떠올리지만, 중국에 앞서서 우리 자신부터 큰 문제이다.

또한 풍요사회라고 해서 모든 사람이 잘사는 것은 아니다. 전체적으로 절대적 빈곤의 문제가 크게 줄어들었지만, 그렇다고 해서 절대적 빈곤의 문제가 완전히 사라진 것은 아니며, 또한 상대적 빈곤의 문제와 새로운 빈곤의 문제가 나타났다. 전국의 모든 도시에서 쉽게 볼 수 있는 노숙자는 이러한 변화의 중요한 양상이다. 그리고 실업과 비정규직이 늘어나면서 사회의 양극화가 심각한 사회문제로 떠오르게 되었다. 우리는 이 문제를 어떻게 이해해야 하는가?

양극화의 실태

양극화는 무엇인가? 첫째, 상층과 하층의 비중이 늘어나고 중층이 줄어드는 현상을 뜻한다. 그런데 실제로는 상층이 늘어나는 것보다 하층이 훨씬 더 많이 늘어나게 된다. 새롭게 늘어난 하층은 대부분 중층에서 전락한 사람들이다. 둘째, 또한 주목해야 할 것은 하층에서 상층으로 올라가는 것은 물론이고 중층으로 올라가는 것도 갈수록 어려워지고 있다는 사실이다. 셋째, 상층과 하층의 격차가 갈수록 커지고 있다. 상층의 소득과 자산이 크게 늘어나는 반면에 하층의 소득과 자산은 절대적으로 줄어드는 양상마저 나타나고 있다.

현재의 양극화는 이러한 계층구조의 하향화·폐쇄화·격차화를 핵심적 특징으로 안고 있다. 이것은 한국사회의 불평등이 크게 악화되는 동시에 완화될 가능성이 줄어들고 있다는 것을 뜻한다. 현재와 같은 양극화가 세대적으로 고착된다면, 이 사회는 '새로운 봉건적 신분사회'가 되고 말 것이다. 그것은 '이중사회'이다. 상층은 막대한 경제력을 기반으로 정치와 문화까지 장악해서 '귀족'처럼 살 것이며, 반면에 하층은 1년에 2200시간을 넘는 세계 최장의 노동시간에 시달려도 빈곤을 대물림하는 수밖에 없는 가련한 삶을 살게 될 것이다.

양극화 현상은 여러 영역으로 나누어 살펴볼 수 있다. 그런데 가장 중요한 것은 역시 소득과 자산의 양극화이다. 여기서 주의할 것은 현재의 양극화는 계급의 선을 따라 관철되지 않는다는 것이다. 예컨대 현재의 양극화는 자본과 노동 사이는 물론이고 자본과 자본 사이에서, 그리고 노동과 노동 사이에서도 나타난다. 이러한 변화에 따라 소득과 자산의 차이에 따른 계층화가 생산관계에서의 위치에 따른 계급화보다 더 커다란 사회적 규정력을 갖게 되었다. 물론 소득의 변화에서 가장 중요한 것은 800만 명에 이르는 비정규직의 증가이다.

양극화는 중산층의 변화와 밀접하게 연관되어 있다. 결국 양극화는 중산층의 일부가 상층으로 올라가는 반면에 그보다 많은 중산층이 하층으로 전락하는 현상을 가리킨다. 그렇다면 중산층은 어떤 층인가? 그 실체는 대체로 다음과 같이 제시된다.

경제협력개발기구(OECD) 기준에 따르면 '중위소득의 70~150%에 해당하는 계층'이 중산층이다. 2006년 상반기 우리나라 도시근

4. 사회체계의 위험

로자 가구의 소득을 기준으로 할 경우 중위소득은 월 283만 원. 따라서 한 달 소득이 200만~499만 원인 가구가 중산층으로 분류된다. 이는 외형적으로 99㎡(30평형대) 아파트와 2000cc 중형차를 소유한 도시근로자로 대변된다.[2]

그런데 '한 달 가구소득 200만~499만 원'은 내적으로 큰 차이를 안고 있다. 예컨대 한 달 가구소득 200만 원으로 '99㎡(30평형대) 아파트와 2000cc 중형차를 소유'하기는 불가능하다. 사실 중산층 자체가 상중하로 나뉠 수 있다. 그리고 도시근로자뿐만 아니라 자영업자·자본가·농어민도 포함될 수 있다. '소유한 도시근로자'가 아니라 그냥 '소유한 자'로 해야 한다.

2007년 3월에 발표된 한국보건사회연구원의 연구보고서는 1996년 이래 중산층이 계속 줄고 상류층과 빈곤층이 늘어났다는 사실을 보여 주었다.

18일 한국보건사회연구원이 펴낸 「사회양극화의 실태와 정책과제 연구보고서」를 보면, 우리나라 국민소득 중간값의 70~150% 미만인 중간층은 1996년 55.54%에서 2000년에는 48.27%로, 다시 2006년 상반기에는 43.68%로 줄었다. 국민소득 중간값의 50~70% 미만으로 정의되는 중하층 비율도 같은 기간 13.19%에서 12.84%, 10.93%로 감소했다.

대신 빈곤층과 상류층의 비율은 늘었다. 소득 중간값의 50% 미만인 빈곤층은 11.19%에서 16.12%, 20.05%로 10년 사이에 두 배 가까이 늘었다. 소득 중간값의 150% 이상의 상류층도 20.08%에서 22.77%, 25.34%로 증가했다. 중간층이나 중하층이 상·하위층으로 나뉘어 들어간 셈이다.[3]

한편 2005년 8월 보건복지부는 빈곤층의 수가 700만 명에 이른다는 조사결과를 발표했다. 이 보고서를 발표하기 전에는 정부는 빈곤층의 수를 500만 명으로 제시했었다. 여기서 빈곤층은 소득이 최저생계비에 미치지 못하는 절대빈곤층과 최저생계비의 120% 미만인 차상위계층까지 포함된다. 700만 명은 굉장히 많은 수가 아닐 수 없다. 전체 인구의 15%가 빈곤층인 것이다. 상층으로 올라가는 사람들의 수에 비해 하층으로 떨어지는 사람들의 수가 훨씬 많고, 또한 상층의 소득이 늘

〈그림〉 연도별 사회계층 비율 변화

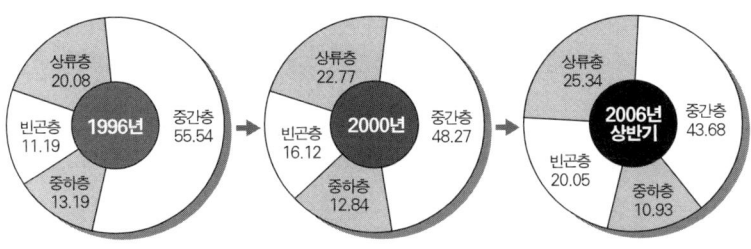

· 자료: 『한겨레신문』 2007. 3. 19

어나는 것에 비해 하층의 소득은 오히려 줄어들고 있다. 그 결과 신용불량자의 수가 700만 명을 넘게 되고, 자살자가 급증하게 되었다.

다음의 기사는 한국경제의 지속적 성장에 따라 고소득자가 늘어나고 있다는 것을 확인해 주는 내용이다. 만일 우리가 이러한 고소득자에만 초점을 맞춘다면, 한국은 참으로 휘황한 풍요사회로 보일 것이다. 그러나 고소득자의 수는 다 합해야 15만 4382명밖에 되지 않는다. 4인 가족으로 대략 계산하면, 전체 가구의 1.3% 정도를 차지할 뿐이다. 한국은 15만 명의 상상층과 700만 명의 하하층이 함께 살고 있는 양극화 사회인 것이다.

> 6일 국세청의 『국세통계연보』를 보면, 2005년 과세표준액(과표)이 8천만 원을 넘는 근로소득자는 5만 3037명으로 2004년(4만 1133명)보다 28.9% 늘었다. 과표는 총급여에서 각종 소득공제액을 뺀 금액으로, 과표가 8천만 원이면 연봉이 대략 1억 원 정도 된다.
> 억대 소득을 올린 개인사업자도 같은 기간 7만 7565명에서 8만 9556명으로 15.5% 늘었다.
> 또 2005년에 이자나 배당 등 금융소득만 연간 8천만 원 이상 된 사람도 1만 1789명이나 됐다. 2004년(1만 1054명)보다 6.6% 증가한 것이다.[4)]

이처럼 고소득자가 일부 늘어나는 것과 함께 상층과 하층의 소득격차도 계속 커지고 있다. 상층보다 하층이 크게 늘어나고 있을 뿐만 아니라 상층과 하층의 격차가 더욱더 커지고 있다.

> 19일(현지시각) 경제협력개발기구(OECD)가 발표한 『2007년 고용전망 보고서』를 보면, 조사대상 회원국(20개국) 가운데 한국은 소득격차가 세번째로 큰 나라로 드러났다.
> 이 기구는 상용직 임금생활자의 하위 10% 계층에 견줘 상위 10%의 평균소득이 얼마나 많은지를 나타내는 소득 10분위 배율을 통해 격차 정도를 평가했다. 이 조사에서 한국은 2005년 소득 10분위 배율이 4.51로, 헝가리(5.63), 미국(4.86) 다음으로 높았다.
> 한국은 또 1995년부터 10년 동안 소득격차가 많이 벌어진 대표적 나라로 꼽혔다. 이 기간 한국의 소득 10분위 배율은 3.64에서 0.87이나 늘었다. 한국은 헝가리(1.67)와 폴란드(0.91)에 이어 세번째로 격차가 심해졌다.[5)]

더욱이 한국은 사회안전망이 제대로 구축되어 있지 않은 나라로 손꼽히고 있다. 양극화와 함께 사회적 위험이 갈수록 커지고 있는 것이다. 이런 상황에서도 보수세력은 여전히 복지의 정상화에 강력히 반대하고 있다. 보수세력은 분명히 반복지세력이다. 보수세력은 양극화가 고착된 '이중사회'를 추구하고 있다.

이 보고서는 한국이 멕시코·터키와 더불어 '사회안전망이 충분히 성숙하지 못한 나라'라고 지적했다. 특히 한국은 2003년 일반세의 사회보장 부문 사용비율이 3%로 나타났다. 조사대상국 가운데 꼴찌이며, 평균 43%에 크게 못 미쳤다. 국내총생산(GDP) 대비 사회적 비용의 규모가 10% 미만인 나라는 한국과 멕시코뿐이었다.[6]

투기와 양극화

한국은 세계적으로 악명을 떨치고 있는 토건국가이자 투기사회이다. 토건국가는 경제활성화를 이유로 불필요한 대규모 토건사업을 끊임없이 벌이는 비정상적 국가를 뜻한다. 이에 비해 투기사회는 시민들이 토건국가라는 비정상적 국가에 적극적으로 적응해서 개발이익이라는 불로소득을 획득하기 위해 무한경쟁을 벌이는 비정상적 사회를 뜻한다. 토건국가와 투기사회가 '선진'과 거리가 멀다는 것은 다시 말할 필요가 없을 것이다. 오로지 더 많은 돈을 손에 넣기 위해 소중한 국토와 문화를 파괴하는 것이 바로 토건국가와 투기사회이다.

민주화가 되었어도 이 심각한 '한국병'은 전혀 고쳐지지 않았다. 오히려 국민의 정치적 환심을 사기 위해 더욱더 적극적으로 토건국가를 가동하고 투기사회를 조장하는 문제마저 드러났다. 노태우의 새만금 간척사업 공약 이래 대통령선거는 개발주의 경쟁이 벌어지는 가장 거대한 정치행사가 되고 말았다. 그중에서도 참여정부는 토건국가와 투기사회의 문제를 역대의 어느 정부보다 더 크게 키운 정부였다. 이른바 '행정수도'의 건설을 필두로 참여정부는 국가균형발전의 이름으로 토건국가와 투기사회의 문제를 확실히 전국화했다.

> 전국은 '공사중'… 여의도 면적 72배 6억 1184만㎡
> 신도시 12곳 등 대형사업… 보상비 97조 풀려 투기유발

서울시 전체 면적보다 넓은 6억 1184만㎡에서 신도시·택지개발지구·역세권·산업단지 등 대형 개발사업이 진행중인 것으로 드러났다. 정부와 공공기관의 대형 개발사업 지역에서는 예외 없이 땅값이 큰 폭으로 올라 부동산 투기를 유발한 것으로 지적됐다. 가히 '대한민국은 건설중'이라는 말이 나올 만하다.

대통합민주신당 홍재형 의원은 11일 건설교통부와 산하기관에서 제출받은 자료를 종합, "여의도 면적(840만㎡)의 72배나 되는 6억 1184만㎡에서 각종 개발사업이 진행되고 있다"며 "대한민국은 전국토에서 굴착기의 굉음이 끊이지 않고 땅값 상승에 대한 '즐거운 비명'으로 날이 새는 건설공화국"이라고 말했다. 이를 위해 237조 3859억 원의 사업비가 투입됐고, 시중에 풀린 보상비도 97조 3억 원에 달했다.[7]

노무현정권이 노태우정권 이래의 토건국가 정책에서 전혀 벗어나지 못했다는 것은 분명하다. 그런데 이에 대한 보수세력의 비판은 더 큰 문제를 안고 있다. 보수세력은 참여정부가 전국에서 개발사업을 대대적으로 벌여서 땅값을 크게 올렸다고 비판했다. 그러나 사실 보수세력이 바라는 것은 토건국가 정책의 폐기가 아니라 그나마 참여정부의 성과라고 할 수 있는 '종합부동산세'와 같은 부동산 투기를 억제하기 위해 신설된 세제의 폐지이다. 사실 토건국가 정책을 시작한 것도 다름

4. 사회체계의 위험

아닌 보수세력이다. 보수세력은 원조 토건세력이자 원조 투기세력으로서 토건국가와 투기사회의 문제를 계속 악화시켜 온 실질적인 장본인이다.

보수세력은 개발과 투기로 모든 국민이 부유해질 것처럼 주장한다. 보수세력이 마치 '꿈의 시대'처럼 떠받드는 박정희의 개발독재는 개발과 투기로 중산층을 양산하는 정책을 펼쳤다. 예컨대 박정희정권은 강남에 대한 투기를 적극적으로 조장해서 '부동산 중산층'을 양산했다. 그러나 그 이면에서 졸지에 삶의 터전을 빼앗긴 사람들이 나타났고, 시간이 지날수록 개발과 투기는 한국형 불평등의 핵심적 요인이 되었다. 이미 오래 전에 개발과 투기는 양극화를 촉진하는 핵심적 동력이 되었으나, 참여정부는 이런 사실을 올바로 깨닫지 못하고 문제를 더욱 악화시켰다.

최근 10년 동안 주택 자산가치의 부익부 빈익빈 현상이 더욱 심화된 것으로 나타났다. 양극화 속도도 갈수록 빨라지고 있는 것으로 조사됐다.

11일 건설교통부가 국회 건설교통위원회 이낙연 의원(민주당)에게 제출한 '주택자산 지니계수 추이'에 따르면 1993년 0.489이던 주택자산 지니계수가 2002년 0.510, 2006년 0.568로 크게 높아졌다.

주택자산 지니계수는 계층에 따라 집값 차이가 얼마나 나는지를 나타내는 수치로, 1에 가까울수록 집값 차이가 크다는 뜻이다. 보통

0.4가 넘으면 불평등 정도가 심한 것으로 평가한다. 특히 주택자산 지니계수가 93년부터 2002년까지 10년간은 0.021 증가하는 데 그 쳤으나 참여정부가 들어선 2002년부터 최근 5년간은 0.058이나 높 아져 계층별 주택자산 양극화가 가속화하는 것으로 분석됐다. 더구 나 계층별 소득불평등 지수인 소득 지니계수는 93년부터 2006년까 지 변동폭이 0.029에 불과한 데 반해 주택자산 지니계수는 무려 0.079에 달했다.

이는 국민의 자산 중 부동산의 비중이 70%에 육박하는데다 지난 5년간 수도권 지역을 중심으로 아파트 가격이 급등한 데 따른 결과 로 풀이된다. 실제로 이 기간 전국 주택가격은 35.7% 오르는 데 그 쳤지만 서울 아파트는 73.1%, 수도권 아파트는 68.6% 상승했다.[8]

1997년의 IMF사태 이후 소득 양극화에 관한 한 실증연구에서는 '부동산소득이 양극화의 주된 원인'으로 나타났다. 엄청난 개발이익을 소수 사람들에게 안겨주는 비정상적 개발과 투기의 문제를 해결하지 않고 정상적 사회를 만들 수는 없다는 사실을 이 연구는 잘 보여주었다.

외환위기 이후 7년 동안 우리 사회의 양극화 정도가 2.4배 심해졌고, 이는 근로소득보다는 부동산 같은 비근로소득의 격차가 벌어졌기 때문이라는 분석이 나왔다.

신동균 한양대 경제금융대학 교수가 발표한 「외환위기 이후 소득 분배 양극화의 추이, 원인 및 정책적 시사점」이란 논문을 보면,

4. 사회체계의 위험

　1997~2004년 한국노동연구원의 노동패널의 가구 총소득에 가중치를 부여해 산출한 양극화 지수가 97년 0.0505에서 2004년 0.1199로 2.4배 증가했다. 이 지수가 커지면 양극화가 심해졌다는 뜻이다. 노동패널은 98년 이후 해마다 같은 표본을 대상으로 경제활동 전반을 추적·조사한 자료다.

　양극화 지수의 증가추이는 보유 부동산의 가격변화나 양도차익 같은 항목이 포함되지 않는 지니계수와 소득5분위 배율 등 단순한 소득 불평등 지표의 변화추이보다 훨씬 더 가파르다. 지니계수는 97년 0.283에서 2004년 0.310로 1.1배 커졌다. 또 총소득에서 각 소득항목(금융소득, 부동산소득, 이전소득, 사회보험, 기타소득)이 끼친 영향력을 측정했더니, 부동산소득 변수를 제거했을 때 양극화 지수의 상승률이 가장 낮았다. 뒤집어보면, 부동산소득이 양극화의 주된 원인이라는 얘기다.

　'양극화 지수'를 구성해서 한국사회의 불평등 실태를 분석한 이 연구는 우리가 상식적으로 알고 있는 사실을 실증적으로 입증했다. 자의이건 타의이건 '투기'에 성공해서 막대한 개발이익을 챙기는 것이 소득 양극화의 핵심적 요인이라는 것이다.

　신 교수는 "가구 총소득의 양극화는 단순 근로소득보다 비근로소득, 즉 부동산과 이전소득의 영향이 컸다"며 "특히 2001년부터 이런 현상이 심화된 것으로 나타났다"고 말했다. 그는 이어 "외환위기 이후 지니계수 등이 수치상으로는 악화됐지만 통계적으로 그리 뚜렷하지 않다"며 "이는 갈수록 중산층의 쇠퇴 현상이 심해지기 때문"이라고 풀이했다.

신 교수는 "양극화 지수의 변동이 경제성장률이나 실업률과는 큰 상관관계가 없는 것으로 분석됐다"며 "따라서 양극화는 일시적인 경기회복에 의해 완화될 성격의 것이 아닌 만큼 구조적이고 장기적인 관점의 해법이 필요하다"고 제안했다.

보수세력의 무조건 성장론은 사실 개발과 투기의 조장에 초점을 맞추고 있으며, 따라서 그것은 양극화를 더욱더 악화시킬 커다란 위험을 안고 있다. 개발과 투기의 광풍에서 벗어나 성숙한 산업과 고용을 통해 삶의 질 향상을 추구하는 사회를 이룩해야 한다.

학벌과 양극화

한국은 학벌에 따라 인생이 크게 규정되는 대표적인 학벌사회이다. 어느 학교 출신이냐에 따라서 삶의 양과 질이 모두 크게 달라질 수도 있다. 학벌은 학력과 다르다. 학력은 초등, 중등, 고등, 대학 등 학교의 순차적 구조에 따른 학습의 이수 정도를 뜻한다. 학벌은 같은 학력 안에서 학교의 차이에 따라 구별되는 집단을 뜻한다. 오늘날 학벌은 대학의 차이에 따라 결정된다. 한국의 학벌은 서울대를 정점으로 해서 지방의 전문대에 이르기까지 완전히 수직적으로 위계화되어 있다. 그

4. 사회체계의 위험

것은 사실상 '차별의 위계'이다. 덧붙여서 2007년의 '신정아 사태'가 잘 보여주었듯이 서울대 위에는 미국의 '명문대'가 자리 잡고 있다.

이러한 학벌사회에서는 당연히 더 나은 학벌에 속하기 위한 무한경쟁이 펼쳐질 수밖에 없다. 그 결과 매년 사교육비로 무려 8조 원이 넘는 돈이 소비된다. 중산층도 자녀의 교육을 위해 장시간노동은 물론이고 두 가지 일을 하는 경우도 흔하다. 중산층의 '사모님'이 자녀의 고액과외를 위해 파출부로 일하기도 한다는 것은 어느덧 '상식'이 되었다. 엄청난 경제성장과 소득향상에도 불구하고 투기나 부패의 문제가 좀처럼 줄어들지 않는 것은 이 때문이다. 학벌사회 때문에 비정상적으로 사용해야 하는 돈이 너무나 많아서 가계 소비구조가 크게 왜곡되어 있다. 따라서 많은 사람들이 수단과 방법을 가리지 않고 돈을 벌려고 하고, 그러니 투기나 부패의 문제가 수그러들기는커녕 더욱더 기승을 부리는 것이다.

사회의 재생산을 위해 교육은 꼭 필요하다. 그러나 사실 그것이 꼭 학교를 통해 이루어질 필요는 없다. 본질적으로 학교는 교육을 위한 수단일 뿐이다. 이런 점에서 학벌사회는 수단과 목적이 전도된 현상의 대표적 예라고 할 수 있다. 사회의 존립과 발전이라는 목적을 위한 수단으로 설립된 학교가 사회의 존립과 발전이라는 목적을 쥐고 흔드는 현상이 바로 학벌사회이기 때문이다. 이러한 학벌사회의 문제는 학교 사이의 차이에서 비롯된다. 그러나 더욱 중요한 것은 학교 사이의 차이를 사회적 차별의 근거로 삼는 사회의 문제이다. 어느 학교 출신이냐에 따라서 취업과 보상이 크게 달라지는 사회야말로 학벌사회를 형성하고 유지하는 주범인 것이다. 그러므로 학벌사회의 문제를 해결하기 위해서는 학교의 차이를 없애려고 하는 것보다는 학교의 차이에 따른 사회적 차별을 없애려고 하는 것이 더욱더 중요하다. 학교의 차이가 인생의 차별로 구현되는 한 학벌사회의 문제는 없어지지 않는다.

학력과 학벌에 따른 사회적 차별은 '새로운 봉건적 신분사회'를 만드는 직접적 기제로 작용한다. 학력과 학벌은 능력에 따른 차이의 발현이라는 근대적 능력주의의 외형을 띠고 있지만, 그것이 사회적 차별의 근거로 활용되면서 '새로운 봉건적 신분사회'를 합리화하게 된다. 부패와 투기로 부자가 된 사람이 자녀들에게 고액과외를 평평 시켜서 모두 서울대에 보내는 것은 물론이고 고시공부를 시키고 미국의 '명문대'에 유학도 보내서 판·검사나 교수가 되도록 하는 것은 이미 우리의 현실이다. 교육이야말로 부익부 빈익빈의 양극화가 갈수록 악화되는 대표적 영역이다. '상층→상위 학벌→상층, 하층→하위 학벌→하층'의 신분화가 교육을 매개로 맹렬히 전개되고 있는 것이다. 사실 서울대는 이미 상층의 학교가 되었다.

올해 서울대학교 신입생 62%의 가구소득 수준이 전국민 상위 20% 안에 드는 것으로 조사됐다. 소득 상위 10% 안에 드는 학생은 정시 일반전형 합격자의 41%, 지역균형선발 전형에서 27.9%, 농어촌특별 전형에서는 16.4%였다.

서울대는 9일 2007학년도 신입생의 68.2%인 2238명이 올 2학기 '장학복지 지원카드' 신청을 위해 낸 국민건강보험료 납부액을 분석한 결과를 공개했다. 서울대는 지난 5월 신입생의 45%인 1463명의 국민건강보험료 납부액을 조사해 공개했으나, 입시 전형별로 소득수준을 공개한 것은 처음이다.

서울대가 공개한 자료를 보면, 올해 서울대 신입생의 62.7%인 1404명의 가구소득 수준이 전국민 기준 상위 20% 안에 집중됐다. 하위 20%에 해당하는 학생은 8%인 177명에 지나지 않았다. 하위 50% 안에 드는 학생은 392명으로 17.5%였다⋯.

모집단위별로는 경영대와 법과대, 미대 순으로 상위 10%가 많았고, 사범대와 생활대, 농생대의 소득수준이 낮았다. 경영대는 전체 학생의 53.8%가 상위 10% 안에 들었고, 하위 40%에 해당하는 학생은 10명에 그쳤다.[9]

신분제는 우수한 인재라도 낮은 신분이라면 신분의 벽에 막혀 제 능력을 펼 수 없기 때문에, 반면에 멍청한 인간이라도 높은 신분이라면 제멋대로 행세할 수 있기 때문에, 결국 사회의 발전이 제대로 이루어질 수 없다. 그 원천이 돈이건 힘이건 신분제는 비인간적일 뿐더러 반사회적이다. 학벌사회와 신분사회는 거대한 사회적 위험이다. 일찍이 다산 선생은 이러한 신분제의 문제를 다음과 같이 탄식했다.

옛시 24수 중 14번째 시

하늘이 어진 인재 내려보낼 때
왕후장상 집안만 가리지 않을 텐데

어찌하여 가난한 서민 중에는
뛰어난 인재 있는 것을 보지 못하나
서민 집에 아이 낳아 두어 살 되니
미목이 수려하고 빼어났는데
그 아이 자라서 글 읽기 청하니
애비가 하는 말 콩이나 심어라
너 따위가 글은 읽어 무엇에 쓰게
좋은 벼슬 너에겐 돌아올 차지 없다
그 아이 이 말 듣고 기가 꺾여서
이로부터 고루함에 젖어버리고
가진 돈 밑천 삼아 장삿길에 나서선
중간치 부자쯤 되어버리니
나라에 큰 인재 찾을 수 없고
높은 가문 몇 집만 제멋대로 놀아나네[10]

그런데 신분제를 혁파하고 들어선 민주사회에서도 교육을 매개로 새로운 신분제가 나타날 수 있다. 김진균은 이상적 교육기회와 실제적 교육능력 사이의 괴리에서 비롯되는 이러한 문제를 '공업체계에서 발생되는 봉건주의적 성격'으로 지적하고 이미 오래 전에 이에 대한 대응을 촉구했다.[11] 그러나 시간이 지날수록 문제는 더욱더 악화되었고, '돈 신'의 지배력이 강화되면서 이제는 '새로운 봉건적 신분사회'의 형성을 우려해야 할 지경에 이르렀다.

4. 사회체계의 위험

양극화의 위험

동서고금을 막론하고 가난을 칭송하는 사람들을 쉽게 찾아볼 수 있다. 그러나 그런 칭송의 대부분은 거짓말이다. 부자들이 하는 가난에 대한 칭송은 실은 가난한 사람들을 꼬드겨서 저항하지 못하도록 하기 위한 입에 발린 소리이다. 공자가 칭송한 '안빈낙도'(安貧樂道)는 아무나 할 수 있는 것이 아니다. 그러니 공자가 칭송했던 것이다. 가난은 단지 조금 불편할 뿐이라고 말하는 용감한 사람도 있다. 그러나 현실은 결코 그렇지 않다. 가난하면, 불편할 뿐만 아니라 불안하고 불리하고 불쾌하다. 그렇기 때문에 대다수 사람들이 부를 위해 무한경쟁을 벌이는 것이다.

국가의 존재이유는 이러한 비인간적 무한경쟁을 규제하고 사람들이 누구나 인간적으로 살아갈 수 있는 기반을 제공하는 것이다. 한국의 엉터리 자유주의자들이 주장하듯이, 국가가 구성원의 인간적 삶을 보장하지 않는다면, 그런 국가는 그저 폐지되어야 할 뿐이다. 일찍이 다산 선생은 가난에 대해 다음과 같은 시를 남겼다.

가난을 탄식함
가난을 편안히 받아들이려 했으나
가난이 찾아오자 편안하지 않네
마누라 한숨소리에 낯빛을 잃고
굶주리는 자식에게 엄한 교육 못하겠네

꽃과 나무 모두 생기를 잃고
책 읽어도 글을 써도 시들하기만
부자집 담 밑에 쌓인 보리는
촌사람들 보기에 좋을 뿐이네[12]

가난은 이런 것이다. 사람을 사람답게 살지 못하도록 하는 것이 가난이다. 곳간에서 인심난다는 말은 정말 맞는 말이다. "의식욕이 족해야 예의를 차리게 된다"는 공자의 말도 진정 맞는 말이다. 사람이 사람답게 살기 위해서는 우선 기본적 욕구를 충족할 수 있어야 한다. 이것은 사회의 책임이고 국가의 의무이다.

양극화는 단순히 부의 불평등이 확대된다는 것을 뜻하지 않는다. 그것은 사람답게 살려고 해도 그렇게 살 수 없는 사람들이 갈수록 늘어난다는 것을 뜻한다. 따라서 그것은 그 자체로 사회해체의 한 양상이라고 할 수 있다. 양극화를 우습게 여기는 자는 사회해체를 우습게 여기는 반사회적 존재일 뿐이다. 한국의 엉터리 자유주의자들, 엉터리 시장주의자들은 그 대표적인 예이다. 시대착오적 냉전주의자이자 비정상적 재벌주의자이기도 한 그들은 양극화를 문제로 삼지 않을 뿐만 아니라 오히려 경쟁이 더욱 강화되어 경제성장이 촉진된다며 좋아한다. 한국의 엉터리 자유주의자들이야말로 전락해서 밑바닥의 삶을 살아야 한다.

현재의 양극화에 관해 빈곤화를 주장하는 사람들이 있다. 하나는 보수세력으로서, 경제성장이 안 되어 중산층이 하향화하는 것이지 상층과 하층의 차이가 커지는 것이 아니라고 주장한다. 이런 것을 두고 "눈 가리고 아웅 한다"고 하는 것이 아닐까? 보수세력이 실은 부자세력이라는 것을 여기서 다시금 확인하게 된다. 물론 그 대표주자는 온갖 탈세와 횡령과 투기로 치부하는 재벌세력이다. 현재의 양극화에서 핵심은 "전체적 경제성장 속의 부익부 빈익빈 강화"이다. 따라서 부의 공평분배를 위한 세제개편, 복지개선, 사법개혁의 노력이 실질화되어야 한다. 그렇게 하는 것만이 우리의 경제력에 걸맞은 '진정한 선진화'를 이루는 길이다.

다른 하나는 진보세력으로서, 신자유주의의 횡행으로 말미암아 사회 전반에 걸쳐 전반적 하향화가 이루어진다고 주장한다. 그러나 사실 지난 10여 년 사이에 하층이 많이 늘어났지만 상층도 상당히 늘어났다. 상층과 하층 사이의 격차는 더욱더 커졌다. 또한 중산층이 크게 줄어들기는 했지만 그렇다고 해서 중산층이 전반적 하향화 추세 속에 놓였다고 보기는 어렵다. 중산층은 여전히 한국사회를 지탱하고 있다. 더욱이 보수세력의 끊임없는 악성 데마고그에도 불구하고 경제는 성장을 거듭하고 있다. 이런 상황을 두고 '빈곤화'가 진행되고 있다고 할 수는 없다. 800만 명에 이르는 비정규직, 700만 명이 넘는 빈곤층과 신용불량자 등 사회적 약자를 보호하기 위해서도 양극화의 실태와 원인을 올바로 파악할 필요가 있다.

성장주의인가, 복지주의인가? 우리는 어떤 길을 가야 할 것인가? 양극화에 따른 사회적 위험을 줄이기 위해서뿐만 아니라 우리의 경제력 수준에서 경제성장을 지속하기 위해서도 우리는 지속가능 발전의 길을 가야 한다. 그것은 성장주의가 아니라 복지주의의 길이다. 양극화의 사회적 위험을 외면하는 '무조건 성장론'은 그 자체로 '공공의 적'이다. 엘비스 프레슬리는 1969년에 〈빈민촌에서〉(in the Ghetto)라는 제목을 노래를 불렀다. 그는 이 노래로 빈곤을 방치하는 사회는 결국 범죄를 양산하는 사회가 된다는 것을 보여주었다.

...

People, don't you understand
the child needs a helping hand
or he'll grow to be an angry young man some day
...

사람들아, 모르겠는가
아이들은 도움을 필요로 한다네
우리가 도와주지 않는다면 그는 성난 젊은이로 자라겠지

주

1) 덴마크, 룩셈부르크 등 유럽의 소국들이 1인당GNP의 수위를 기록하고 있다. 미국, 중국, 인도 등 거대한 대륙국가와 조그만 한국을 직접 비교하는 것이 잘못이듯이, 유럽의 소국들과 한국을 직접 비교하는 것도 잘못이다. 유럽의 소국들을 제외하면 한국의 1인당GNP 순위는 당연히 훨씬 높은 것으로 나타난다. 한국의 문제는 결코 단순한 경제성장이나 소득증대에 있는 것이 아니다. 한국의 문제는 '돈 많은 못사는 나라'라는 데 있다.
2) 『뉴스메이커』 742호, 2007. 9. 18.
3) 『한겨레신문』 2007. 3. 19.

4. 사회체계의 위험

4) 『한겨레신문』 2007. 2. 7.
5) 『한겨레신문』 2007. 6. 21.
6) 같은 곳.
7) 『경향신문』 2007. 9. 13.
8) 『한국일보』 2007. 4. 12.
9) 『한겨레신문』 2007. 7. 10.
10) 정약용, 『다산시선』(1795), 송재소 역주, 창작과비평 1981, 87~88쪽.
11) 김진균(1978), 「테크놀로지적 사회구조론」(1978), 『비판과 변동의 사회학』, 1983, 한울, 25쪽; 홍성태, 『현대 한국사회의 문화적 형성』, 현실문화연구 2006, 12장.
12) 정약용, 앞의 책, 76쪽을 일부 수정.

취약한 민주화의 위험

민주주의와 정치

정치는 국가권력을 이용해서 국민의 삶을 규정하는 사회활동이다. 국가권력은 국민의 삶에 지대한 영향을 미치는 합법적 강제력이다. 따라서 정치가 올바로 작동하지 않는다면, 국가와 국민은 커다란 위험에 빠지게 된다. 예컨대 국회에서 위험물질의 기준을 크게 완화하는 법을 제정하고, 정부에서 그 법마저 제대로 지키지 않고, 또한 법원에서 그 법마저 제대로 적용하지 않는다면, 국민의 삶은 커다란 위험에 빠지지 않을 수 없다.

정치의 올바른 작동은 위험사회의 문제에 대응하기 위한 핵심적 과제이다. 민주주의를 정치의 기본 원리로 삼고 있는 현대사회에서 정치의 올바른 작동은 무엇보다 민주주의의 문제로 나타난다. 입법부·행정부·사법부에 모든 것을 맡겨두는 것이 아니라 모든 정책의 결정과 집행에 대한 시민의 철저한 감시와 참여가 이루어져야 한다. 오늘날 우

4. 사회체계의 위험

리는 누구나 시민으로 태어나지만, 누구나 시민답게 살아가는 것은 아니다. 민주주의는 우리 모두에게 시민답게 살아갈 것을 요구한다. 우리는 시민의 의무와 권리라는 관점에서 공공성을 평가하고 공익을 판단해야 한다. 또한 우리는 민주화를 사회발전의 영속적 과정으로 파악하고 계속 새로운 과제를 찾아내서 추구해야 한다. 요컨대 '민주화의 민주화'라는 영속적 과정의 관점에서 민주화와 민주주의를 추구해야 한다.

민주주의는 두 가지 원리 위에서 성립한다. 하나는 만민평등이고, 다른 하나는 주권재민이다. 요컨대 민주주의는 모든 사람이 주권자로서 동등한 자격을 갖고 국가의 형성과 운영에 참여하는 정치제도이다. 그러므로 인권이라는 관점에서 보았을 때, 민주주의는 분명히 인류가 만들어낸 가장 위대한 정치제도이다. 그러나 민주주의가 완벽한 정치제도인 것은 결코 아니다. 원리적으로 민주주의는 모든 사람이 서로를 존중하며 평등하게 살아가는 '대동세상'을 추구해야 한다. 그러나 현실에서 민주주의는 불평등과 차별의 문제를 결코 없애지 못하고 있다. 더 나아가 민주주의는 심각한 역설적 결과를 낳을 수도 있다. 히틀러와 나치(Nazis, 국가사회주의독일노동자당)는 그 대표적인 예이다. 히틀러는 선거를 통해 민주적으로 정권을 획득했다. 민주주의가 역사상 최악의 반민주적 결과를 낳았던 것이다.

민주주의는 가장 위대한 정치제도이지만 그것이 올바른 결과를 낳도록 하기 위해서는 많은 노력이 필요하다. 무엇보다 올바른 법을 제정하는 것이 중요하다. 예컨대 국가보안법과 같은 법은 그 자체로 민주주의에 대한 명백한 위협이다. 아무리 헌법에 '민주공화국'이라고 규정해 놓았더라도 국가보안법은 그 규정을 상당한 정도로 무력화할 수 있다.[1] 또한 올바른 법이 제정되었더라도 그것을 제대로 운영할 수 있어야 한다. 올바른 법이 그릇된 목적을 위해 적극적으로 활용될 수도 있다. 환경영향 평가는 그 좋은 예이다. 무분별한 개발과 자연훼손을 막기 위해 마련된 환경영향 평가가 오히려 무분별한 개발과 자연훼손을 정당화하는 '면죄부'로 활용되는 것이다. 실제로 중요한 것은 민주주의의 원리가 아니라 그것을 구현하는 법과 그 실제적 운영이다.

　작동방식에 따라 민주주의는 흔히 직접민주주의와 간접민주주의로 나뉜다. 그런데 민주주의의 원리에 비추어보았을 때, 둘의 관계는 단순히 상보적이지 않다. 예컨대 선거라는 직접민주주의가 없이 의회라는 간접민주주의는 성립할 수 없다. 또한 주권재민의 원리에 비추어보았을 때, 직접민주주의는 단순히 선거에 그치지 않고 모든 정치과정에서 올바로 구현되어야 한다. 이런 점에서 직접민주주의를 중심으로 민주주의의 작동방식을 전면적으로 재고할 필요가 있다. 더욱더 중요한 것은 민주주의라는 정치제도를 통해 구현되는 사회적 내용이다. 역사적으로 민주주의는 자유민주주의, 사회민주주의, 생태민주주의의 순서로 변화해 왔다. 자유민주주의는 무엇보다 전제로부터의 해방을 뜻하며, 사회민주주의는 적극적으로 복지를 구현하는 것을 뜻하고, 생태민주주의는 자연의 한계와 가치를 존중하는 것을 뜻한다. 셋의 관계는 대체적인 것이 아니라 누적적인 것이어야 한다.[2]

　민주주의는 만민평등과 주권재민의 원리 위에서 권력이라는 합법적 강제력을 이용하는 정치제도이다. 민주주의가 '좋은 사회'를 만들 수 있는가는 결국 정치가 올바로 행해지느냐에 달려 있다. 민주주의의 원리에 따라 정치에 대한 시민의 감시와 참여가 제대로 이루어져서 다시 민주주의의 발전이 이루어지는 선순환을 이루어야 한다. 민주주의는 이런 선순환을 이룰 수 있는 급진성을 내장하고 있다. 올바른 정치는 민주주의의 급진성을 적극적으로 추동하면서 사회의 발전을 이끌어가는 것이어야 한다. 이를 위해서는 광범위한 민주세력이 각자의 목표를 열렬히 추구하는 동시에 강력한 연대의 정치를 펼쳐야 한다.

근대화와 민주화

민주화는 근대화의 고갱이이다. 민주화를 제대로 추구하지 않는 근대화는, 박정희의 '조국 근대화'가 그렇듯이, '기형적 근대화' 혹은 '불구적 근대화'일 수밖에 없다. 따라서 민주화를 중심으로 근대화를 파악할 필요가 있다. 근대화를 단순히 물질적 변화로 파악하는 것은 잘못이다. 공업력은 근대화의 물질적 원천으로서 대단히 중요하지만, 모든 사람이 정치적 주체가 되는 민주화는 더욱더 중요하다. 민주화가 이루어지지 않는다면, 공업력은 더욱 강력한 전제체제의 형성으로 귀결될 수 있다. 이런 정치적 관점에서 한국의 근대화를 잠시 돌이켜보자.

한국에서는 19세기 말에 민주화와 연관된 요구들을 제기하는 사회적 움직임이 나타나게 되었다. 동학전쟁과 독립협회는 그 주요한 예이다. 그러나 이런 움직임은 결국 민주화로 이어지지 못하고 말았다. 머지않아 한국은 일본의 식민지가 되고 말았고, 오랫동안 종래의 전제체제와 다르지만 비슷한 반민주적 상태에 놓이게 되었다. 식민지 시대를 '발전'으로 규정하는 (신)친일파들은 무엇보다 반민주적이라는 점에서 큰 문제를 안고 있다. 민주주의는 인권과 밀접한 연관을 맺고 있다. 인권에 대한 자각이 없이는 만민평등과 주권재민의 원리가 생성될 수 없다. 민주주의의 역사는 인권의 발전사이다. 따라서 반민주적이라는 것은 반(反)인권적이라는 뜻이다.[3] (신)친일파들은 반민주적이어서 반인권적이다. 이런 점에서 (신)친일파들은 역사적으로뿐만 아니라 사회적으로도 심각한 문제적 존재이다.

  1945년 8월의 해방과 함께 '민주공화국'을 수립하기로 결정함으로써 비로소 한국에서 민주화가 이루어지기 시작했다. 그리고 이런 점에서 비로소 총체적 근대화가 이루어지기 시작했다. 근대화는 공업화와 민주화를 두 축으로 한다. 일제의 식민지 시대에 공업화는 제한적으로 추진되었으나 민주화는 근원적으로 철저히 억압되었다. 그러나 이제 해방과 함께 민주화를 전제로 하는 국가가 수립되었던 것이다. 바로 이런 점에서 해방은 총체적 근대화의 역사적 계기였다. 그러나 그렇다고 해서 민주화가 곧바로 제대로 실현되었던 것은 아니었다. 오랫동안 민주화를 억압하는 독재가 계속되었다. 근대의 독재는 겉으로는 민주주의를 인정한다는 점에서 민주주의를 원천적으로 부정하는 전근대적 전제체제나 식민지 지배체제와는 사뭇 다르다. 그러나 실제로는 민주주의를 제대로 인정하지 않는다는 점에서 근대의 독재는 전근대적 전제체제나 식민지 지배체제와 많이 비슷하다.

4. 사회체계의 위험

한국은 해방 이후 3년 뒤에 헌법을 제정하고 단독정부를 수립했다. 한국은 '민주공화국'을 표방했으나 오랫동안 반민주요, 반공화의 독재체제에 시달렸다. 민주가 주권의 원천을 명확히 밝히는 것이라면, 공화는 선출된 대표들의 합의를 통한 주권의 작동방식을 뜻한다. 오랫동안 한국은 공식적으로는 민주공화국이었으나 실제로는 '독재공화국'이었다. 이승만·박정희·전두환까지 무려 40년, 노태우까지로 연장하면 무려 45년의 긴 세월 동안 한국은 독재공화국의 상태에 놓여 있으면서 정상적 근대국가로 발전할 수 없었다. 1960년의 4·19혁명은 민주공화국의 수립을 위한 '시민혁명'이었다. 그러나 이것은 박정희의 군사쿠데타에 의해 무력 진압되었고, 이후 30년이 넘는 긴 세월 동안 군부독재가 지속되었다. 한 세대를 넘는 오랜 세월 동안 역사의 정상적 발전이 지체되었던 것이다.

1980년 5월의 광주항쟁은 1960년의 4·19혁명 이후 20년 만에 다시금 펼쳐진 민주화운동이었다. 그러나 이 운동은 전두환 일당에 의해 잔인하게 진압되고 말았다. 그러나 '반동'은 오래 지속되지 못했다. 전두환 일당의 쿠데타는 역사의 정상적 발전을 강력히 억누르는 반동이었기에 박정희보다 더욱 잔인하게 군사력을 사용할 수밖에 없었다. 그러나 이미 한국은 더 이상 독재체제를 유지하기 어려운 사회적 상태에 이르렀다. 고도성장의 결과로 독재권력의 일방적 통치를 거부하는 사람들이 늘어났다. 강력한 억압에 시달리던 '민중'은 물론이고 '중산층'도 억압이 아니라 자유를 갈구했다. 진정한 자유민주주의에 대한 요구가 사회적으로 광범위하게 확산되었다. 박정희정권이 강행한 고성장

정책의 결과로 '독재공화국'을 '민주공화국'으로 바꾸기 위한 사회적 기반이 마련되었다. '고도성장의 변증법'이 작동했던 것이다. 결국 1987년의 6월항쟁으로 마침내 독재공화국은 무너지고 민주공화국의 형성을 향한 역사적 변화가 본격적으로 진행되기 시작되었다.

  1960년의 4월혁명, 1980년의 5월항쟁 그리고 1987년 6월항쟁은 '독재공화국'을 '민주공화국'으로 만들기 위한 '시민혁명'의 성격을 가진다. 독재체제에 맞선 오랜 투쟁의 결과로 결국 민주주의의 길이 열렸다. 1987년 여름에 독재체제 이후 민주주의의 전망을 두고 BD(부르주아민주주의), ND(민족민주주의), PD(민중민주주의) 등의 '민주주의 논쟁'이 벌어지기 시작했다. 그리고 20년이 흐른 2007년 초에 이르러 또다시 민주주의 논쟁이 벌어지기 시작했다. 2007년의 논쟁은 20년 동안 전개된 민주화의 성과에 초점을 맞추고 전개되고 있다. 2차대전 이후 제3세계의 민주화라는 역사적 관점에서 보자면, 한국은 분명히 대단한 성과를 거둔 나라임에 틀림없다. 강력한 독재세력을 시민혁명으로 제압하고, 민주적 선거로 민주화를 이루었기 때문이다. 한국은 경제성장뿐만 아니라 민주화에서도 '세계적인 모범'이라고 할 수 있다.

  그러나 성과의 이면에는 많은 문제들도 도사리고 있다. 가장 큰 문제는 독재세력과 민주세력의 타협을 통해 민주화가 이루어지면서 독재세력의 문제를 제대로 해결할 수 없었다는 점이다. 이 때문에 독재세력은 여전히 강력한 정치세력으로 남아 있으며, 따라서 자유민주주의의 과제조차 제대로 완수되었다고 보기 어려운 상태이다. 이런 상황에서 한편에서는 독재세력의 문제를 여전히 강조하는 쪽과 다른 한편에서는 민주주의의 과제를 더욱 강조하는 쪽으로 민주세력의 분화가 명확하게 이루어졌다. 민주화가 이루어지면서 비로소 한국은 총체적 근대화를 이루고 실질적 근대국가를 형성하게 되었으나,[4] 그것이 여러 문제와 한계를 지니고 이루어진 것이라는 사실을 올바로 이해하는 것은 민주화의 진척을 위해서도 핵심적이다. 이제 이에 대해 '취약한 민주화'라는 관점에서 살펴보자.

취약한 민주화

한국은 20년 동안의 민주화를 통해 '민주공화국'이라는 목표에 훨씬 가까이 다가갈 수 있게 되었다. 실질적 근대국가의 형성이란 이러한 변화를 가리킨다. 그러나 그 평가는 훨씬 더 구체적으로 이루어질 필요가 있다. 한국은 독재세력의 위세가 여전히 막강한 속에서 많은 한계와 문제를 안고 있는 취약한 민주화를 이루었다고 할 수 있다. 여기서 민주주의의 작동방식과 그 사회적 내용이라는 틀을 이용해서 지난 20년 동안 한국이 이룬 민주화를 간략히 평가해 보도록 하자.

  먼저 민주주의의 작동방식은 간접민주주의와 직접민주주의로 나누어 살펴볼 수 있다. 간접민주주의는 무엇보다 정당민주주의라고 할 수 있다. 정당이 올바로 구성되고 제대로 작동해야 간접민주주의의 발전이 이루어질 수 있다. 그러나 한국의 정당민주주의는 여전히 많은 문제를 안고 있다. 이른바 '3김 시대'의 종언과 함께 지역주의가 해소될 것이라는 기대가 있었으나 여전히 지역주의는 한국의 정당민주주의를 가로막는 가장 큰 장애물이다. 정당민주주의의 발전을 장담하며 창당한 열린우리당은 불과 4년 만에 여당의 상태에서 처절히 해체되면서 한국의 참담한 정당민주주의사에 또 하나의 부끄러운 기록을 남겼다. 정당은 고도로 분화된 현대사회의 특징을 정치적으로 수렴하고 표출하는 정치적 주체이다. 그러나 한국의 정당은 여전히 이러한 정치적 주체의 성격을 올바로 구현하고 못하고 있다.

한국의 직접민주주의는 '시민의 시대' 혹은 'NGO의 시대'와 같은 표현에서 잘 드러나듯이 크게 발전했다. 20년 동안의 민주화를 통해 간접민주주의가 여전히 질적 비약을 이루고 있지 못한 반면에 직접민주주의는 '보수 시민단체'의 문제가 부각될 정도로 질적 발전을 이루었다. 그러나 한국의 직접민주주의는 여전히 많은 위협에 직면해 있다. 시민운동에 대한 시민의 관심이 줄어들고, 정부나 정당과 시민운동의 관계에 대한 의혹이 불거지기도 하고, 시민운동에 대한 기업의 영향력도 갈수록 커지고 있다. 시민운동은 새로운 의제의 발굴이나 활동가의 충원에서 큰 어려움을 겪고 있다. 이런 부정적 현상들 때문에 이른바 '시민운동의 위기'가 심각하게 제기되기도 했다. 그러나 시민운동은 민주주의의 기반을 다지는 주체로서 앞으로도 대단히 중요할 것이다.

민주주의의 사회적 내용은 역사적으로 자유민주주의, 사회민주주의, 생태민주주의로 나타났다. 먼저 자유민주주의는 무엇보다 전제로부터의 해방을 뜻한다. 그것은 신권으로부터 인권으로, 그리고 폭치

(暴治)로부터 법치로 국가의 형성과 작동을 바꾸는 것으로 이루어진다. 그러나 독재체제는 자유민주주의조차 용납하지 않으려 한다. 40년 동안 유지되었던 독재체제 아래서 한국은 자유민주주의조차 이루지 못했다. 민주화 이후 자유민주주의는 상당히 이루어졌으나 여전히 국가보안법 등의 심각한 문제를 안고 있다. 더욱 주의해야 하는 것은 독재체제가 오랫동안 자유민주주의를 참칭했다는 것이다. 한국에서는 독재세력이 '자유민주세력'의 행세를 했고, 그 결과 자유민주주의에 대한 오해와 불신이 폭넓게 퍼지게 되었다. 본래 자유민주주의는 개인의 자유를 최대한 강조하면서 경제적 능력의 차이에 따른 불평등의 문제를 중요시하지 않는다. 자유민주주의는 대체로 개인의 자유를 존중하는 방식으로 불평등을 해결할 수 있다고 본다. 이런 점에서 자유민주주의는 사회적으로 큰 한계를 지니고 있다. 자유민주주의를 내세우고 자유와 민주를 억압한 독재세력은 이러한 자유민주주의의 한계를 더욱 키웠다.

사회민주주의는 20세기에 들어와서 서구에서 이루어진 위대한 역사적 성취이다. 서구의 여러 국가들이 '선진국'으로 평가받게 된 것은 바로 이 때문이다. 이것은 만민평등이라는 민주주의의 기본 원리를 경제적 불평등의 영역에까지 적용해서 사회의 발전을 이루고자 한 노력의 산물이다. 이 발전을 주도한 것은 자본주의 사회의 기본계급인 자본가와 노동자였다. 서구에서 양자는 합의를 통해 경제성장의 성과를 나누는 방식으로 새로운 사회의 형성을 이루었다. 이른바 '복지사회'가 만들어졌던 것이다.

한국은 한 세대 이상의 고성장을 통해 복지사회로 나아갈 수 있는 경제력을 보유하게 되었다. 그러나 이를 위한 자본가와 노동자의 합의는 여전히 머나먼 과제로 남아 있다. 자본은 계속 '경제위기론'을 설파하면서 복지사회로 나아가기를 거부하고 있다. 한편 노동은 직장체제에 빠져서 임금투쟁에 골몰하는 방식으로 복지사회로 나아가기를 거부하고 있다. 이런 상황에서 '한국병'이라고 불러야 마땅할 한국 특유의 극심한 주택문제와 교육문제가 악화되면서 복지사회를 이루기 위한 사회적 연대의 기반은 더욱 약화되고 있다.

물론 한국에서 사회민주주의의 요청이 완전히 거부되고 있는 것은 아니다. 사회민주주의의 경제적 핵심은 복지제도의 확충에 있다. 한국은 민주화와 함께 상당한 복지제도의 확충을 이루었고, 이런 점에서 사회민주주의의 요청을 어느 정도 사회적으로 구현했다. 그러나 공공서비스 재정이 OECD 평균에 크게 미치지 못하는 데서 잘 드러나듯이 그 한계는 대단히 크다.[5]

생태민주주의는 1950년대 중반을 지나며 서구에서 처음으로 제기되기 시작했다. 그러나 그때부터 생태민주주의라는 개념이 제기되던 것은 아니다. 생태민주주의라는 개념은 사실 아직도 생소한 것이라고 할 수 있다. 그러나 이른바 '환경권'의 형태로 인간과 자연의 관계를 재정립하려는 정책적 시도는 50년대 중반을 지나며 서구에서부터 이루어지기 시작했다. 그리고 그로부터 40년 정도의 세월이 흐르고 90년대 초에 '지속 가능한 발전'이라는 개념을 통해 생태민주주의는 세계적으로 확산되기에 이르렀다.

4. 사회체계의 위험

오늘날 한국은 대통령 직속 자문기구로 '지속가능발전위원회'를 설치해서 운영하고 있을 정도로 생태민주주의를 적극적으로 받아들이고 있는 것으로 보인다. 그러나 그 실상은 참담하다. '지속가능위'는 사실상 장식물일 뿐이다. 2002년에 세계환경포럼은 세계 142개국 중에서 한국의 환경 질이 136위라는 참담한 조사결과를 발표했다. 이런 상황은 별로 개선되지 않고 있다.

자연의 오염과 훼손이라는 문제는 더욱더 악화되고 있다. 가장 민주적인 정부를 자처했던 참여정부의 반환경성에 맞서서 2004년 11월에 시민단체들은 '환경비상시국회의'를 결성하기도 했다. 삶의 질에서 자연이 차지하는 중요성을 떠올린다면, 생태민주주의의 중요성은 다시 말할 필요가 없다. 그러나 한국의 생태민주주의는 여전히 극히 초보적 상태에 있다.

이렇듯 한국의 민주화는 놀라운 성과를 거두었으나 여전히 커다란 한계와 문제를 안고 있다. 이러한 '취약한 민주화'의 상태는 민주화가 독재세력이 여전히 위세를 부리고 있는 가운데 이루어졌다는 것과 밀접히 연관되어 있다. 그러나 더 중요한 것은 민주화가 주로 '반독재 민주화'라는 정권 차원의 변화로 추구되었던 역사적 상황의 문제이다. 요컨대 박정희나 전두환이라는 독재자로 대표되는 독재권력을 민주권력으로 바꾸는 것에 초점을 맞추면서 그 작동방식이나 사회적 내용의 면에서 민주주의를 제대로 구현하는 과제를 올바로 추구하지 못했던 것이다.

민주주의의 위기

어느덧 20년의 세월이 흐르고 한국의 민주화는 위기를 맞았다는 진단이 여기저기서 제기되고 있다. 그러나 그것은 어떤 '위기'인가?

이와 관련해서 두 가지 견해가 크게 대립하고 있다. 하나는 여전히 정권의 차원에서 민주화가 제대로 이루어지지 않았다는 것이고, 다른 하나는 정권의 차원에서는 민주화가 어느 정도 완수되었다는 것이다. 전자는 '민주대연합론'으로 나타나고 있으며, 후자는 '정권교체 가능론'과 '진보세력 강화론'으로 나타나고 있다. 현실적으로 이러한 대립은 결코 쉽게 해소될 수 없다. 많이 변했다고는 해도 독재세력의 문제는 여전히 심각하며, 민주세력이나 진보세력의 문제도 역시 크기 때문이다. 그러나 20년의 민주화를 지난 뒤에도 여전히 종래와 같은 무차별적 민주대연합을 추구할 수는 없다. 20년의 민주화는 민주세력의 문제도 잘 보여주었기 때문이다.

이런 점에서 민주주의의 위기는 사실 민주화와 함께 나타났다고 할 수 있다. 민주화를 통해 시대의 요구에 부응하는 '좋은 사회'가 제대로 만들어지지 않았기 때문이다. 그리고 이로부터 나아가 민주세력에 대한 환멸감이나 배신감마저 널리 퍼지게 되었다. 그러나 이것은 한편으로 필연적 결과이면서, 다른 한편으로 상당히 위험한 결과이기도 하다. 이에 대해 좀더 살펴보자.

취약한 민주화는 단순히 민주화가 좋은 성과를 거두지 못했다는 것을 뜻하지 않는다. 이와 함께 취약한 민주화는 취약한 정치적 기반 위

4. 사회체계의 위험

에서 민주화가 추진되는 것을 뜻한다. 이런 점에서 한국의 민주화를 올바로 이해하기 위해서는 오랜 독재의 사회적 결과와 독재세력의 상태에 대해 관심을 기울일 필요가 있다. 수십 년간에 걸친 독재는 이를테면 '독재형 사회'를 만들었다. 그것은 대중의 삶을 통해 재생산되기에 이르렀다. 만연한 투기문제나 학벌문제는 그 좋은 예이다. 더욱이 독재세력은 척결되지 않았으며, 여전히 한국정치의 한 축으로 남아 있다. 물론 독재세력이라고 해서 다시 독재체제를 세울 수는 없을 것이다. 그러나 독재세력은 독재체제와 비슷하게 극히 불합리하고 불평등한 정책을 강행할 수 있다. 이런 점에서 독재세력의 문제를 낮춰보는 것은 상당히 위험하다.[6]

그러나 독재세력의 문제가 여전히 심각하다고 해서 그것을 민주세력의 문제를 은폐하는 알리바이로 삼아서는 안 될 것이다. 그동안 민주세력은 시대가 요구하는 민주주의의 과제를 제대로 실현하지 못했다. 공교롭게도 가장 민주적인 정부를 자처한 참여정부에서 이 문제는 가장 두드러지게 나타났다.

간접민주주의의 면에서 참여정부의 여당인 열린우리당은 내부정치에 실패해서 여당인 상태에서 해체되는 부끄러운 역사를 남기게 되었다. 직접민주주의의 면에서 참여정부는 부안과 평택 등에서 지역주민의 저항을 폭력적으로 진압하는 심각한 문제를 일으켰다. 자유민주주의의 면에서 국가보안법과 같은 반민주 악법의 폐지에 실패했다. 사회민주주의의 면에서 복지예산을 확충하고 『비전 2030』 등의 장기전망을 세우는 성과도 있었으나 양극화의 심화와 주택을 비롯한 부동산 가격의 폭등이라는 엄청난 실패를 겪었다. 양극화를 막거나 주거권을 강화하는 것은 사실 자유민주주의의 과제에 속하는 것이기도 하다는 점에서 이와 관련된 참여정부의 실패는 더욱 큰 의미를 갖는다. 생태민주주의의 면에서 참여정부는 위험한 핵발전 정책을 더욱 강화했으며 전국 곳곳에서 파괴적 대형 개발사업을 너무나 많이 벌이고 있다. 심지어 한탄강댐 개발계획처럼 감사원에서 사실상 폐기를 요구한 개발사업이나 국민적 반대에 부딪혀 폐기했던 지리산댐 개발계획을 다시금 버젓이 강행하고 있다.

참여정부에 대한 기대는 배신감과 환멸감으로 바뀌었으며, 여기서 나아가 그것은 민주화와 민주세력에 대한 배신감과 환멸감으로 커졌다. '좋은 사회'를 만들기 위한 정책의 실패에서 비롯된 민주주의의 위기는 바야흐로 민주화와 민주세력에 대한 거부로까지 심화되었다. 이렇게 되자 비로소 민주주의의 위기에 대한 우려와 관심이 널리 퍼지게 되었다. 이것은 민주세력의 무능, 무지 그리고 의지박약과 그로부터 빚어진 독재세력의 강화라는 두 측면으로 이루어졌다. 민주주의의 위기에 올바로 대응하기 위해서는 이 점을 먼저 명확히 파악하지 않으면 안 될 것이다. 단지 독재세력에 맞서는 것이 아니라 민주세력의 '개혁'이 절실하게 요구되는 것이다. 물론 여기서 초점은 '제도정치 안의 민주세력'이지 전체 민주세력이 아니라는 점도 올바로 인식해야 한다.

제도정치 민주세력은 전체 민주세력의 요구를 최대한 구현해서 좋은 사회를 만들어야 하는 책무를 안고 있다. 그러나 제도정치 민주세력은 이런 책무를 제대로 이행하지 못했다. '토건국가' 문제에서 잘 드

4. 사회체계의 위험

러나듯이 이 나라의 발전을 가로막을 뿐만 아니라 아예 이 나라를 '기형국가'로 만드는 개발독재의 유산에 대한 개혁조차 제대로 추진되지 않고 있다. 토건국가 문제는 민주화와 함께 오히려 급속히 악화되었다. 아마도 노태우정부와 노무현정부는 가장 대표적인 '토건국가' 정부로 기록될 것이다. 토건국가는 불필요한 거대 개발사업을 강행해서 국가행정을 왜곡하고 정부재정을 왜곡한다. 따라서 토건국가는 토건업의 병적 비대화뿐만 아니라 복지사회의 형성을 구조적으로 가로막는다. 제도정치 민주세력의 무능·무지·의지박약은 토건국가 문제에서 가장 두드러지게 나타났다.[7]

토건국가 문제에 올바로 대처하기 위해서는 무엇보다 개발독재의 유산인 현재의 개발주의형 정부조직을 복지사회형 정부조직으로 개혁해야 한다. 이런 실질적 개혁만이 민주주의의 위기를 민주주의의 심화로 전화시킬 수 있다. 강력한 지역주의나 만연한 개발주의가 이런 개혁을 추구하지 못하게 한 중요한 원인이기도 하다. 그러나 그 자체로 개발독재의 역사적 산물인 지역주의와 개발주의의 문제를 개혁하지 않는 한, 개발독재의 영향과 독재세력의 위력은 계속 강력할 것이다. 여기서 사태를 더욱 악화시킨 것은 탈냉전 이후에 급속히 강화된 신자유주의의 지구화에 제도정치 민주세력이 편승하고자 했던 것이다. 그 결과 양극화는 오늘날 한국사회가 직면한 가장 중대한 문제가 되기에 이르렀다. 이렇게 보면 민주화 20년의 사회적 결과는 정권교체를 빼고는 그렇게 크지 않다는 결론에 이를 수도 있다.

물론 정권교체의 의미를 폄해서는 안 될 것이다. 그러나 이것만을 강조하고 '좋은 사회'를 제대로 만들지 못한다면, 결국 민주화에 대한 실망과 불신은 더욱더 강화될 것이다. 이런 점에서 민주세력의 개혁과 분발은 절박한 과제이다. 이와 관련해서 노동운동의 강화는 대단히 중요하다. 노동운동은 크게 약화되었다고는 해도 여전히 가장 강력한 조직적 사회운동이다. 따라서 노동운동은 민주화의 심화를 위해 큰 구실을 할 수 있다. 노동운동이 제 구실을 하지 못한다면, 민주세력은 계속 실패를 맛보게 될지도 모른다. 그러나 노동운동이 민주화의 선도자로서 큰 구실을 하기 위해서는 노동운동의 개혁이 먼저 잘 이루어져야 한다. 여기서 민주주의의 위기가 더욱 깊은 연원을 가지고 있다는 사실을 깨닫게 된다. 그것은 사회개혁의 주체로 나아가지 못한 한국 노동운동의 정체 혹은 퇴보와 깊은 연관을 맺고 있는 것이다.

　민주주의의 위기를 넘어서기 위해서는 정권이나 정치의 차원을 넘어선 정책적 과제에 대한 연구와 그것을 적극적으로 추동할 정치적 주체의 형성이 제대로 이루어져야 한다. 이런 점에서 오늘날 우리가 맞고 있는 민주주의의 위기는 단순히 제도정치 민주세력의 잘못에서 비롯된 것이 아니다. 광범위한 사회세력을 포함한 전체 민주세력이 '생태적 복지사회'와 같은 거시적 전망을 공유하고 정책적 과제를 정리해서 체계적으로 추진하도록 해야 한다. 여기서 무엇보다 시급한 것은 전망을 공유하는 것이다. 또한 단순히 개별적 과제들을 나열하는 것으로는 민주주의의 위기를 넘어설 수 없을 것이다. '발전모델 논쟁'이 잘 보여주듯이 기존의 개발독재형 사회체계를 새로운 민주형 사회체계로 개혁하는 것이 민주세력의 실제적 과제이기 때문이다.

4. 사회체계의 위험

주

1) 국가보안법은 1948년 11월에 일어난 여순사건을 계기로 '좌익세력'을 척결한다는 목표를 내걸고 1948년 12월 1일에 공포·시행되었다. 그러나 그것은 일제의 '치안유지법'을 이어받은 반민주 악법이었으며, 사실 이승만정권의 독재를 강화하고자 하는 정치적 목적을 가지고 있었다. 국가보안법은 가장 강력한 '독재보호법'으로 활용되었다. '민주공화국'이라는 헌법 제1조를 제대로 구현하고자 한다면, 국가보안법을 하루빨리 폐지해야 한다.
2) 보수세력의 문제는 셋의 관계를 대체적인 것으로 파악할 뿐더러 자유민주주의를 '소유의 자유'로 왜소화하는 데서 찾을 수 있다. 물론 한국의 보수세력은 자유민주주의를 내세우고 자유와 민주를 억압하는 자기부정적 문제를 원천적으로 안고 있다. 그 대표적인 예는 물론 국가보안법에 대한 옹호이다.
3) 최근에 '뉴 라이트'의 주축으로 활약하고 있는 신친일파들은 이런 사실을 스스로 잘 보여주었다. '일본군 성노예'에 대한 폄하는 그 단적인 예이다. 일본군 성노예는 인권의 견지에서 결코 용납할 수 없는 반인륜 범죄이다. 일본군은 잘못을 숨기기 위해 자료를 폐기하거나 거짓 기록을 남기는 수법을 쓰기도 했다. 신친일파들은 이런 사실을 무시하고 일본군을 적극 옹호하면서 일본군 성노예를 '자발적 창녀'라고 주장하고 있다. 신친일파들은 끔찍한 폭력의 피해자들에게 다시금 끔찍한 폭력을 휘두르는 잘못을 '자료'나 '학문'의 이름으로 저지르고 있다. 이런 점에서 이들은 식민지의 상황논리로 자신을 합리화하고자 했던 종래의 친일파보다 더욱 교묘하고 악랄하다고 할 수 있다.
4) 독재세력은 산업화세력과 민주화세력이라는 용어를 사용한다. 이것은 독재세력을 산업화세력으로 치장하는 화용론적 효과를 자아낸다. 그러나 산업화 혹은 공업화는 근대화의 한 축이다. 민주화세력은 산업화에 반대했던 것이 아니라 민주적 산업화를 추구했던 세력이다. 독재세력이 말하는 산업화세력이란 사실 '독재적 산업화세력'일 뿐이다. 이런 점에서 근대화를 올바로 이끌고 실질적 근대국가의 형성을 이룬 것은 바로 민주화세력이다.
5) 2006년 현재, OECD의 공공서비스 재정 평균은 GDP의 20%를 차지하지만, 한국은 고작 6%에 불과하다. OECD 평균의 15%밖에 안 되는 것이다.
6) 대표적인 예로 '사학법'을 들 수 있다. 독재세력이 지배적 지위를 차지하고 있는 상황에서 사학법은 사학의 전횡을 합법화하는 내용으로 개악되었다. 그리고 15년 이상의 힘겨운 투쟁을 통해 사학법은 겨우 일부 개정될 수 있었다. 그러나 독재세력은 어설픈 제도정치 민주세력을 압박해서 다시금 사학법을 재개악하는 데 성공했다.

7) 보수적 정권교체가 이루어진다면, '토건국가'의 문제는 더욱더 악화될 것이다. 본래 이 문제는 독재세력이 원천적으로 결여된 정치적 정당성을 보완하기 위해 성장주의 개발정책을 강행한 결과로 나타난 것이기 때문이다. 독재세력은 토건국가의 가장 강력한 주체이면서 가장 거대한 수혜자이다. 이런 점에서 민주세력이 토건국가의 문제를 더욱 악화했다는 것은 민주화의 심각한 역설이다. 토건국가의 반민주성을 고려하면 그 심각성은 더욱 커진다.

맺음말
생태적 복지사회를 향해

1

현대사회는 거대한 위험을 일상적으로 생산하고 소비하는 위험사회이다. 핵발전, 송전탑, 전봇대, 배전함, 소각장, 매립장, 자동차, 비행기, 플라스틱, 화학물질, 음식, 옷, 아파트, 장난감, 살충제, 의약품, 화장품, 컴퓨터, 핸드폰, 건전지, 전구, 형광등 등 현대사회를 움직이는 수많은 물품들이 모두 심각한 위험을 안고 있다.

이러한 현대사회의 위험은 과학기술의 산물이라는 성격을 강하게 지니고 있지만, 단순히 과학기술적 접근만으로는 현대사회의 위험에 결코 올바로 대응할 수 없다. 인간이 위험한 과학기술을 완전히 안전하게 사용할 수 있는 길은 없거니와 현대사회의 복잡성은 위험한 과학기술을 안전하게 사용하는 것을 더욱더 어렵게 만들기 때문이다. 나아가 더 많은 이윤을 최고의 가치로 여기는 자본주의는 위험한 과학기술의 문제를 더욱더 악화시킨다.

따라서 위험문제에 올바로 대응하기 위해서는 공학적 접근을 넘어서는 사회적 접근을 강화해야 한다. 사실 사회 자체가 심각한 위험의 원천이기도 하다. 예컨대 신자유주의의 강화에 따라 서구에서는 복지제도가 약화되고 한국에서는 복지제도의 실질화가 이루어지지 않고 있다. 과학기술적 위험을 막기 위해서도, 사회구조적 위험에 대응하기 위해서도 우리는 위험문제에 대한 사회적 접근을 강화해야 한다.

그것은 무엇보다 두 가지 내용으로 이루어진다. 첫째, 우리가 처한 수많은 위험들의 사회적 연원을 올바로 이해하는 것이다. 위험을 단순히 기술의 산물이나 실수의 결과로 생각해서는 안 된다. 현대사회는 수많은 위험을 체계적으로 생산하는 위험사회이다. 둘째, 위험을 무시하거나 부차적으로 여기는 사회관을 근본적으로 개혁해야 한다. 수많은 거대한 위험의 체계적 생산은 현대사회의 본질적 특징이다. 우리는 사회관을 바꿔야 한다.

위험사회에서 안전사회로 이행하는 것은 대단히 어려운 일이다. 그것은 현대사회의 본질적 특징을 바꾸는 것이기 때문이다. 이 중대한 과제를 달성하기 위해서 우리는 세 가지 사회적 기반을 다져야 한다. 첫째, 민주주의의 확립이다. 만인의 평등과 공생을 추구하는 민주주의는 안전사회의 가장 기본적인 기반이다. 둘째, 복지사회의 확립이다. 우리는 누구나 인간답게 살 권리를 가지고 있으며, 사회는 그 권리를 보장할 책임을 지니고 있다. 셋째, 생태적 전환의 달성이다. 지구온난화에서 잘 알 수 있듯이 생태위기는 사회의 존속과 인류의 생존 자체를 위협한다.

오늘날 '진정한 선진국'은 이러한 세 가지 요건 위에서 안전사회를 적극적으로 추구해야 한다. 그러나 불행하게도 우리는 아직도 민주 대 반민주, 복지 대 반복지, 생태 대 반생태의 대립에 시달리고 있다. 반민주·반복지·반생태의 세력이 여전히 큰 힘을 발휘하고 있는 것이다. 이 나라가 '진정한 선진국'이 되기 위해서는 민주·복지·생태의 가치를 열렬히 또는 은밀히 부정하는 후진적 세력이 하루빨리 역사의 뒷길로 사라져야 할 것이다.

2

건국 이래 우리는 놀라운 성과를 거두었다. 한국의 성과는 그야말로 세계가 놀랄 만한 것이다. 가장 명확한 성과는 역시 경제성장이다. 1960년대 초 한국의 1인당국민소득은 불과 60달러 정도였다. 60년대 초에 한국은 대단히 가난한 농업국가였다. 그런데 2006년 한국의 1인당국민소득은 1만 8천 달러를 넘었다. 이제 한국은 세계적인 공업국가이자 경제대국이다. 명목상 비교로서 문제를 안고 있기는 하지만, 40여 년 만에 국민소득은 무려 300배나 늘어났다. 엄청난 성장이 아닐 수 없다.

정치에서도 놀라운 성과를 거두었다. '국부'(國父)를 자처한 이승만의 행태는 한심하기 짝이 없었다. 이승만의 '깡패독재'는 '발췌개헌'이니 '4사5입 개헌'이니 하는 '관습헌법'보다 더 참담한 엉터리 개헌사로 얼룩져 있다. 4·19혁명은 이러한 오욕의 역사를 끝내는 빛나는 시민혁명이었다. 그러나 박정희의 5·16쿠데타는 깡패독재에 이어서 '군사독재'로 이어지는 길을 열었다. 당시 이른바 '제3세계'의 많은 나라들이 비슷한 변화를 겪었다. 그러나 한국은 제3세계의 많은 나라들과 달리 끈질긴 투쟁으로 결국 민주화에 성공했다.

고성장이나 민주화의 면에서 한국은 세계적인 모범국가이다. 2차대전 이후 독립한 국가들 중에서 한국처럼 고성장과 민주화에 성공한 나라는 없다. 그야말로 민중의 피와 땀으로 이러한 성과를 거두었다는 점에서 우리는 우리의 현대사에 자부심을 가져야 한다. 그런데 여기서 주의해야 할 점이 있다. 고성장과 민주화로 한국이 정말 살기 좋은 나라가 되었는가? 이 단순한 질문에 우리는 선뜻 그렇다고 답하기가 어렵다. OECD 자살률 1위, 자살증가율 세계 1위, 사교육비 세계 1위, 부동산투기 세계 1위, 부패지수 세계 40위 수준, 삶의 질 세계 40위 수준, 환경 질 세계 120위 수준 등의 지표들은 과연 무엇을 말해 주는가?

한국은 '돈 많은 못사는' 나라이다. 이런 점에서 한국은 분명히 '기형국가'이다. 왜 이렇게 되었는가? 우리는 그 답을 한국의 성공에서 찾아야 한다. 요컨대 한국은 '성공의 실패'라는 문제에 시달리고 있다. 이 문제를 가장 잘 보여주는 것은 바로 한국의 환경문제이다. 오늘날 한국은 세계 10위권의 경제력을 자랑하고 있지만 삶의 질의 기본인 환경 질은 세계 140여 개 국가들 중에서 겨우 120위권에 머물고 있을 뿐이다. 2006년에 발표된 한 연구에 따르면, 전국에서 매년 16만 명이 넘는 사람들이 대기오염으로 '조기사망'하고 있다. 이것은 그 자체로 놀라운 일이 아닐 수 없지만 더욱 놀라운 것은 이렇게 무서운 상황에 놀라는 정치인도, 기업인도, 학자도, 시민도 거의 없다는 사실이다.

한국은 '선진국' 문턱에 이르렀다고 한다. 그리고 세계의 많은 나라들에서 한국은 이미 선진국으로 여겨지고 있다. 그러나 삶의 질에서, 특히 그 기본인 환경 질에서 한국은 여전히 '후진국'이다. 한국은 세계적인 '환경 후진국'이자 '사고공화국'이다. 한국의 성공은 '환경의 실패'와 '위험의 만연'을 통해 이룩된 것이다. 이제 우리는 '삶의 양'이 아니라 '삶의 질'을 추구해야 하며, 이를 위해 무엇보다 '환경 질'을 개선하고, 위험문제에 적극 대처해야 한다. 이런 점에서 우리는 '생태적 복지사회'를 추구해야 한다.

3

복지사회는 구성원들에게 무엇보다 경제적 안정을 제공하는 사회이다. 과거에 복지사회는 사실상 반환경적으로 이룩되었다. 이 때문에 60년대부터 서구의 복지사회는 '생태적 전환'을 추구하기 시작했다. 오늘날 자연은 복지의 필수요소이다. 이제 복지사회는 경제적 안정과 자연의 보존을 함께 추구해야 한다. 둘을 대체적 관계로 인식하는 것은 후진성의 지표일 뿐이다. 한국은 '진정한 선진화'를 추구해야 한다. 우리는 '민주화의 민주화'를 통해 생태적 복지사회로 나아가야 한다. 그 핵심적 과제는 환경 질을 개선하는 것이다. 우리는 하루에 1만 7천 번 정도 호흡한다. 더러운 대기는 하루에 1만 7천 번 우리의 목숨을 위협한다.

복지사회를 이룩하기 위해서는 많은 돈이 필요하다. 그런데 한국은 이미 돈이 너무나 많은 나라이다. 한국의 문제는 그 많은 돈을 잘못 쓰고 있는 것이다. 단적인 예로 '토건국가'의 문제를 들 수 있다. 매년 수십조 원의 혈세가 불필요한 대규모 건설사업에 탕진되고 있다. 혈세의 낭비와 자연의 파괴가 함께 진행되는 것이다. 이 심각한 정치·경제적 사안에 정치학자도 경제학자도 별 관심을 기울이지 않고 있지만, 한 사람의 시민으로서 우리는 깊은 관심을 기울여야 한다. 우리의 건강이 망가지고 우리의 혈세가 탕진되고 있기 때문이다. '토건국가'의 문제를 바로잡는 것은 그 자체로 복지사회를 이룩하는 것이다.

이를 위해 건설교통부와 같은 개발독재 시대의 유산을 하루빨리 폐지해야 한다. 사실 중앙부서에 건설교통부를 설치하고 있는 나라는 아주 드물다. 한국은 개발독재 시대에 만들어진 정부조직을 거의 그대로 유지하고 있다. 요컨대 국민들에게 개발독재 시대의 삶을 강요하는 정부조직을 거의 개혁하지 못하고 있는 것이다. 이런 점에서 우리가 이룬 민주화는 '기형적 민주화'이자 '취약한 민주화'라고 하지 않을 수 없다. 개발독재 시대에 만들어진 개발주의 정부조직과 재정구조를 바꾸는 것은 재정의 탕진과 자연의 파괴를 막고 '생태적 복지사회'로 나아가기 위한 길을 닦는 것이다.

위험사회를 넘어 안전사회로 나아가기 위해 필요한 것은 사변이 아니라 우리의 현실에 대한 실증과 실천이다. 이것은 '진정한 선진화'를 바라는 모든 사람들이 함께 달성해야 할 시대적 과제이다. 단순히 민주개혁 또는 진보개혁을 주장하는 것만으로 이 과제를 달성할 수는 없다. 무엇보다 우리가 개발독재 시대에 뿌리를 두고 있는 위험한 사회체계 속에서 살아가고 있다는 사실을 직시해야 한다. 그 개혁은 외적일 뿐만 아니라 내적인 것이기도 하다. 저 밖에 있는 '나쁜 세력'만이 아니라 우리 자신의 생활방식과 사고방식도 중대한 개혁의 대상이다. 장구한 세월에 걸친 민주화운동을 통해 비로소 민주공화국이 수립되었듯이, 생태적 복지사회는 후진적 사회체제의 전면적이고 지속적인 개혁을 요청한다.

찾아보기

가계 소비 326
가렴주구 160, 292
간척 마피아 282
갈등관리 286
개발공사 92, 284~88
개발독재 56, 60~62, 67, 75, 123, 175, 251, 276, 277, 280, 284, 286~88, 322, 350, 359, 360
개발독재형 사회체계 40, 351
개발주의 22, 41, 48, 54, 63, 65, 71~75, 90, 91, 94, 105, 138, 207, 212, 249, 272, 280, 287, 320, 350, 359
개인주의화 33, 34, 38, 117
개폐기 264~66
건설교통부(건교부) 54, 104, 105, 134~36, 141, 151, 244, 283, 284, 289, 321, 322, 359
건설 23, 52, 63, 103, 104, 128, 133~36, 140, 175, 180, 185, 186, 237, 244, 251, 252, 254, 258, 274, 275, 278, 281~83, 285, 296, 301, 304, 305, 320, 321
건청궁 250
격차화 314
겸손한 문명 165, 167
경로의존 53, 74
경부운하 171
경제대국 10, 44, 251, 312, 356
계급화 315
고도성장 175, 285, 340
고도성장의 변증법 341

고속도로 75, 76, 237, 243, 244
고속사회 238~40, 242, 245~47
고속전철 235
고속화 231, 233~35, 237~42, 245~47
고액과외 326, 327
고위험체계 30, 100, 101
고전적 근대화 55~62, 67, 75, 77
공간의 부족 113
공공부문 92
공공부문 건설투자 278
공공의 적 147, 306, 333
공생 38, 39, 355
공업국가 274, 356
공업문명 51, 99, 102, 198, 234, 247
공업사회 53, 55, 57, 58, 62, 63, 67, 113, 220, 221
공업주의 72~74, 125, 197, 200
공업탑 79
공업화 75, 77, 79, 80, 82, 102, 197~99, 202, 285, 286, 339, 352
공진화 204, 205, 226
공해 80, 112, 113, 186, 244, 259
공해강산 77
공해병 151, 181, 180
과학기술 21, 22, 24, 28~31, 33~36, 38, 40, 42, 51~53, 117, 195, 198, 202~204, 206, 207, 209~11, 354, 355
과학의 시대 165, 202
과학주의 56, 118, 206, 207
교통수단 232~35, 237~39, 241, 242, 245, 247

361

찾아보기

구조적 사고 137, 147
국가권력 59, 251, 335
국가균형발전 320
국가보안법 83, 84, 336, 337, 344, 348, 352
국가비상사태 85
국가안전관리기본계획 91
국가청렴위원회(청렴위) 291, 297, 298
국제투명성기구 290, 291
군사적 성장주의 54, 63, 65, 66, 138, 144, 249
군사주의 29, 143, 144
근대화론 201
기계공학 203, 204
기형국가 272, 275, 277, 350, 357
김진균 329

난개발 90~93, 168~70
난민사회 82, 83, 88, 126, 306
내부고발자 309
내연기관 235~37
노동운동 145, 146, 148, 351
노버트 위너 37
녹색혁명 222, 223
농약녹차 91
뇌물 66, 146, 187, 282, 292, 296, 301~304, 308, 310
눈먼 돈 282
느림의 지혜 247

대륙국가 44
댐 마피아 282, 283
도로 마피아 282
도로족 244

도시화의 역설 102, 106, 110
독재 57, 59, 60, 62, 63, 105, 125, 130, 144, 146, 249, 272~74, 285, 294, 300, 339~42, 344, 346~50, 352, 353, 356, 357
독재 산업화 271, 272
독재공화국 340, 341
돈줄연합 281
따라잡기 식 근대화 163

러다이트 231
러브 커낼 181
루사 150, 155~57, 159, 162~65
리스크 49, 50

만민평등 62, 336, 337, 339, 344
매미 150, 168
〈맨발의 청춘〉 174
면죄부 129, 306, 337
무뇌아 253
무조건 성장론 325, 333
문명의 위험 35
미개한 과학 80
미나마타병 180
미셸 푸코 293
민주 산업화 271, 272
민주공화국 62, 63, 271, 337, 339~42, 352, 360
민주대연합 347
민주적 효율성 288
민주주의 논쟁 341
민주주의의 위기 347, 349~51
민주형 사회체계 351
민주화 32, 57, 59, 60, 66, 68, 74, 75,

찾아보기

94, 119, 124, 146, 198, 199, 201, 210, 249, 271~73, 276, 279, 281, 284, 287, 293, 295, 320, 336, 338, 339, 341~53, 357~60
민주화운동 83, 340, 360
민주화의 역설 279

반공주의 83, 85
반동 340
반복지세력 319
반생태적 그늘 240, 241
발암물질 182, 188
발전 마피아 282
발전모델 논쟁 351
발전주의 72
방재행정 133, 134, 140
배전함 263, 264, 266, 354
병영사회 83
보수세력 319, 321, 322, 325, 331, 332, 352
보팔 42
복지제도 26, 345, 355
복지주의 75, 332, 333
부동산 소득 323, 324
부실 23, 40, 66, 74, 117, 123, 124, 126, 128~32, 135, 137~39, 141, 142, 145, 146, 151, 164~66, 305
부정축재 294, 295
부패문제 40, 149, 292, 293, 296~300, 306, 308, 309
부패와 부실의 먹이사슬 10, 40, 123, 126, 128~30, 132, 137~39, 141, 142, 145, 146
부패인식지수(CPI) 290, 291, 297, 298

불신사회 83, 88
불안 25, 39, 45~47, 49, 285
붕괴사고 24, 40, 50~52, 66, 122~27, 129~35, 137~40, 144, 145, 148, 152, 307, 308
비리 백화점 302
비밀주의 142, 308
비자금 187, 188, 271, 294, 299, 301, 303, 305, 306
비정규직 45, 314, 315, 332
빈곤층 45, 316, 317, 332
빈곤화 332

사고공화국 62, 66, 118, 122~26, 130, 132, 138, 139, 141, 147, 358
사교육비 44, 326, 357
사단칠정론 196, 197
사법부패 293, 296
사전예방 100, 134
사회간접자본 285~87
사회-기술복합체 101
사회안전망 34, 58, 319
사회체계 21, 22, 24~26, 30, 31, 36, 40, 47, 53, 54, 66, 67, 74, 75, 91, 92, 101, 120, 123, 132, 149, 187, 236, 247, 272, 277, 287, 351, 360
사후대책 100
산사태 164, 256
산업난민 82
살기 좋은 나라 357
살상력 28, 33, 42, 55
삶의 고속화 233
삶의 질 40, 47~49, 69, 278, 284, 325, 346, 357, 358

찾아보기

삼풍백화점 23, 24, 40, 50~52, 123~35, 137~40, 143~45, 147, 148, 150~52, 307, 308
상상층 318
새만금 개발사업 275, 278, 279
생명 23, 108, 124, 133, 142, 144, 145, 151, 204, 209, 210, 212~16, 218, 220~29, 242, 243, 251, 261, 306, 307
생명공학 203, 204, 208~10, 230
생명의 변형 221~23, 225, 226
생명의 생산 221, 223~25
생태계의 변형 226
생태민주주의 337, 343, 345, 346, 349
생태위기 32, 39, 55, 70, 72, 166, 195, 197, 207, 227, 245, 246, 271, 314, 355
생태적 복지사회 38, 139, 272, 284, 351, 358, 359, 360
생태적 위험 22, 34, 39
생활방식 39, 48, 237, 360
서울 45, 82, 86, 104, 114, 118, 120, 122, 128, 168, 174, 175, 242, 260, 262~66, 303, 307, 321, 323
선순환 338
선진사회 35, 56~58, 60, 61, 68, 253, 267
성수대교 23, 50, 122, 134, 137, 150
성장주의 22, 26, 29, 41, 48, 54, 73~75, 90, 92, 207, 332, 333, 353
성찰적 근대화 40, 55, 56, 68, 75, 117
소방방재청 91, 93, 133, 134, 136, 170, 171
소비사회 112, 200, 201, 240, 241
소통수단 232~34, 238, 240, 241, 248

솜방망이 처벌 132, 296
송전탑 156, 164, 255~59, 261, 354
수도권 176, 281, 323
수재 158, 160, 161, 169, 170
수재민 돕기 행정 159
슈퍼태풍 170
스리마일 섬 25, 28, 33, 252
스탈린주의 208
시간 기근증 246
시계 233
시공간 압축 238, 239, 241
시멘트 절벽 177
시민사회 145, 146, 148, 149, 272
시민운동 145, 146, 148, 149, 229, 343
시민의 과학 207, 210
시민의 시대 343
시민혁명 62, 63, 340, 341, 356
시애틀 추장 229
식민지 58, 61, 118, 130, 222, 249, 339
신분제 328, 329
신사회위험 31
신용불량자 45, 317, 332
신이 내린 직업 293
신자유주의 34, 56, 199, 332, 350, 355
실질적 근대국가 342

아우토반 237
아토피 182, 184, 205
아파트공화국 141, 174, 176~78
안빈낙도 330
안전기준 67
안전문화 23, 136, 137
안전 불감증 130, 142~44
안전사회 37, 38, 40, 48, 49, 75, 136,

찾아보기

144, 145, 147~49, 355, 356, 359
안전행정 91
양극화 45, 271, 314, 315, 318~20, 322~25, 327, 330~33, 348, 349, 350
양면성 33, 73, 75, 206, 207, 211
연줄 297, 306, 307
영혼의 고통 47
예고된 붕괴 138
5각구조 281
오래된 미래 247
오만한 과학 167, 168
오욕론 195
오존경보제 242
오존층 파괴 22, 39, 205
옥상정원 190
욕망 167, 195~99, 202, 206, 207, 210, 220, 225
욕망 자본주의 202
욕망의 민주화 198
욕망의 시대 198, 202, 207
원진레이온 196, 187
위험 19~39, 47~58, 62, 63, 66, 67, 71, 75, 77, 78, 80, 90~93, 99, 100, 102, 117, 118, 122, 123, 125, 137, 143, 144, 147~49, 165, 167~69, 176, 187, 205, 206, 209, 210, 213, 214, 217~19, 221, 222, 226, 227, 251, 266, 273, 277, 306~308, 319, 325, 328, 330, 332, 333, 335, 354, 355
위험도시 122
위험사회 30~36, 38, 40, 41, 48~51, 53~58, 60, 62, 66~68, 71, 74~76, 99~101, 117, 125, 161, 165, 168, 213, 215, 216, 219~21, 226, 227, 229, 245, 308, 335, 354, 355, 359
위험연구 26, 31, 50, 51
위험지도 93, 169
위험행정 90
유나바머 229
6월항쟁 271, 341
유전무죄 무전유죄 297
유전자 조작 37, 223, 226
이시이(石井) 부대 209
이윤노예 82
이익 90, 93, 147, 168, 210, 261, 280, 287, 302, 303, 320, 323, 324
이중사회 315, 319
이중의 착취 44, 45, 271
이중질서 88, 89, 297
이카루스의 신화 237
인간복제 208, 210, 224
인공적 자연 224
인권 336, 339, 343
인위적 위험 21, 22, 47
인정(人情) 162, 292, 293
입법부패 294, 295

자본주의 22, 28, 72~74, 82, 99, 107, 108, 120, 125, 144, 197, 199~202, 207, 222, 245, 274, 344, 354
자살률 45, 357
자연관 77, 78, 80
자연의 위험 34, 35
자연의 파괴 64, 67, 71, 75~78, 81, 102, 111, 206, 221, 242, 244, 275, 313, 359
자연재해대책법 159, 160
잠금 효과 53, 74

재개발 119, 301, 302
재난 및 안전관리기본법 91
재난행정 133, 134, 140, 168
재정구조 54, 68, 73, 272, 275, 278, 284, 359
적기조례 236
적조의 바다 76
전관예우 68, 298
전깃불 250
전깃줄 233, 250, 259~61
전봇대 150, 258~63, 354
전자파 256, 257, 261
전쟁난민 82
절대적 위험 25, 36, 210
절멸의 위험 36, 210, 227
정경유착 146, 147, 187, 188, 276, 300, 306
정·관·재 연합 281
정·관·재·언·학 연합 281, 282, 300
정권교체 74, 273, 347, 350, 353
정권부패 293, 294
정보사회 147
정부조직 54, 68, 73, 272, 275, 278, 284, 350, 359
정상적 사고 24, 25, 30, 101
정약용 292
제도정치 민주세력 349~52
제트비행 238
조국 근대화 58, 59, 61, 63~65, 70, 163, 175, 250, 338
졸속적 근대화 250
종합부동산세 321
주권재민 336, 337, 339
죽음 곁의 생명 215

죽음과의 전쟁 215
중금속 시멘트 90, 91, 182, 185
중금속 오염부지 185
중산층 45, 175, 315, 316, 322, 325, 326, 331, 332, 340
증기기관차 234
지구온난화 22, 39, 92, 169, 170, 205, 355
지구촌 238~41, 245
지구화 26, 34, 245, 350
지리산댐 개발계획 349
지속 가능한 발전 345
지역의 파괴 106
지역주의 82, 83, 94, 342, 343, 350
지중화 256, 262, 262, 264
직강화 93, 103, 164
직선화 242, 244
진보의 신화 102
진정한 선진화 271, 272, 284, 332, 358, 359
질산화물 242

착취의 공간 106
찬핵론자 69, 100, 254
참여정부 91, 280, 281, 286, 320~23, 346, 348, 349
천민자본주의 125, 126, 129, 137, 138, 144
체계적 사고 30, 101
체르노빌 25, 28, 29, 33, 34, 69, 100, 216, 217, 252, 253
초고속사회 238
초고속 통신망 260
촌지 308

찾아보기

총체적 부실 131, 138
축지법 239
취약한 민주화 342, 346, 347, 359
친일파 87, 339, 352

쿠데타 63, 73, 87, 94, 119, 129, 249, 294, 340, 357

탈근대 48
탈냉전 350
탈식민 60, 201
탐관오리 292
태풍 25, 92, 150, 151, 153~58, 160~62, 164, 165, 167~171, 205
토건경제 92, 277, 279~281
토건국가 71, 74, 90, 136, 168, 271~87, 302, 320~22, 349, 350, 353, 359
토건국가 미스터리 271, 272
토건부패국가 302
토건사업 275, 277, 287, 288, 320
투기사회 74, 90, 168, 189, 280, 320, 322
투명행정 142
특별재해지역 133, 159, 160, 168

파괴적 개발주의 54, 63, 65, 92, 105, 138, 249
파출부 326
판도라의 상자 214
패스트푸드 246
페스트 27, 35, 217
포드주의 199~202, 236
포름알데히드 182, 188, 189
폭력사회 85, 87

폭압적 근대화 58~60, 62, 65~67, 77, 78, 80, 83, 85, 88, 89, 117~19, 123, 124, 138, 139, 287
풍요사회 33, 35, 49, 165, 200, 313, 314, 318
프레온가스 243

하부구조 36, 241, 250, 251, 275
하하층 318
학벌사회 325~28
한강종합개발 119, 121
한국병 320, 345
한국형 위험사회 168, 308
한탄강댐 건설계획 283
핵 위험 100
핵발전 25, 30, 36, 60, 100, 109, 150, 251~55, 349, 354
핵폐기물 109, 254
핵폭탄 33, 36, 100, 154, 209, 210
햇빛/햇볕발전 190
행정부패 293, 295, 296, 308
행정수도 320
화류거 232
화학농법 78
환경 질 40, 278, 346, 357, 358
환경권 114, 345
환경영향평가 147, 187, 257, 337
환경의 역습 176, 180, 182
환경호르몬 22, 34, 37, 50, 204, 205, 225
히틀러 237, 336